동아시아담론의
계보와 미래

대안체제의 길

NANAM
나남출판

포스텍 융합문명연구원
평화 총서 02

동아시아담론의 계보와 미래
대안체제의 길

2022년 9월 5일 발행
2022년 9월 5일 1쇄

지은이   백영서
발행자   조완희
발행처   나남출판사
주소   10881 경기도 파주시 회동길 193, 4층(문발동)
전화   (031) 955-4601(代)
FAX   (031) 955-4555
등록   제 406-2020-000055호(2020.5.15)
홈페이지   http://www.nanam.net
전자우편   post@nanam.net

ISBN 979-11-92275-08-6
ISBN 979-11-971279-4-6(세트)

책값은 뒤표지에 있습니다.

본 저서는 2021년도 포스텍 융합문명연구원의 지원을 받아 연구되었음.

포스텍 융합문명연구원
평화 총서 02

동아시아담론의
계보와 미래

대안체제의 길

백영서 지음

NANAM
나남출판

The Genealogy and Prospect of East Asia Discourse

The Way to an Alternative System

by

Baik Youngseo

NANAM

책을 펴내며

이 책은 정년퇴임한 이후 공들여 새로 쓴 두 번째 성과이다. 첫 결실은 2021년 초에 출간된 《중국현대사를 만든 세 가지 사건: 1919·1949·1989》(창비)이다. 학문의 길에 들어선 이래 주된 관심 영역은 중국 현대사, 그리고 동아시아담론의 정립과 확산이었다. 이번 간행으로 두 과제의 중간 결산을 이룬 셈이라 마음 한편에 뿌듯함도 없지 않다. 모두 현직에서 벗어나 저술 작업에 집중할 수 있게 된 여건 덕분이다.

그렇다면 그런 개인사적인 의의를 넘어 이 책이 갖는 학술적, 나아가 사회적 의미는 무엇일까. 1990년대 초 이래 우리 사회에 확산된 동아시아담론이 그때 '탄생'된 것이 아니라 적어도 1백 년여의 사상적 계보를 가진다는 사실을 규명한 의의는 있지 싶다. 비록 동아시아담론이 이전만큼의 관심을 끌지는 못하는 상황이지만 이 담론이 과연 현실 문제를 꿰뚫고 미래를 창의적으로 구상할 변혁이론으로서의 생명력을 여전히 갖고 있는지는 독자가 판단할 몫이겠다.

1990~1991년 미국 체류 중 그 싹을 틔웠고, 1993년 본격적인 글

로 발표한 이래 30년 동안 여러 저널, 국내외의 각종 회의와 강연 등 공론장에서 다양한 사람들을 만나 숙성한 동아시아에 관한 입론을 돌아보는 작업을 언제인가는 해볼 요량이었지만, 훨씬 뒤의 일감으로 미뤄 두었었다. 동아시아담론 형성과 전파에 한몫을 한 참여자로서 (아직도 진화 중이라 할) 그 논의를 스스로 역사화하는 역할까지 겸하는 일에 쉽게 달려들어서는 안 된다는 생각에서였다. 그럼에도 앞당겨 착수하게 된 것은 포항공대 융합문명연구원의 '태평양과 동아시아: 담론 잇기' 콜로키움(2019년 11월 19일)에 초청 받아, "동아시아담론, 쇠퇴인가 갱신인가?: 대안문명의 길에서 묻는다"는 제목으로 발표한 인연 때문이다. 그때 송호근 교수(당시 원장)의 권유가 동력이 되었다.

내 삶의 여러 구비에서 참으로 많은 분들의 음덕을 알게 모르게 입었기에 늘 감사하는 마음으로 산다. 이 책을 집필하는 과정에서도 본문에 언급된 나라 안팎의 필자들을 비롯한 여러 분으로부터 도움을 받았다. 특히 초고를 미리 읽고 소중한 의견을 준 강동국(1장), 이기훈(2장), 김현주(3장), 김하림(4~7장) 교수께 따로 적어 고마움을 표한다. 그러나 원고의 최종 책임이 나에게 있음은 더 말할 필요도 없다. 끝으로, 연구를 지원해 준 융합문명연구원, 그리고 이 연구원과의 협약에 따라 간행을 맡아 준 나남출판사에 깊이 감사드린다.

2022년 8월
저자 삼가 씀

차례

책을 펴내며   5
프롤로그   11

제1부   동아시아담론이 온 길:
대안체제론을 중심으로

1장   안중근의 동양평화론, 동아시아담론의 탄생

1.《동양평화론》이란 텍스트   28
2. 20세기 초 한국 사상계 지형 속의 위치   33
3. 현재적 의미   40
4. 동아시아 대안체제론의 원천   44

2장   일제강점기 개벽사상과 대안문명론:
〈개벽〉을 중심으로

1. 세계 대개조 시기 〈개벽〉의 창간   49
2. 〈개벽〉이라는 텍스트와 이동곡   54
3. 정세론   58
4. 문명론   66
5. 1920년대 한국 사상계 지형 속의 위치   75
6. 동아시아 대안체제론의 연결고리   85

3장   냉전기 동아시아론의 분기(分岐):
      〈사상계〉와 〈청맥〉을 중심으로

      1. 해방 직후 아시아론의 현장   89
      2. 〈사상계〉의 동양/아시아론   94
      3. 4·19혁명의 영향:
         아시아 민족주의의 재인식과 새로운 민족문화 건설   107
      4. 〈청맥〉의 동아시아론: 〈사상계〉와의 비교   117
      5. 냉전기 동아시아론의 의의와 한계:
         동아시아 대안체제론에서의 위치   131

4장   탈냉전기 동아시아담론의 귀환: 〈창비〉를 중심으로

      1. 균열하는 냉전 시기의 탈냉전 선취   145
      2. 탈냉전기의 사상적 고투와 대안체제   165
      3. 동아시아 대안체제론의 사상사적 위치   183

제2부   동아시아담론이 갈 길: 미시적 분석

5장   동아시아, '지적 실험'에서 '실천과제'로

6장   연동하는 동아시아의 이중적 주변과 핵심현장

         1. 이중적 주변의 시각이란?   209
         2. 핵심현장, 왜 제기했나?   216
         3. 핵심현장에 관한 다양한 반응   221
         4. 핵심현장이 감당할 과제   225

7장   주권의 재구성과 복합국가론

         1. 왜 복합국가론인가?   237
         2. 복합국가론의 계보: 천관우와 백낙청   242
         3. 복합국가로의 확장과 동아시아   250
         4. 복합국가론의 의의와 동아시아담론의 과제   258

         에필로그   271
         찾아보기   291

프롤로그

"아직도 동아시아담론이에요?"

1990년대 초부터 '동아시아적 시각'에 관심 가져온 나에게 그때로 부터 30년이 지난 지금도 그에 힘을 쏟냐고 묻는 한 제자의 질문이 다. 당초 동아시아담론이 시대의 기운에 부응했기에 점차 우리 지식 사회에서 주요한 흐름을 구성했고, 21세기로 막 들어선 때만 해도 '풍년'을 맞아 '새로운 지적 공론으로서 담론권력'이 되었다고 불릴 정도로 세를 이루기도 했다.[1] 지금은 다소 주춤한 상태라 이대로 쇠 락하고 말지, 아니면 갱신하게 될지 스스로 가늠하던 차라 앞의 질 문을 자극 삼아 한국사회에서 발신한 동아시아담론을 돌아볼 뜻을 품게 되었다. 이 책의 간행은 그 뜻을 살리는 기획이다.

그렇다고 해서 '동아시아'란 어휘에 대해 개념사적 접근을 한다든 가, 아니면 1990년대 이래 다기롭게 전개되어 온 동아시아담론의

---

1 장인성(2005). "한국의 동아시아론과 동아시아 정체성". 〈세계정치〉, 제 26집 2 호: 4; 윤여일(2010). "동아시아라는 물음". 〈황해문화〉, 2010년 겨울호: 306.

전모를 한국사상계의 지형에 놓고 분석하는 본격적인 작업을 감행하려는 것은 아니다. 동아시아담론의 여러 갈래 중 하나로서 (나를 포함한 〈창작과비평〉 동인이 발신한) '동아시아 대안체제론'에 초점을 두고 그 계보를 정리하려고 한다.

그에 앞서 먼저 동아시아의 용례부터 살펴보겠다. 동아시아란 아시아의 동쪽을 가리키는 어휘임은 누구나 알 것이다. 그런데 지역개념은 지리적으로 고정된 실체가 아니라 인식 주체의 경험에 따라 변화하는 '구성물'이란 점을 우리는 알아야 한다. 이는 아시아란 말 쓰임새의 변천을 보면 바로 알 수 있다.

아시아Asia는 고대 서구인의 공간적 경험 범위를 가리키는 말로서 그 어원은 '해 뜨는 곳'이라 할 수 있으니 그들이 접촉한 에게해Aegean Sea 동쪽 지방을 뜻했다. 그러다가 대략 15세기 이후 대항해시대를 거치면서 그 범위가 동쪽으로 확산되었다. 한반도가 위치한 이 지역은 서구의 중심이 영국일 때는 극동Far East으로, 제2차 세계대전 후 미국이 헤게모니를 장악하고 나서는 동아시아로 불렸다. 2

아시아가 수입된 어휘라면, 동아시아 지역에 살고 있던 당사자들은 본래 어떤 지역개념을 갖고 있었을까. 한자문화권에서 이 지역을 가리키는 어휘로 먼저 우리 머릿속에 떠오르는 것은 동양東洋이다.

---

2 중국에서 아시아란 용어가 처음 도입된 것은 명대 말기 예수회 선교사들이 세계지도를 소개한 무렵이다. 그런데 단순히 지리적 명칭으로 중국에 도입되었기에 청 말기까지 지도상의 대륙 명칭이었을 뿐 특별한 사회적 의미를 갖지 않았다.

그런데 전통시대 중국에서 사용한 동양은 '큰 바다洋'를 기준으로 한 '동쪽 바다'란 뜻이었다. 그것이 가리키는 대상은 중국인들의 지리적 경험이 확대됨에 따라 변했다. 청 말기쯤에는 조선·일본·류큐가 그 대상에 포함되었고, 특히 일본을 가리켰다. 그렇지만 지금처럼 동양이 문명의 우열을 가리는 가치판단의 기준에서 서양과 대비되어 구획되었던 것은 아니다. 중국에서는 바다를 기준으로 한 동양이란 어휘보다 대륙을 구분한 '동방東方'이 더 많이 쓰였다. 이렇게 보면 오늘날 우리에게 익숙한 동양 개념이 중국에서 연유하지 않은 게 분명하다.

동양이라는 개념은 메이지유신 이후 일본에서 창안되었다. 문명론적 기준에서 우월하고 진보적인 서양에 대비되는 열등하고 낙후된 중국과 조선이 그에 포함되었다.[3] 일본은 지리적으로 동양에 속해야 하나 문명적으로 그로부터 벗어나 근대화(곧 서양화)를 추구하는 존재로서 독자적 정체성을 구현하려고 했다. 이는 당시의 유행어 '탈아입구脫亞入歐', 곧 '아시아에서 유럽으로'가 압축적으로 보여 준다. 일본에서 사용된 문명론 차원의 이 동양 개념이 오늘날까지 우리의 의식·무의식 세계에 깊이 영향을 미치고 있지 않은가.

---

3 일본에서 아시아란 개념이 도입된 것은 18세기 후반이었다. 그들은 서양의 세계관을 수용해 중화문화를 상대화하는 데 이용했다. 즉, 중국을 천하가 아닌 '지나'(支那)로 지칭하고 일본과 나란히 '亞細亞'(Asia의 음역)를 구성하는 하나의 국가로 인식하는 경향이 나타났다. 중화관념을 극복하기 위해 도입된 아시아 개념에는 이렇듯 일본중심주의적 성격이 깔려 있었다.

이러한 용례들의 검토로부터 알 수 있듯이 동아시아는 그것을 호명하는 주체가 수행하는 과제에 따라 달라질 수 있는 '실천과제(또는 프로젝트)로서의 동아시아'이다. 따라서 우리가 한반도를 포함한 이웃 지역을 동아시아라 명명할 때는 지리적 범위에 어디가 속할 것인가를 묻기보다는 어떤 실천과제를 설정하고 그에 상응한 지역에 어디를 포괄하려고 하는지를 명확히 하는 일이 중요하다. 그 필요에 따라 다양한 지역개념이 제기될 수 있고, 그에 속할 범위가 가변적일 수 있는 것이다.

그렇다면 동아시아담론은 무엇인가.[4] 그것은 한마디로 말해 (국가별이 아닌) 동아시아라는 지역을 단위로 하는 사고와 실천이다. 아시아 전체가 아닌 동아시아인 것은 우리가 절실히 묻고 자기와 가까운 데서부터 터득하여 멀리 가기 맞춤한 곳인 까닭이었다. 그런데 그 갈래가 여럿이다 보니 그를 분류하는 시각 또한 다양하다. 그중 그 지향성 — 왜 동아시아인가, 무엇을 위한 동아시아인가 — 을 기준으로 분류한 선행연구에 따르면 동아시아담론이 네 계열로 구분되는데, 그중 하나인 동아시아 대안체제론은 근대 극복, 곧 자본주

---

4 대체로 1990년대로 들어서면서 우리 사회에서 담론(discourse)이란 용어가 널리 사용되기 시작했다. 그전까지 영향력이 컸던 맑스주의 같은 근대철학을 대신해 푸코를 비롯한 프랑스의 탈근대철학이 유행하기 시작하면서 언어적 구성체인 담론의 역할이 중시되었다. 이때 언어적 구성체란 일상 언어와는 달리 전문적 언어 양식이자 체계적인 논술을 의미한다. 담론은 단순한 언어의 구성물이 아니고, 사회적 맥락에서 구성될 뿐만 아니라 사회적 현실을 구성하기도 한다. 그래서 담론(또는 지식)과 권력의 상관관계를 따지는 일이 중요한 과제로 떠오른다.

의체제와 국민국가 질서를 넘어서려는 사유이자 실천이라 말할 수 있다. 이에 대해서는 뒤에(이 책 184~185쪽) 다시 논의될 터인데 여기서 짧게 설명을 덧붙이면, 1970~1980년대 냉전기의 한국사회변혁운동을 비판적으로 계승한 갈래로서 이념적·운동적 속성이 강하다. 그것은 동아시아를 지리적으로 고정된 실체가 아니라 개방적·비판적 지역주의로 파악한다. 제3세계적 시각을 동력으로 삼아 세계체제를 변혁할 거점으로서의 (반주변부의) 역동적 가능성을 부각하면서 탈식민·탈냉전·탈제국의 이념을 추구하고 실천한다. 그래서 현존하는 근대질서를 넘어서기 위해 자본주의체제와 국민국가 질서를 비판하는 담론들과 결합하고, 이를 위해 동아시아 전통 내지 문명적 유산을 적절히 활용한다.[5]

이 같은 의미 부여를 염두에 두되, 이 책에서는 동아시아 대안체제론의 두 기둥인 정세론과 문명론을 중심으로 그 연원을 더듬어 보고자 한다. 그것이 대안체제론답게 변혁을 지향하는 이념이자 실천으로서의 조건을 갖추려면, 정세론에 그치지 않고 문명론 — 그때그때의 당면한 정세 변화에 직핍해 현실을 비판적으로 성찰하고 더 나은 미래를 만들어 가는 대안적 체계와 삶의 방식을 공유하고 실천하

---

5 동아시아담론의 네 개 계열이란 동아시아 문화정체성론, 동아시아 대안체제론, 동아시아 발전모델론, 동아시아 지역주의론을 말한다. 그중 동아시아 대안체제론에 속하는 창비담론이 대표적으로 논의되나, 그 밖에 조희연의 '사회적 아시아', 백원담의 '문화지역화' 등도 거론된다. 이에 대해서는 윤여일(2016). 《동아시아담론: 1990~2000년대 한국사상계의 한 단면》, 143~148, 231~237쪽. 돌베개.

는 길 — 을 겸해야 하기 때문이다.

그 원형을 한국사상사에서 찾는다면 안중근의 동양평화론을 떠올리지 않을 수 없다. 그로부터 시작해 '백년의 변혁'**6** 기간인 일제강점기의 〈개벽〉, 냉전기의 〈사상계〉(와 〈청맥〉) 및 탈/냉전기의 〈창작과비평〉이 현실적 파급력이 큰 미디어였던 만큼 각각이 생산·전파한 동아시아담론이 그 계보에서 어떤 위치를 차지하리라 예상한다. 그래서 본문에서 각각 별도의 장을 마련해 집중 검토할 예정이다.

이때 세 가지 기준이 중요하게 고려된다. 첫째, 세계-아시아-한국이라는 삼층적 공간인식 구조, 달리 말하면 제국주의-지역주의-민족주의가 어떻게 서로 관계를 맺는가이다. 19세기 말부터 한반도에서 세계(당시 '만국'이라 불린 글로벌리즘)와 민족주의('각국')는 문명개화를 매개로 '환상적 결합'을 이루어 지속적인 영향을 미쳤지만,**7** 점차 문명개화의 이중적 성격이 드러나면서 제국주의에 대항

---

6 '백년의 변혁'은 내가 엮어 낸 책의 제목이자 동아시아 근현대사 인식을 압축한 표현이다. 백영서 엮음(2019). 《백년의 변혁: 3·1에서 촛불까지》. 창비. 내가 말하는 "변혁(transformation)이란 특정 모델로 가는 직선적 진화 과정〔곧 이행(transition)〕이 아니라 새롭고 알려지지 않은 무엇인가로 가는 변화이다. 성공과 실패, 개량(또는 개혁)과 혁명, 운동과 제도의 이분법을 넘어서되 역사를 탈정치화하지 않고 '정치적 가능성'을 체감하며 민주적 약속을 전망한 흐름을 온전히 파악하기 위해 이 개념을 제기하는 것이다". 백영서(2021). 《중국현대사를 만든 세 가지 사건: 1919·1949·1989》, 16쪽. 창비.

7 앙드레 슈미드, 정여울 역(2007). 《제국 그 사이의 한국 1895~1919》, 109~121쪽. 휴머니스트.

하는 지역주의와 민족주의도 세를 얻었다. 삼자의 상호관계는 줄곧 사유와 실천의 핵심과제였다. 둘째, 중국이란 매개항이 어떤 의미를 갖는가이다. 중국이 천하에서 국가 간 체제inter-state system의 일원으로 재조정되는 쇠락 과정에 있던 19세기와 20세기의 교차기에 동아시아담론이 대두되었고, 냉전기에 단절된 중국과 한국이 1990년대 초 다시 만나면서 '복귀'한 그것이 지금 중국의 대국화의 국면을 맞아 갱신이 필요할 정도로 동아시아담론에서 갖는 중국의 의미는 관건적이다. 셋째, '대안체제'의 대립물인 기존 체제(특히 식민체제와 냉전체제 또는 분단체제)의 변혁운동에 어떤 식으로 간여하는가이다. 설사 그 운동이 즉각 성공에 값하는 결실을 거두지 못했을지라도 누증적 변혁과정을 구성하는 요소였음을 꿰뚫어 보려고 한다. 이 세 가지를 지표로 삼아 네 개 사례를 점검할 것이다. 이를 통해 각각의 사례가 동아시아 대안체제론에 부합하는 정도를 판별할 수 있을 것이고, 동시에 그 미래를 전망하는 데 생산적인 시사를 얻을 것으로 기대한다.

끝으로, 서술의 흐름을 바꿔, 나 자신의 동아시아론을 집중적으로 검토하면서 앞으로의 과제를 톺아보는 작업도 시도할 것이다. 이는 동아시아 대안체제론을 발신해 온 주체인 〈창작과비평〉의 지적 자장 속에서 개인이 수행해 온 작업에 대한 미시적 분석에 해당한다. 그간 국내외에서 제출된 비평들을 소개하고 그에 대해 논평하는 방식도 적절히 곁들임으로써 현장감을 제공하는 동시에 앞으로 논의를 활기차게 하는 공론의 장을 마련하고자 한다.

이처럼 동아시아담론의 계보를 정리하는 작업이 그 역사적 근거를 확보해 담론의 (당위성을 넘어) 실효성을 좀 더 키우는 효과를 거둘 것은 분명하다. 그런데 과연 이것이 지금 절실히 물어볼 만한 일감인가. 달리 말하면 지금의 우리 현실과 삶에 직핍해 문제를 해결하는 데 얼마나 보탬이 될지 자문해 본다.

지금 우리는 민족주의와 자본주의의 폐해를 극복하기 위한 상상력이 더없이 절실한 국면에 처해 있다. 격렬해 가는 미중갈등 속에서 '신냉전'이란 지정학적 발상이 힘을 얻으며 동아시아가 다시 분열될지 모를 정세에서 탈냉전의 산물인 동아시아담론이 막 제기된 때의 초심에 담겼던 성찰성·저항성의 의미가 새삼 소중해진다. 더욱이 코로나19로 촉발된 팬데믹 시대에 국경에 갇혀 상호 혐오감정이 거세지는 한편, 동아시아 모델에 대한 논란이 뜨겁고, 더 나아가 대안문명의 요구가 한층 더 높아지는 국면이기에 더욱더 그런 마음가짐을 갖지 않을 수 없다. **8** 이런 현실에 대면해, 동아시아 대안체제론은 자본주의체제와 국민국가 질서를 넘어서려는 사유이자 실천인만큼 그것이 아직도 우리 시대의 새로운 과제를 감당할 기운이 남아있는지, 또 기운이 있다 하더라도 제대로 수행하기 위해 혁신할 내재적 문제는 없는지 점검할 필요가 있다. 물론 이는 거창한 일이다. 그러나 1990년대부터 동아시아담론을 주창해 온 주역의 일원인 나

---

8 중국에서 그 사례를 점검해 본 노력은 백영서 엮음(2021). 《팬데믹 이후의 중국의 길을 묻는다: 대안문명과 거버넌스》. 책과함께.

로서는 이 작업에 일말의 의무감마저 느끼기에 스스로의 궤적을 돌아볼 겸 착수하기로 했다.

이제 1장에서부터 본격적인 검토에 들어갈 예정인데, 그에 앞서 '백년의 변혁' 이전의 동아시아를 사유한 흔적을 여기에서 간단이나마 더듬어 보고 싶다. 근대적 사유인 동아시아담론 이전의 지역적 상상과 사유에 대해 독자가 궁금해 할 수 있을 것 같아서이다.

먼저 신라시대 최치원崔致遠의 '동방東方'과 '동인東人' 의식이 눈에 들어온다. 그에게 동방은 '생명', '밝음'을 의미하고, 동방의 태평이 천하문물(세계문화)의 중심이었다. 이에 비해 서국西國은 곧 중국이니 우리와 상대적인 존재로 인식되었다. 또한 동인이란 '동방지인東方之人', 곧 '우리나라 사람'을 지칭하였다. 이와 한 몸을 이룬 것(一體兩面)이 중국 중심의 보편문화를 지향한 '동문同文'의식이니, 문화적 주체역량을 보편성 차원으로 끌어올리려 한 것이다. 그의 사상구조의 핵심인 동인의식은 주체의식으로서 한국사상의 원형이라 할 수 있다. 이는 한국사상사에서 유불선儒佛仙 등 외래사상이 혼용할 수 있도록 기저를 형성하여, 교파 상호 간의 대립이나 갈등을 지양하도록 하는 원동력 구실을 해왔다.[9]

이어서 고려시대 문인지식층의 '동인'의식도 주목에 값한다. 고려

---

9 화랑의 풍류도를 구성하는 만교합일(包含三教 接化群生)에 그 성격이 잘 드러난다. 최영성(1990). 《최치원의 사상연구》, 110, 119, 125~126쪽. 아세아문화사; 최영성(2009). "고운 최치원의 동인의식". 고운국제교류사업회 편, 《고운 최치원의 철학·종교 사상》, 33~53쪽. 문사철.

문인 진화陳澕는 금나라 사신으로 가는 길에 지은 한 편의 시에서 '문명의 아침'이 동방의 하늘에서 열리기를 대망했다. 그의 동인·문명의식이 묻어난다. 또한 이색李穡은 "세계는 무궁하다 / 우리 삼한三韓은 천하의 동쪽에 있다"고 썼다. 대륙의 동쪽 끝에 붙어 있는 자국의 존재에 대해 객관적인 인식을 갖는 '동인'으로서의 자기의식이 선명하다.[10] 이러한 동인의식은 고려 말 조선 초 정도전鄭道傳 등의 문인 지식층에 이어졌다.[11]

조선조 중기에 이르러, 멸망한 명을 대신하여 중화문명을 보존해야 할 책무를 자임하고, 동아시아 유교문화의 중심지로서 조선왕조의 위상을 설정한 '소중화'의식도 눈여겨볼 만하다. 나는 중국적 질서에 속하면서도 그로부터의 탈피를 동시에 추구하는 긴장 — '중화와 탈중화의 장력' — 을 감당하는 전략적 사유의 틀이자 주체적 문명론으로서 이해한다.[12]

이처럼 세계(천하)-동아시아-한반도의 중층성을 (느슨하게라도) 사유한 세 점의 흔적만 소개한 데 불과하지만, 모두 (이 책의 분석 대

10 임형택(2000). "고려 말 문인지식층의 동인의식과 문명의식". 《실사구시의 한국학》, 92~93쪽. 창작과비평사.

11 하정승(2020). "양촌 권근 시를 통해 본 고려후기 중국 사행(使行)의 일 단면". 〈圃隱學研究〉, 제 25집.

12 백영서·정상기 엮음(2019). 《내일을 읽는 한중관계사》, 289~290쪽. 알에이치코리아. 소중화 내지 '조선중화주의'가 중국적 질서나 가치체계를 넘어선 것인지, 또 근대의 민족주의와 연속된 것인지 등의 쟁점을 둘러싸고 학계에서 의견이 분분하다.

상인) 백년의 변혁기의 동아시아담론으로 이어지는 징검다리의 흔적임은 분명하다. 앞으로 발굴되어 재해석되기를 기다리는 자원이 더 있을 것으로 어림짐작해 본다. 그런데 동아시아 대안체제론은 그 징검다리를 건너왔지만 그와는 다른 특징 또한 갖는다. 즉, 자본주의 세계체제를 기반으로 하면서 그것을 작동하게 하는 국가 간 체제에 한반도가 편입된 이후 세계(또는 제국주의)-지역주의-민족주의의 상호관계를 전에 없이 절박한 시대적 과제로 삼아 저마다 사유하고 실천한 주체들의 고뇌 어린 창안의 누적물이다.

그 단초는 19세기 후반 중체서용中體西用(중국)의 '중'이나 화혼양재和魂洋才(일본)의 '화'가 아닌 동도서기의 '동'을 한국에서 내세우면서 자기 정체성을 찾으려 한 데서 발견된다. 그것은 세계(또는 제국주의)-지역주의-민족주의의 상호관계 속에서 한국의 정체성을 구하는, 말하자면 '매개적 정체성'이라고도 불릴 수 있다.13 이 특징은 동학의 '동도東道'에 대한 치열한 인식에서 한층 명료하게 드러난다.

---

13 미야지마 히로시(2009). "'화혼양재'와 '중체서용' 재고". 백영서 외. 《동아시아 근대이행의 세 갈래》, 207~208쪽. 창비. '동도서기'란 용어는 19세기 당시에 쓰인 것은 아니다. 후대의 연구자(예컨대 1960년대 한우근)에 의해 개화운동의 한 흐름을 규정하는 용어로 사용되기 시작했다. 그로부터 개화사상의 한 부분으로 이해되었는데, 위정척사적인 기반을 갖는다고 보거나 혹은 위정척사사상과 개화사상의 중간적인 것으로 보는 등 다양한 해석이 나타났다. 그런데 '동도서기'에 해당하는 사유의 연원은 1880년대에 서양세력에 주체적으로 대응하기 위해 도와 기의 개념을 빌린 현실적 고민으로 거슬러 올라간다. 노대환(2005). 《동도서기론 형성과정 연구》. 일지사.

즉, 동양 문명, 곧 동아시아 유교적 도덕 문명을 그저 의미하는 것이 아니라 '우리의 도'(吾道)를 의미한다. 그것은 "우리 백성의 입장에서 주체적으로 전통사상과 서학을 비판적으로 수용하고 걸러내면서 통합시킨 유불선 합일의 도이자 그 과정 자체가 동도의 변혁"을 통해 새로워진 '오래된 새 길'로서의 천도天道, 곧 열린 주체성을 포함한 개념이었다. **14**

이제부터 동아시아 대안체제론의 역사적 궤적으로 바로 들어가 대표적 사례의 주요 성과와 현재적 의미를 찾는 길을 떠나자. 이 지적 여행을 통해 일차적으로는 동아시아담론을 한국사상사에 뿌리내리게 하고, 더 나아가 이로부터 당면한 현실 문제를 돌파하고 미래를 창의적으로 구상할 가능성 — 또는 가욕성可欲性— 의 실마리를 탐색할 수 있을 것을 기대하면서 나아간다. **15**

---

14 김용휘(2016). "천도교의 운동노선과 동도주의". 〈종교문화연구〉, 제 27집: 105. 그는 이러한 동도인식은 동학이 천도교로 개편되고 나서도 관철되었다고 본다.

15 나는 역사는 과거와 미래의 대화, 곧 미래 프로젝트라고 말해 왔다. 이를 바꿔 말하면 상상과 비전에 근거한, 미래로 열린 사고 훈련인 미래사를 의미한다. 미래상의 구현을 위해서 현재 우리에게 '이미 다가와 있는 미래'의 모습을 선취하고 그것을 확산하는 실천적 방법론이기도 하다. '미래사적 방법론'에 대한 설명은 고성빈 (2018). "동아시아담론에 대한 비평적 회고와 전망: '의지의 낙관주의'와 '미래사적 방법론'의 활용". 〈아세아연구〉, 제 61권 4호: 38~44에 상세하다.

1

동아시아담론이
온 길

대안체제론을 중심으로

1

안중근의 동양평화론,
동아시아담론의 탄생

1909년 10월 26일 오전 9시 30분, 하얼빈 기차역 안에서 세 발의 총성이 울렸다. 일본의 원로 정치인(당시 추밀원 의장) 이토 히로부미伊藤博文가 쓰러졌고, 30여 분 만에 절명했다. 그를 저격한 사람은 '대한국인' 안중근安重根.

그는 암살暗殺, 곧 몰래 죽인 것이 아니라, "총 한 방으로 만인이 보는 눈앞에서 늙은 도적 이토의 죄악을 성토하여, 뜻 있는 동양 청년들의 정신을 일깨운" 거사였다고 당당히 밝혔다.[1] 1905년 조선 주재 일본 통감으로서 병력을 앞세워 강제 조약을 맺게 해 대한제국을 보호국으로 만든 '악한'을 제거했다는 뜻이다.[2] 그때로부터 105년이

---

1 안중근(1909. 11. 6.). 〈한국인 안응칠 소회〉. 윤병석 편역(2011). 《안중근 문집: 한국독립운동사자료총서 제 28집》, 586쪽. 독립기념관 한국독립운동사연구소.
2 위의 책, 〈청취서〉(1910. 2. 17.), 554쪽.

지나, 2014년 1월 19일 하얼빈 기차역 안에 '안중근 의사 기념관' 개관식이 열렸다. 이 거사를 한국과 중국 두 나라가 항일연대의 상징으로 함께 기념하겠다는 취지를 담은 것이다. **3**

안중근은 한반도(의 남과 북)나 중국에서는 '반일의 상징'으로 기리지만, 일본에서는 '테러리스트'로 주로 기억된다. 역사기억은 그 주체에 따라 달리 형성되고는 한다. 당시 중국의 개혁가 량치차오^梁^{啓超}가, 안중근과 이토 히로부미 두 '위인' 모두 제 나라 입장에서 큰 일을 하여 각기가 역사의 평가를 받겠지만, 그 자신은 안중근의 편에 서겠다는 뜻을 담아 시를 발표한 것은 그러한 사정을 잘 보여 준다. **4**

한중일 간에만 그러한 것이 아니다. 한국 안에서도 시간의 흐름에 따라 변화를 보였다. 한동안 침략의 원흉을 저격한 민족영웅 이미지가 부각되다가, 점차 개인적 의혈투쟁이라기보다 항일전쟁의 일환, 곧 의병전쟁의 영웅으로 이해되었다. 21세기 들어서는 조선

---

3 2014년 1월 19일 개관된 기념관에는 안중근 의사 사적 진열실과 이토 저격 지점 표지 등이 있었다. 그런데 하얼빈역을 개축하면서 기념관을 역 건너편(哈爾濱市道里區安升街85-1号)으로 옮겨 2017년 3월 19일 개관하였다. 일본의 강력한 항의 탓에 옮겼다는 설도 있다.

4 "천추의 은덕, 만대의 원한/그 누가 옳고 그름을 가릴 수 있으랴/두 위인(兩賢)은 이 세상을 떠났다만/그들의 죽음은 태산보다 높거늘/나는 이 세상에 살아 있는 한/사마천(司馬遷)이 안자(晏子)를 추모하듯 그대를 경중(敬重)하리/내가 이 세상을 떠나게 되면/내 무덤 의사(義士)의 무덤과 나란히 있으리." 량치차오의 장시 〈秋風斷藤曲〉. 이태진(2016). "安重根과 梁啓超". 〈진단학보〉, 제 126호: 116 에서 재인용.

독립과 동양평화의 상호작용을 주창한 의미가 자못 주목되고,[5] 더 나아가 그의 평화론에 주목해 세계평화론 내지 보편적 평화론으로 위치 지우는 시도도 나오고 있다.[6]

나는 일찍이 안중근의 동양평화론을 중시하고 이를 한국 동아시아담론(특히 동아시아 대안체제론)의 원천으로 평가한 바 있다. 특히 그의 동양평화론을 중시한 이유는 그것이 정세론과 문명론(또는 사상과제)을 두루 갖추고 있기 때문이다.[7] 그러나 이를 제대로 짚어 보지는 못했기에, 이제 이 작업을 본격적으로 해보려고 한다. 먼저 그의 동양평화론을 비롯한 관련 텍스트를 깊이 들여다보자.

5 신주백(2008). "일제강점기 '이등박문 저격사건'을 둘러싼 안중근에 관한 국내외 조선인사회의 기억". 〈한국민족운동사연구〉, 제57호.

6 Park, M. (2020). "Introduction". Han, J. & Rausch, F. ed., *An Chunggŭn: His Life and Thought in His Own Words*, Leiden & Boston: Brill; 김용해 (2019). "안중근의 거사와 가톨릭의 평화론". 〈종교교육학연구〉, 제59권; (2017). "歷史の沈默と歷史の記憶: 安重根の遺墨と東洋平和論の意義". 李洙任, 重本直利 編著. 《安重根と東洋平和》; 中村尚司(2017). "東洋平和とは何か: 安重根が拓いた新地平". 李洙任・重本直利編. 《安重根と東洋平和: 東アジアの歴史をめぐる越境的對話》. 東京: 明石書店.

7 백영서(2010). "서문: 진정한 동아시아의 거처". 최원식・백영서 엮음. 《동아시아인의 '동양' 인식》, 24쪽. 창비; 백영서(2013). 《핵심현장에서 동아시아를 다시 묻다: 공생사회를 위한 실천과제》, 40~41쪽. 창비.

1.《동양평화론》이란 텍스트

옥중에서 집필하던 중 처형당해 미완의 유저 — 서문, 전감前鑑, 현상現狀, 복선伏線, 문답으로 구성된 목차 가운데 서문과 전감의 중반까지 쓰임 — 가 된 《동양평화론》은 원래 일본어도 중국어도 아닌 조선식 한문체로 썼다. **8** 그로서는 익숙한 문체여서이기도 하거니와, 그의 거사가 '동양 청년들'을 염두에 둔 것이라고 밝힌 데서 드러나듯이 동아시아 이웃을 독자로 또는 대상으로 삼았으니 그 무렵까지 공용되던 한문으로 집필한 것은 매우 자연스럽다.

그의 동양평화론은 정세론과 문명론이 잘 녹아 있는 동아시아담론이다. 즉, 동양(곧 지역)의 평화와 조선(곧 국가)의 독립을 상호연동된 것으로 인식했고 그 정당성을 보편적 평화론과 근대문명(비판)론에서 구했던 것이다.

먼저 정세론부터 살펴보자. 서양 제국주의 — 백인종인 러시아도 여기에 포함된다 — 의 아시아 침략을 경계한 그는 일본이 1905년 러시아에 승리한 것이나 근대화에 성공한 것을 높이 평가하였다. 그래서 동아시아 3국이 주권을 유지한다는 전제 아래 대등한 협력관계를 구축할 것을 희구하면서, 일본이 그 리더십을 갖기를 제안하기도 했다. 그러나 일본을 긍정적으로 평가한다고 해서 조선의 주권상실을 필연이라고 본 것은 아니었다. **9** 러일전쟁 직후 조선이 일본의 보

---

8 中村尚司 (2017). 앞의 글, 129쪽.

호국으로 전락한 국제정치 현실을 날카롭게 비판한 뒤, 구체적인 대안을 모색하는 현실감각을 갖고 한중일 3국의 협력을 구상했다.

바로 이 지점에서 그가 왜 이토를 저격했는지 그 이유가 드러난다. 백인종의 제국주의 침략에 함께 저항해야 할 일본이 러일전쟁 직후 한국을 보호국으로 만든 것은 한중일 협력에 의해 동양평화를 지키는 일에 해악을 끼친 행위이다. 안중근은 국내에서의 애국계몽운동의 한계를 절감하고 망명하여 동양평화를 위하여 조선 독립전쟁을 수행하던 중 그 일환으로 이토를 사살한 것이다. 즉, 이토 저격은 동양평화란 큰 목적을 위한 수단, 달리 말하면 "잠재적 동지를 현실적 동지로 바로 세우려는 충격 요법"10이다. 그 거사를 통해 동양평화의 정신으로 만인을 일깨우려 한 것이다. 테러의 형식을 빌린 그의 "작은 독립전쟁"은 "'동양평화'를 위해 차마 하지 않을 수 없어 어쩔 수 없이 행한 그 소극적 실천"이었다.11 그 자신의 표현을 빌리면 "동양평화를 위한 의전義戰을 하얼빈에서 개전開戰"한 것이니, 평화를 위해 불가피하게 전쟁을 수행한 셈이다.12 그래서 '의병 중장'

9   スーザン・メナデユー・チョン(2017). "安重根の汎アジア主義と日本の朝鮮學校のトランスナショナルな類似點について". 李洙任・重本直利編. 앞의 책, 189~190쪽.
10 강동국(2009). "동아시아의 관점에서 본 안중근의 동양평화론". 안중근기념사업회 편. 《안중근과 그 시대》, 414쪽. 경인문화사.
11 최원식(2021). 《기억의 연금술: 한국 근대문학의 새 구상》, 37쪽. 창비.
12 도진순(2010). "안중근의 전쟁과 평화, 죽임과 죽음". 〈역사와 현실〉, 제75호: 268.

의 자격으로 평화를 위해 저격한 것이므로 자신의 행위를 보통 "살인피고인"으로 심리하는 것은 정당하지 못하다고 역설하면서 국제법에 따라 "포로"로 취급해 주기를 강력히 요구했던 것이다. **13**

이러한 정세분석과 실천적 행동은 본질적 원리인 '보편적 평화'**14**와 천부인권관 및 근대문명 비판에 의해 보편적 차원에서의 의미를 획득한다.

그는 "동서양, 잘난 이 못난이, 남녀노소", 즉 모든 인간은 누구나 하늘로부터 자유롭게 살 수 있는 권리를 받았다는 근대적인 천부인권론을 주창한다. 그런데 당시의 현실은 그로부터 한참 멀었다. 이른바 "상등上等 사회의 고등高等 인물들은 의논한다는 것이 경쟁하는 것이요, 연구한다는 것이 사람 죽이는 기계뿐이다". 그래서 "동서양 육대주에 대포 연기와 탄환 빗발이 그칠 날이 없"는 현실을 개탄하지 않을 수 없었다. 전쟁을 되풀이하는 일본 엘리트가 그 단적인 증거이다. **15**

이러한 천부인권관은 보편적 평화론으로 발전한다. 그는 약소국의 자주독립을 바탕으로 하는 보편적 평화론을 지향하기에 자주독

---

13 앞의 책, 〈청취서〉, 554쪽.

14 그의 평화는 "항쟁 없는 상태가 아니라 항쟁의 해결을 통해 사회적으로 억압된 사람들이 각각의 단위에서 자주독립하고 공평하고 공정한 취급을 받으려는 노력"을 의미하고, 갈퉁(Galtung)의 '구조적 폭력'을 극복하는 일과 겹친다는 견해가 있다. 中村尚司(2017). 앞의 글, 135쪽.

15 안중근(1909. 11. 6.). 앞의 글, 586쪽.

립의 문제를 (한국만이 아니라) 아시아 약소국 모두에 해당하는 공동의 문제로 인식한다. 이 점이 다음 문답에서 압축적으로 제시된다.

검찰관: 피고는 동양평화라고 말하는데, 동양이란 어디를 말하는가.

안응칠: 아시아주를 말한다.

검찰관: 아시아주에는 몇 나라가 있는가.

안응칠: 중국, 한국, 일본, 타이, 버마 등이 있다.

검찰관: 피고가 말하는 동양평화란 어떤 의미인가.

안응칠: 모두가 자주독립할 수 있는 것이 평화이다.

검찰관: 그렇다면 그중 한 나라라도 자주독립하지 못하면 동양평화라고 말할 수 없다는 말인가.

안응칠: 그렇다. **16**

요컨대 안중근의 동양평화론에 밝혀진 최종 노달섬은 동종농분[同種同文]으로 일컬어지는 "'동양'이라는 공간보다는, 약육강식의 침략 전쟁에 의한 죽임이 없는 '평화'"의 경지일 것이다. **17**

이러한 본질적인 원리를 바탕으로 구체적인 정책들까지 거론하고 있어 매우 생동감 있다. 서양 열강의 지배에 저항하여 한중일이 대

---

16 안중근(2019). "피고인 안응칠의 검찰관 6회 신문조서"(1909년 11월 24일). 이기웅 편역. 《안중근 전쟁, 끝나지 않았다》 증보 2판, 126~127쪽. 열화당.

17 도진순(2010). 앞의 글, 263.

등한 동반자로서 국가연합을 꾸릴 것을 제안하는 구체적인 정책 구상의 세부 항목을 음미해 보자.

　재판을 주관한 고등법원장 히라이시 우지히토平石氏人의 심문에 응해 답한 〈청취서〉의 내용 일부를 간추리면 다음과 같다. 안중근은 일본이 조선 병합을 목전에 두고 세계의 신용을 잃은 형편을 바로잡기 위해 취해야 할 새로운 정책의 골자를 제시한다. 먼저 일본이 점령 중인 뤼순을 청국에 돌려주고 외국에 개방한 뒤 평화회의를 조직하여 평화의 근거지로 삼는다. 둘째, 한중일 세 나라가 공동으로 은행을 설립하고 각국이 공용하는 화폐를 발행한다. 셋째, 동양평화를 지키기 위한 무력이 필요하므로 세 나라의 청년을 모집해 평화군단을 편성하고 그들에게 2개국 이상의 언어를 배우게 하여 "우방 또는 형제의 관념이 높아지도록 지도한다". 넷째, 세 나라가 상공업 발전을 도모한다. 이렇게 함으로써 "인도, 태국, 베트남 등 아시아 각국이 스스로 이 회의에 가맹"하게 될 것으로 기대된다. 다섯째, 이러한 협력이 국제적 승인을 통해 보장받을 필요가 있으므로 세계 3분의 2 민중의 신뢰를 받는 "로마교황을 만나 서로 맹세하고 관을" 쓰는 의식을 세 나라 최고지도자가 치른다. 끝으로 이런 정책의 전제로서 한국과 중국에 대한 자신의 침략을 일본 당국이 스스로 반성할 것을 촉구한다.**18**

　놀라운 정책적 발상이라 아니할 수 없다. 지금의 관점에서 봐도

---

18 앞의 책, 〈청취서〉, 558~560쪽.

현재성이 확연하다. 오늘날 동아시아 공동체를 제안하는 사람들이 '안중근 프로젝트' 식으로 이를 활용하는 것은 당연하다. **19**

2. 20세기 초 한국 사상계 지형 속의 위치

그의 동양평화론은, 이 제목에 들어간 두 개념인 '동양'과 '평화' 모두 근대일본식 번역 어휘라는 사실에서 드러나듯이, 일본 사상계, 특히 일본발 아시아주의의 영향이 드리워 있다. 이 점이 현재 안중근을 대하는 '반일' 담론에 익숙한 사람에게는 의외일지 모르겠으나, 분명한 사실이다.

19세기 말 일본에서 풍미한 (범)아시아주의Pan-Asianism 안에는 다양한 갈래가 있는데, 서구제국주의의 아시아 침략을 견제하기 위해 아시아 국가들이 연대해야 한다는 사상이자 행동이라는 공통점이 있다. **20** 한때 일본뿐만 아니라 한국과 중국 및 동남아 국가에서도 그에 호응하는 풍조가 강했다.

한국에서도 아시아주의는 지지하든 반대하든 중요한 담론이었다. **21** 일본이 한국을 강제병합하기 전후한 시기에 한국에 널리 제창

---

19 그의 동양평화론은 "21세기 동양평화론, 즉 한반도의 통일과정을 바탕으로 한 동아시아론을 창발적으로 구성하고 실천하는" 과정에서 우리가 계승해야 할 "위대한 유산"으로 간주된다. 최원식(2021). 앞의 책, 51쪽.

20 スーザン・メナデュー・チョン(2017). 앞의 글, 188쪽.

된 아시아주의는 민족주의·아시아주의·제국주의의 상관관계 양상에 따라 다음처럼 세 가지 유형으로 분류될 수 있다. 이 사상지형 속에서 안중근의 동양평화론을 평가할 때 그 의의가 한층 더 또렷해진다.

첫째, 러일전쟁까지의 합의를 그대로 유지하여, 제국주의를 한쪽에 두고 다른 한쪽에 민족주의와 아시아주의를 결합하는 유형이다. 러시아의 위협이 사라지고 일본이 대신 제국주의국가가 된 단계에서도 남아 있던 이 입장은 친일단체인 일진회가 대표적 주창자이다. 그들 자신의 정치적·경제적 이익 등을 추구하는 세력의 정치적 프로파간다로 간주된다.

둘째, 제국주의와 아시아주의의 결합을 공격하며 아시아주의를 배제한 민족주의를 주창하는 유형이다. 신채호의 동양주의 비판론은 극명한 사례이다. 그는 아시아주의를 주창한 자는 첫째, 나라를 그르친 자, 둘째, 외국인에게 아첨하는 자, 셋째, 혼돈한 무식자이고, "국가는 주인이요 동양주의는 손님"인데도 외국인이 동양주의를 이용하여 국혼을 찬탈하는 때에 한국인이 동양주의를 이용하여 국가를 구하는 자라고는 찾아볼 수 없는 현실임을 질타하였다. 22

그런데 이토록 통렬하게 아시아주의를 비판한 신채호도 3·1운동

---

21 앙드레 슈미드, 정여울 역(2007). 《제국 그 사이의 한국 1895~1919》, 250~253쪽. 휴머니스트.
22 신채호(1909). "동양주의에 대한 비평". 최원식·백영서 엮음(2010). 앞의 책, 207~210쪽.

이후에는 한국 독립과 동양평화의 연동을 염두에 두고 한국 역할의 중요성에 대해 적극 발언하는 변화를 보였다. 대륙으로부터 바다로 진출하려는 힘과 바다로부터 대륙으로 쳐들어가는 힘을 중간에서 막는 것이 "유사 이래 조선인의 천직"임에 주목하면서, "금일 동양평화를 말함에 있어 그 상책上策으로 조선의 독립만 한 것이 없다"고 역설한 것이다. **23**

바로 이러한 신채호의 변화된 입장은 세 번째 유형과 겹치는 부분이 있다. 즉, 두 번째 유형인 제국주의·아시아주의가 한편에 다른 한편에 민족주의가 있는 구도가 아시아주의가 처한 당시 현실임을 인식하면서도, 신념으로서는 제국주의와 대립하는 민족주의와 아시아주의의 결합을 견지하는 유형이다. 이 유형이 안중근의 동양평화론에 잘 응축되어 있다. 그는 "아시아주의의 이상을 체념하지 않았기 때문에 양자택일을 강요하는 현실을 행동에 의해 바꾸는 길을 탐색"한 셈이다. **24**

일본의 이익을 위해 착상된 일본발 아시아주의와는 거꾸로, 안중근은 강력한 자치권을 가진 나라들로 이뤄진 평화로운 동북아를 구상했다. 이 점에서 당시의 다른 아시아주의와 달랐다. 급진적 반제국주의의 입장에 서면서도 아시아주의를 견지한 안중근의 동양평화

---

23 신채호(1921). "조선독립과 동양평화". 위의 책, 213~214쪽.

24 姜東局(2013). "韓國のアジア主義における斷絶と連續". 松浦正孝. 《アジア主義は何を語るのか：記憶·權力·價値》, 130쪽. ミネルァ書房.

론은, 민족주의와 지역주의의 결합이라는 20세기 이래의 "난해한 역사적 과제를 이루어 낸 유일한 사상"이라고 평가받을 만하다. **25**

그렇다면 그가 한중일의 평등에 강한 신념을 갖고 지역협력을 주창하면서도 '아시아주의의 배외拜外주의적 형태'에 빠지지 않고, 더 나아가 '아시아에서의 세계시민의 개념을 구체화'하는 데까지 도달한 사유의 근거는 어디에 있었을지 궁금해진다. 여기에서 그가 가톨릭신앙과 유교원리의 강한 영향을 받아 19세기 말의 조선에 나타나기 시작한 새로운 사고를 흡수했다는 사실에 주목하게 된다.

어려서 한학을 집안에서 익힌 그인 만큼 유학의 영향은 길게 말할 필요가 없을 것이다. 유학의 핵심가치인 인仁·덕德·화和 등이 보편가치이며 '동양'이 갖고 있는 본질이라고 인식한 그는 부친의 권유로 가톨릭에 입교한 후 유학의 전통사상에 기반한 천명을 가톨릭의 '하느님' 관념과 결합한 천명관을 갖게 되었다. 성품(천성)으로서의 '천명' 개념을 더 발전시켜 인간이 살아가는 구체적 현실 속에서 양심과 정의감이 일어나는 움직임 — 곧 도심道心이자 '천주의 목소리' — 으로 파악한 것이다. **26**

그가 품은 문명관은 당시 풍미한 사회진화론에 기반한 약육강식의 도구인 문명관에서 벗어나 온 세계가 형제자매라는 '하느님의 한

---

25 강동국(2009). 앞의 글, 411쪽.

26 안중근의 천명관은 성리학적 개념의 '천성'(天性)에 머물지 않고 역사와 사회적 맥락 안에서 양심을 통해 의지를 자극하여 명령하고 이끄는 천주의 목소리(徹告)를 뜻한다고 보는 견해도 있다. 김용해(2019). 앞의 글, 70~71.

집안' 인식에 기반한다. 따라서 그가 말하는 동양평화는 정치적 성격뿐만 아니라 종교적 성격까지 아우르는 형제자매애에 기반한 문명관의 소산이다. 당시 중국과 한국 가톨릭 신자들이 공유하던 혼의 이해를 바탕으로 식물의 '성장하는 혼'(生魂)이나 동물의 '지각할 수 있는 혼'(覺魂)과 다른 '도리를 추론할 수 있는 영혼'의 소유자란 점에서 인간의 고귀성을 찾고, 인간의 근원적인 존엄과 형제자매 인식에서 모든 인류의 존엄과 평등을 주창하였다.27 이러한 사상적 원천에 바탕한 그는 적국인 일본에조차 동양평화를 위해 협력할 동반자가 될 것을 요청하였다.28

이렇게 원칙적 차원에서 보편적 원리로 천명했을 뿐만 아니라 개인적인 실천의 차원에서 모범을 보여 주었다. 그 사례로 잘 알려진 일화가 있다. 1908년 의병군으로 국내 진공 작전을 수행하던 중 생포한 일본군 포로를 동료 장교들의 반대를 무릅쓰고 평화를 위해 헌신하라고 설득한 뒤 국제법에 따른 조처라면서 총까지 돌려줘 석방한 것은 그 실천사례라 하겠다.29

물론 안중근의 동양평화론에도 시대적 제약으로 인한 한계가 있음이 지적될 수 있다. 흔히 논란의 표적이 되는 것이 그가 가진 인종주의의 문제이다. 러시아 및 서양에 대한 과도한 비판 내지 반감,

27 안중근(2020). 《비판정본 안응칠역사》, 146쪽. 독도도서관친구들.
28 황종열(2012). "안중근 토마스의 동양평화론과 가톨릭 신앙". 〈신학전망〉, 제178호: 148~157; 김용해(2019). 앞의 글, 79.
29 안중근(2020). 앞의 책, 226~228쪽.

그리고 그로 인한 다른 지역·세계와의 관계에서 보이는 닫힌 지역
주의가 엿보인다고 아쉬워할 수 있다. 그런데 러시아에 대한 반발과
인종을 중심으로 한 국제정치 인식은 당대 동아시아에서 다수의 논
자에게 공통적으로 보인다는 사실을 염두에 두고 그를 이해해야 옳
을 것이다.

  이 점을 깊이 따져 보기 위해 한국사상사에서 인종 개념이 사용된
맥락을 잠시 돌아보자. '사람의 씨' 내지 자손의 의미로 통용된 인종
人種이란 한자 어휘가 일본을 거쳐 유입된 race의 번역어로서 정치적
의미를 띠게 된 것은 청일전쟁 직후였다. 대한제국 시기에 국제정치
를 인종 간의 대결로 파악하면서 러시아와 일본의 대결을 백인종과
황인종의 대결로 간주하는 시각이 한때 우세했다. 말하자면 대한제
국의 국민이자 동아시아의 황인종이라는 두 차원의 정체성이 융합
된 것이다. 그런데 일본이 같은 황인종의 나라인 대한제국을 보호국
으로 만들면서 인종 개념은 (친일적) 제국주의 논리로 규정되어 몰
락의 길로 접어들었다.[30] 당시의 이러한 사상지형을 고려하면 그의
한계로 지적되는 인종관을 좀 더 섬세하게 이해할 수 있겠다.

  그 밖에 일본 천황에 대한 '오해' 같은 것도 한계로 지적되고는 한
다.[31] 그러나 이러한 문제들은 대부분 원리 차원의 것이라기보다,

---

30 강동국(2006). "근대 한국의 국민·인종·민족 개념". 〈한국동양정치사상사연
  구〉, 제5권 1호.

31 안중근은 한반도나 중국에서는 '반일의 상징'으로, 일본에서는 '테러리스트'로 인식
  되나, 그의 선진적인 사고는 일본에 대한 긍정적 평가와 함께 무시되어 왔다. ス―

당대 신문을 통해서 유통되던 지식·정보 입수 차원의 문제로 빚어진 정세판단상의 문제라 볼 수 있지 않을까 한다. 안중근은 "당시 동아시아 지식 정보 네트워크의 최말단의 재료를 입수하고 가공하여 동양평화론을 구성"했다. 문헌학적 상황에 강하게 제약받아 불가피하게 현실 정세의 파악에서 한계를 보일 수밖에 없었다는 것이다.[32]

안중근의 한계로 거론되는 논점을 앞과 같이 해명하는 일도 의미가 없지 않겠다. 그러나 그보다 더 중요한 것은 그의 사상은 그러한 한계를 극복할 수 있는 두 가지 계기를 품고 있었다는 사실이다. 하나는 보편적인 종교·문명의 관점이고, 또 하나는 민중의 관점이다. 전자는 이미 앞에서 확인한 바 있으니, 후자에 대해 조금 설명해 두겠다. 이토 암살 후 재판 중에 그가 전에 만난 적 있는 "다양한 계급의 일본인들"인 병사·농민·기독교 전도사 등과 흉금을 털어놓고 얘기한 경험을 소개하며, 일본 정부의 지배정책의 부당함에 대한 비판의식과 동양평화에 대한 갈망이 일본 민중 사이에 자리 잡고 있음을 강조한 사실[33]은 주목에 값한다. 이는 "세계 민중과의 정서적 연결에의 지향"이고 이를 통해 "그가 접했던 지식과 정보가 제공하는 동서양과 인종의 대립"이라는 한계를 (불충분하나마) 극복해 나간 근거로 수용할 만하다.[34]

ザン・メナデユー・チョン(2017). 앞의 글, 187쪽.

32 강동국(2009). 앞의 글, 429쪽.

33 안중근평화연구원(2014). 《안중근·우덕순·조도선·유동하 공판기록: 안중근 사건 공판속기록》, 218~220쪽. 채륜.

3. 현재적 의미

이번에는 동양평화론의 현재적 의미에 대해 정리해 보고자 한다.

무엇보다 역사화해와 세계평화를 위한 자산이라는 점에서 의의가 돋보인다.

돌이켜 보면 제2차 세계대전이 1945년에 종결되었음에도 동아시아에서는 그 전후 처리를 위해 1951년에 열린 샌프란시스코회의의 결과로 성립된 샌프란시스코체제에서 식민주의와 전쟁의 결과로 남겨진 이 지역의 갈등 요인들을 적절하게 해결하지 않고 미봉해 버렸다. 이에 따라 분단, 역사문제, 그리고 영유권 갈등 등의 남겨진 문제들이 아직까지 작동하고 있다. 대립과 적대가 샌프란시스코체제의 작동에 중요한 동력을 제공해 왔다. 특히 1970년대 미중화해로 이 체제가 해체의 위기를 겪으면서도 와해되지 않고 '완화'된 채 지금껏 지속되는 것은 1953년의 한반도 정전협정과 (이로부터 고착된) 분단체제, 그리고 분단체제의 버팀목 중 하나가 된 '한일 1965년체제'의 탓이라 하겠다. 그런데 1990년대 이래 세계 차원의 냉전질서가 붕괴하면서 동아시아에서도 냉전분단이 동요하고 미국의 경제 쇠퇴로 헤게모니가 약화되는 동시에 중국이 부상하면서 동아시아 질서가 격동하는 과정에서 샌프란시스코체제 역시 흔들리고 있다.

이 동요의 국면을 활용해 각국이 국가이익을 추구하다 보니 국가

---

34 강동국(2009). 앞의 글, 433쪽.

간 갈등은 격심해지고, 이에 연동된 각 국가 내부에서 진행되는 정치적 대립도 날로 거세지고 있다.[35] 안중근이 활동한 당시와 중요한 평행성이 있다 하겠다. 이런 점에서 동아시아담론을 요구하는 현실 조건이 아직 존재한다. 이런 맥락을 시야에 넣고 민족주의와 지역주의의 선순환적 관계를 설정해 역사문제를 비롯한 여러 갈등을 해결하려 할 때, 그의 동양평화론은 오늘날의 동아시아인에게 사상적 자원으로서 여전히 중요성을 가진다.[36]

더 나아가, 동아시아 지역을 넘어 동양평화론이 세계평화론에 갖는 함의도 새롭게 조명되고 있다. 그 증거로 국제연맹의 이론적 기초가 된 칸트의 영구평화론과의 공통점에 주목하는 것을 들 수 있다. 두 사람의 유사성으로 제시된 근거는 다음과 같다. 즉, 동시대의 국제정세에 대한 현실감각을 갖고 국제평화의 실현을 위해 구체적인 정책 — 상비군 축소나 군비의 재정적 방식 등 — 을 제안한 것, 종교의 역할이 세계평화에 중요한 작용을 한다고 본 것, 그리고 미래에 대한 통찰로서 평화의 중요함과 인간의 존엄을 지키는 것이

---

35 안중근과 이토의 대결이 두 국민국가 간의 문제, 일본과 조선의 대립의 상징으로만 이해될 수 없고, 동아시아 민족 내부에서의 정치투쟁의 문맥에서도 볼 필요가 있다고 주장하는 테사 모리스의 견해는 매우 시사적이다. 이렇게 보면, 지금의 역사논쟁은 일본에서는 역사수정주의자와 정의와 화해를 추구하는 자 사이의 투쟁이고, 한국에서는 진보세력과 보수세력 간의 다툼 등이라고 해석될 수 있다. テッサ・モーリス=スズキ(2017). "越境する戰爭の記憶". 李洙任・重本直利編. 앞의 책, 147쪽.

36 姜東局(2013). 앞의 글, 143쪽.

인류의 사명임을 강조한 점이 양자의 공통점이라고 한다. **37** 안중근은 한국인이자 동아시아인이자 세계인으로서의 삼중 정체성을 가진 인물이라는 해석도 이 부류에 속한다. **38**

두 번째로, 남북한 통합을 위한 자원으로서의 의의도 중요롭다.

얼마 전 100주년을 맞은 '3·1'만 해도 주체사관에 입각한 북쪽의 '3·1인민봉기'와 남쪽의 '3·1운동' 사이에는 분기가 분명히 존재한다(특히 임정 평가가 그렇다). 그러나 역사인식의 차이를 '생산적 자극물'로 적극 활용하면서, 낮은 수준의 '차이의 공존'을 거쳐 높은 수준의 '인식의 공유'로 향상해 가는 역사화해의 여정에 민족과 민주라는 공통 화두를 제공하는 3·1의 기억은 유용하다. **39** 3·1이 이럴진대 남북이 모두 높이 평가하는 안중근이라는 남북한 공유의 역사 인물이 남북한 사회통합을 위한 역사기억으로 작동할 가능성이 매우 높은 것은 긴 말이 필요 없을 것이다. 그런데 안중근이란 역사기억이 그런 역할을 감당하기 위해서는 그것이 일국적 차원이 아니라 한반도, 나아가 동아시아(및 세계사)의 맥락으로 확장하는 동시에 시대에 부합한 재의미화 작업을 당연히 거쳐야 한다. 화해의 성공은 절대적인 것일 수 없고, 오히려 "개인이나 그룹이 과거를 함께 재발견하면서 국가나 민족의 경계를 넘어 조금씩 전진할 수 있을 터"이

37 牧野英二(2017). 李洙任·重本直利編. 앞의 책, 51~52쪽.
38 Park, M. (2020). "Introduction". 앞의 책, p. 3.
39 백영서(2019). "연동하는 동아시아와 3·1운동: 계속 학습되는 혁명". 백영서 엮음. 《백년의 변혁: 3·1에서 촛불까지》, 150쪽. 창비.

기 때문이다. **40**

바로 이 두 번째 의의와 직결된 것이 세 번째, 영성 차원의 의의이다.

앞에서 보았듯이 안중근은 가톨릭 신자로서 중국과 한국 가톨릭 신자들이 공유하던 혼의 이해를 바탕으로 인간의 고귀성을 영혼의 존재와 연관 지어 모든 인류의 존엄과 평등, 그리고 보편 평화를 주창했다. 그의 이런 관점은 오늘날의 역사화해에 영감을 준다. 화해란 끝이 없는 과정이고, 역사상 지식은 항상 확대되고 정체성이 끊임없이 재형성된다. 역사대화를 진행함과 동시에 자기 자신의 역사 이해나 자신의 정체성조차 바꾸고 싶어지기 때문이다. **41** 남북한의 평화 프로세스만 놓고 봐도, '인식의 공유'로 향상해 가는 화해 내지 통합의 과정은 종종 우여곡절을 겪는 동시에 종종 고통에 찬 프로세스이기 때문에 남북한 주민의 정체성, 달리 말해 '분단적 마음'**42**이 서로 변화하는 '마음 전환mindful turn'이 요구된다. **43**

---

40 テッサ・モーリス=スズキ(2017). "越境する戰爭の記憶: 歷史認識, 草の根の和解そして安重根の遺産". 李洙任・重本直利編. 앞의 책, 146쪽.

41 テッサ・モーリス=スズキ(2017). 위의 글, 145쪽.

42 한국전쟁이나 분단 상황을 경험하지 못한 청년세대조차 '분단적 마음'에 사로잡혀 집단 간의 갈등이나 혐오에 쉽게 휘말려 들고, 사회 내 다양성에 대한 소극적 태도를 견지하기도 한다. 이처럼 "마음에 깊게 배태된 분단은 쉽사리 사라지지 않고, 때로는 가시적인 영역에서 혹은 사회 깊숙한 곳에서 비가시적인 힘으로 작동하고 있다". 김성경(2020). 《갈라진 마음들: 분단의 사회심리학》, 34쪽. 창비.

43 장윤미(2018). "'안중근 기념'을 둘러싼 한반도 마음체계의 갈등구조". 〈동아연구〉, 제37권 2호(통권 75집): 162.

4. 동아시아 대안체제론의 원천

마지막으로 이 책의 주제인 한국에서의 동아시아담론의 계보상 위치에 대해 짚어 보겠다. 안중근의 사상은 정세론과 문명론을 두루 갖춘 동아시아 대안체제론의 기본형을 보여 준 원천적 자원이라는 점에서 그 의미를 강조하지 않을 수 없다. 이를 좀 더 들여다보기 위해 '프롤로그'에서 제기한 세 가지 기준을 적용해 보자.

먼저 중국이란 매개항이 갖는 의미라는 기준에서 따져 보자.

중화문명권에 속한 조선은 청일전쟁에서 청이 패배하고 일본이 승리하는 과정을 지켜보면서 문명관의 대전환을 겪었다. 종래 상국이나 대국, 곧 문명의 모범으로 인식되어 온 중국을 대신해 이제 일본이 근대문명의 모델이 되었다. 그렇지만 1900년대에는 다양한 중국담론들이 조선의 정체성을 형성하는 타자로서 병존했다는 사실을 결코 간과해서는 안 된다. 나는 그것을 세 유형으로 나눠 본 바 있다. 첫째, '천한 중국' 인식이다. 이 유형이 급진개화파에 의해 확산되었다. 둘째, 청말의 개혁을 모범으로 삼은 '개혁모델로서의 중국' 인식이다. 이 유형은 온건개화파가 전파했다. 셋째, '세력균형의 축으로서의 중국'에 대한 인식이다. [44] 이 세 유형에 비춰 보면, 안중근은 일본을 동양평화 구축의 맹주로 인정했지만 그렇다고 해서 (급

---

[44] 대한제국기 일간지 3종을 분석해 중국인식의 세 유형을 추출한 것에 대한 상세한 설명은 백영서(2000). 《동아시아의 귀환》, 172~186쪽. 창작과비평사.

진개화파처럼) 중국을 '천한 중국'으로 간주하지 않았고, 또한 (온건 개화파처럼) '개혁모델'로 삼지도 않았다. 중국을 천하가 아닌 '만국'(곧 지금 용어로 국가 간 체제)의 일원이자 동양평화를 이룰 주체(각국)의 하나로 인정했다. 요컨대 그에게 중국이 매개항으로 특별한 의미를 갖지는 않았던 것 같다. '세력균형의 축' 인식 유형에 속했을 뿐이라고 보는 것이 적절하지 싶다.

그 다음, 변혁운동에의 참여라는 기준이다. 그는 곧 임박한 일본 제국의 식민체제를 타파하기 위해 '의병전쟁'을 실행하는 방식으로 (독립)운동을 이끌다 끝내 자신의 온몸을 바쳤다. 그 '전쟁'은 보편 평화를 위한 불가피한 것으로 인식되었으니, 3·1의 평화론으로 이어지는 변혁운동적 성격이 단연 두드러진다. 더욱이 개인의 영성 차원을 중시하고, 독립전쟁에 참여하면서도 그 과정에서 자신의 영성을 체현한 점도 주목된다.

끝으로, 제국주의-지역주의-민족주의의 삼층적 공간인식 구조라는 기준에서 따져 보자. 당시 글로벌리즘과 민족주의 — 달리 말해 만국과 각국 — 는 문명개화를 매개로 '환상적 결합'을 이루었고, 점차 문명개화의 이면에 도사린 침략과 수탈의 성격이 드러났지만 문명과 개화라는 개념 자체가 도전받지는 않았다. **45** 안중근은 중화문명을 중심에 둔 천하관을 버리고 가톨릭 신앙과 문명개화 이념에 촉발되어 근대세계를 시야에 넣었으면서도, 그 문명의 어두운 면을 꿰

---

45 앙드레 슈미드(2007). 앞의 책, 109~121쪽.

뚫어 보면서 제국주의와 대립하는 민족주의와 아시아주의의 결합을 견지한 매우 특이한 입장을 취했다. 인류의 평화와 한국의 독립과 동양평화를 균형 있게 바라보고 실천한 평화주의자로 해석되는 까닭도 여기에 있다.[46]

사실, 한국(과 중국)에서 제국주의와 결합한 지역주의가 한편에 있고 이에 저항하는 민족주의를 다른 한편에 두는 이항대립이 국제정치사의 주선율을 구성해 온 것은 부인할 수 없다. 그럼에도 안중근의 경우처럼 민족주의와 지역주의의 관계를 정합적으로 설정하려는 역사적 과제는 한국 근현대사상사에서 끊어질 듯하면서도 힘겹게 이어져 왔다.[47] 망명지 중국에서 사상적 변모를 겪고 조선의 독립을 돕는 것이야말로 동양평화의 상책이라고 호소한 신채호의 사상적 모색도[48] 소중한 연결고리이다. 이는 안중근의 동양평화론과 해방 후 동아시아 대안체제론을 잇는 "한국 동아시아론의 허리를 받치는 문장"[49]으로 자리매김하기 충분하다.

이처럼 동아시아 대안체제론에 해당할 만한 자원은 더 발굴될 여

---

46 김용해(2019). 앞의 글, 79.

47 강동국은 이 선율이 배제된 결과 근대 동아시아의 어떤 유력한 사상적 흐름에서도 찾아볼 수 없었다고 비관적으로 평가한다. 강동국(2009). 앞의 글, 410쪽. 나는 그의 지적을 수긍하면서도 일정한 수정을 가하는 입장에서 이 책에서 〈개벽〉 이래의 주요 잡지에 나타난 동아시아론의 흐름을 검토하는 것이다.

48 그 근거는 각주 23의 신채호(1921). "조선독립과 동양평화".

49 최원식·백영서 엮음(2010). "새로 책을 펴내며". 《동아시아인의 '동양'인식》, 7쪽. 이 글에서 해방 직후 안재홍(1949)의 〈신민족주의의 과학성과 통일 독립의 과제〉도 연결고리로서 중시된다.

지가 많다. 이 장에 이어 곧 다루게 될 일제강점기 〈개벽〉지의 동아
시아론이야말로 핵심적 연결고리로서 값지다.

2

일제강점기 개벽사상과 대안문명론

〈개벽〉을 중심으로

1. 세계 대개조 시기 〈개벽〉의 창간

평화의 소리가 높도다. 개조를 부르짖도다.

온 인류는 신선한 자유의 인류로다.

운運이 래來함이냐? 때時가 도到함이냐?

아니 이것이 개벽이로다.

1920년에 창간된 종합월간지 〈개벽〉 창간호 권두시의 마지막 구절이다.[1] "창간사"의 서두에서 선언했듯이, 세계의 "다수 인민이 간절히 바라고 또 요구하는 소리는 곧 신이 간절히 바라고 요구하는

---

1 〈개벽〉 제1호, 1920년 6월 25일, 권두시. 원문 인용의 경우 국한문혼용체를 가급적 지금의 맞춤법에 맞게 옮겼다. 이하 같음.

소리니 이곳 세계 개벽의 소리"가 퍼지는 1920년, "세계 대개조라 하는 혁신의 기운을 맛보게" 된 시점에 개벽을 위한 매체인 종합지가 창간되었다.

이 창간호에서부터 그 기운이 물씬 풍기듯, 〈개벽〉 지면에는 조선인이 세계와 어떻게 만나야 하는가에 대한 관심이 뜨거웠다. 요즈음 용어로 말하면 지구적이자 지역적인glocal 시각이란 기치를 높이 치켜든 것이다. 그들은 "세계 대개조라 하는 혁신의 기운"에 예의 주시하면서도 특히 "기본적으로 식민지 한국의 운명과 동아시아 사회를 하나의 차원에서 결합하려는 사고에 기반해 있었다". 2

제1차 세계대전이 끝난 직후 평화와 공의公義의 질서가 도래할 것으로 믿은 당시의 시대적 풍조, 곧 세계적 차원의 개조의 기운에도 부합한다. 그런데 당시 사상계를 주도하던 '개조' 등 주요 개념을 전유하여3 '개벽'으로 인식한 그들의 주체적 안목이 신선하다. 이는 잡지를 창간한 사람들의 독자적 세계인식 · 시대인식의 소산이었다. 새로운 시대가 시작되었다고 느낄 만큼 급격한 변화가 일어난 상황을 묘사하는 뜻으로 지금도 통용되고 있는 '개벽'이 같은 한자문화권인 중국에서 유래한 전통적 의미의 개벽처럼 '천지개벽'을 기다리는

---

2 한기형(2005). "근대 초기 한국인의 동아시아 인식: 청춘과 개벽의 자료를 중심으로". 〈대동문화연구〉, 제50호: 180.
3 처음에는 '개조', 그리고 곧이어 '혁명'이 〈개벽〉의 전유의 대상이 되었다. 허수(2021a). "근대 전환기 '개벽'의 불온성과 개념화: 동학 · 천도교를 중심으로". 〈인문논총〉, 제78권 4호. 서울대 인문학연구원.

시기가 아니라, 성장하는 우주이며, '지금 여기'에서 우리의 노력으로 일어나는 개벽, 곧 '다시개벽'이나 '후천개벽' 개념이라는 특이한 의미로 정착한 것은 19세기 말 이래 한국의 민족종교가 주창되면서부터이다. **4** (동학에서 개편된) 천도교가 창간한 종합지의 제호로 '개벽'이 채택된 것은 이러한 맥락의 소산으로서 각별한 의미를 갖는다.

한국근대사를 주도한 개화와 척사라는 두 노선과 다른 제3의 길로 당시 존재한 개벽 노선이 최근 한국사회에서 새삼 주목되고 있다. 이 새로운 사상적 동향에 발맞추되, 나는 〈개벽〉(1919~1925)지에 나타난 동아시아담론을 동아시아 대안체제론의 계보상 중요한, 그럼에도 그간 덜 주목된 연결고리로 중시한다.

이제부터 〈개벽〉지에 응축된 동아시아담론의 시대적 의미를 좀 더 깊이 이해하기 위해서는 이 매체가 당시 지식장에서 갖는 위치를 먼저 살펴볼 필요가 있다. 〈개벽〉은 조선총독부와 경성제국대학 (1924년 개교)이 주도한 지식생산의 통로인 관학官學이 형성되기 이전에 정치·사상·사회·역사·문화·문학 등 지성사를 아우르는 민간 학술계의 독보적인 종합지였다. 3·1운동으로 분출된 조선 민중의 해방 기운에 대응해 조선총독부가 문화통치로 전환하자 그 기회에 각종 매체가 창간되어 또 다른 지식생산의 통로가 마련되었다.

---

4 박소정(2022). "동학공동체의 '철학적 근대': '개벽' 개념의 성립과 계승 및 변용". 백영서 엮음. 《개벽의 사상사: 최제우에서 김수영까지, 문명전환기의 한국사상》. 창비.

〈개벽〉은 그중에서 상업적으로도 성공한 대표적 매체였다. 그것이 성공한 원인을 시대 기운을 담은 지식인의 '공기公器'였기 때문이라고 본 식민지 시기의 임화는 "이 잡지 전질을 읽지 않으면 그때의 문화사뿐만 아니라 일반사상사나 정치적인 동향까지를 알 수 없을 만치 중요한 간행물"이라고 말한 바 있다.5 나는 이것을 관학이라는 '제도로서의 학문'에 대항하는 (1920년대 초 민립대학설립운동과 더불어) '운동으로서의 학문'의 장이라고 본다.6

이것이 갖는 의미는 한반도를 넘어 동아시아에서의 지식생산과 유통의 장이란 관점에서 보면 한층 더 빛을 발한다. 청일전쟁 이래 문명관의 대전환 — 중국 중심의 중화문명에서 일본 중심의 근대문명으로의 전환 — 이 이뤄진 이래 중국과 일본 사이에 역사심리적 분단, 곧 '분단구조'가 생성되어 재생산되었다.7 그러다 보니 1920

---

5 임화(2009). "문예잡지론"(1939). 임화문학예술전집 편찬위원회 편. 《임화문학예술전집5: 평론2》, 105쪽. 소명출판.

6 이 새로운 장은 '민간학술사회'라고도 불린다. 최수일(2008). 《개벽연구》, 13~14쪽. 소명출판; 한기형(2009). "근대매체와 식민지 민간학술사회의 형성: 근대문학의 지식사적 위상에 대한 시론". 《한국현대문학회 학술발표회자료집》, 21, 23쪽. 나는 이 개념의 유용성을 인정하면서도 그 의의를 더 잘 살리기 위해서 '운동으로서의 학문'으로 규정한다. 이로써 '제도로서의 학문'인 제국학지와 구별되는 운동성이 한층 더 부각되는 효과가 있다. 백영서(2014). 《사회인문학의 길: 제도로서의 학문, 운동으로서의 학문》. 창비 참조.

7 동아시아 분단구조는 중국이 '100년 굴욕'의 역사[또는 '비정(悲情)의 역사']가 시작된 사건으로 간주하는, 그리고 동아시아에서 문명관의 전환을 초래한 청일전쟁 이래 잇따른 열전 그리고 냉전 — 그 이름을 무색케 하는 중국 내전(1946~1949), 한국전쟁(1950~1953), 베트남전쟁(1955~1975) 등 열전을 포함 — 을 겪으면서

년대 조선의 지식장에서도 일본제국권의 영향력이 압도하게 되었다. 그런데 이와 더불어 한국인의 주요한 망명지이자 독립운동의 무대인 중국의 지식계와 접속한 또 하나의 지식 네트워크가 형성되었음을 간과해서는 안 된다. 〈개벽〉지는 바로 이 통로를 활용해 (일본제국에서 발신한 아시아주의에 대항하는) 동아시아 대안체제론을 생산하고 전파했다는 의미가 심대하다.

바로 이 역할을 수행한 주체 가운데 중국에 거주한 〈개벽〉 동인들이 있다. 천도교인 그룹의 주요 인물로 구성된 〈개벽〉의 재중 특파원이 그 핵심이었다. 1919년부터 1925년까지 재중 천도교단은 임시 정부, 의열단, 베이징대학, 조선 천도교중앙총부와의 관계망 속에서 종교 및 정치활동을 이어 갔다.[8] 그들과 독립운동가, 아나키즘, 사회주의 운동가, 유학생 간에 형성된 연결망은 베이징 한인들의 생활 기반이자 사상적 교류가 일어나는 장소이기도 했다.

오늘에까지 영향을 미치고 있다. 이삼성 등이 논의한 '동아시아 대분단체제' 개념을 재구성한 본인의 '동아시아 분단구조'에 대해서는 백영서(2013). 《핵심현장에서 동아시아를 다시 묻다》, 382~386쪽 참조.

8 상해 전교실(傳敎室)을 설치하는 데 개벽사가 직접 후원금을 보냈다. 또한 〈개벽〉은 재중 천도교단의 소식을 기사의 형태로 게재하기도 했다. 김민승(2016). "〈개벽〉의 중국론과 근대인식: 이동곡의 중국 정치·문화 논설을 중심으로", 34~36. 成均館大學校 동아시아학과 석사논문.

2. 〈개벽〉이라는 텍스트와 이동곡

방금 살펴보았듯이, 식민지 조선의 지식문화는 일본뿐만 아니라 중국을 포함하는 동아시아 지식문화와의 교류 속에서 형성된 것이다. 이를 가장 잘 나타내는 사례가 바로 〈개벽〉에 게재된 중국관계 문화·정치 논설이다.

　조선 천도교단과 이들이 발간한 잡지 〈개벽〉은 재중국 천도교인을 중심으로 한 연락망을 형성했고, 이를 통해 중국 변동에 대한 정보를 동시간대에 얻을 수 있었다. 당시 사상과 학술 생산을 주도한 이 지면에 중국 관련 논설이 꾸준히 게재되었다는 사실은 식민지 조선에서 중국이 결코 사라진 고전 세계로서의 중화中華가 아니라, 근대적 사상개혁과 정치혁명 과정 중에 약동하는 국가로 존재했음을 반영한다. 이러한 중국인식을 통해 일본 근대에 비판적으로 접근함과 동시에 일본이 구상한 동아시아 제국질서를 해체하는 시도가 이뤄질 수 있었다. 즉, 조선인이 중국의 존재를 매개로 삼아 일본의 식민주의 지배이데올로기를 상대화하고 그 권위에 균열을 일으키면서, 조선에서 신문화 건설의 기반을 닦을 수 있었다.

　여기서 나는 〈개벽〉지에 실린 중국 관련 논설 전체를 분석하기보다 재중 특파원인 이동곡李東谷의 글에 초점을 두고 살펴보려 한다. 그의 논설은 편수도 많거니와 〈개벽〉과 재중在中 천도교단이 밀접한 관련을 맺는 연결고리로서 중요한 의미를 갖는다. 〈개벽〉 사내에서 이동곡의 위치는 꽤 중요했던 것으로 보인다. 그는 편집인 김기

54

전과 꾸준한 연락을 유지했으며, 김기전의 부탁으로 중국 관련 논설을 기고한 것으로 보인다. **9** 그의 논설이 〈개벽〉의 주요 논설란에 해당하는 영역에 자주 게재되었다는 사실로도 이를 짐작할 수 있다.

이동곡이 발표한 문장을 관통하는 논조는 〈개벽〉의 편집방향과 기본적으로 일치한다. 특히 문화개조론과 사회주의 사상에 관한 이동곡의 관점이 〈개벽〉의 담론과 관련성을 보여 준다. 더욱이 그의 논조는 〈개벽〉 내부의 한 목소리이면서도 중국의 사상과 역사적 경험에 접촉해야만 나올 수 있는 개성적 관점을 보여 주기에 한층 더 흥미롭다. **10** 그는 중국에 체류하면서 현지에서 벌어지고 있는 정치적·문화적 변동을 다루었다. 신문화운동이라는 같은 소재를 다루더라도, 당시 다른 지식인들과 달리 일본어라는 중역을 거치지 않고 중국 내 인적 교류와 실제 원문의 독해를 바탕으로 기사를 게재했다. **11** 또한, 문학계 동향의 번역 소개 내지 논평보다 군벌전쟁, 열강의 중국 이권 침탈 등 중국 안팎에서 일어나는 정치변동을 소개·논평하는 데 힘썼다.

지금까지 〈개벽〉지에 발표된 글을 통해 이동곡에 대해 논의했지만, 사실 이것은 필명이고 그가 실제 누구인지는 아직 정설이 없다. **12** 기존 연구에 근거해 베이징에서의 그의 활동과 네트워크를 재

---

9 김민승(2016). 앞의 글, 45.

10 차태근(2019). "한국 신문화운동과 중국의 시좌: 1920년대 전반 李東谷을 중심으로". 〈한국학연구〉, 제54집: 238, 245.

11 양백화는 일본의 중역을 거쳐 소개했다고 한다. 김민승(2016). 앞의 글, 28.

구성해 보면, 그는 중국의 신문화운동과 5·4운동 이후의 정치 변동을 현지에서 목격했고, 천도교인으로서 베이징에서의 네트워크를 활용할 수 있었던 경험의 부피가 느껴진다. 특히 베이징대학에서 당대의 저명한 학자 량수밍梁漱溟·후스胡適·천두슈陳獨秀의 수업을 들었거나 베이징에서 중국 최신의 정보를 얻을 수 있었기에 그들의 논설 등에 쉽게 접할 수 있었다. **13** 이런 활동과 역할은 그가 단순한 (중국 정세에 대한) 관찰자가 아니라 (조선의 변혁에의) 참여자를 겸하였음을 보여 준다. 이런 이중적 정체성은 바로 다음에서 살펴볼 그의 중국 정세와 문명론에 대한 논조에 깊이 배어 있고 논설의 깊이와 현장감을 더해 주었다.

바로 이런 특성은 중국이란 매개항이 그에게 어떤 의미를 가졌는지를 보면 좀 더 또렷해진다. 그는 당시 지식의 연쇄 통로에서 중국

---

12 한기형은 북여동곡(北旅東谷)이란 필명의 이동곡이 본명인지는 확실치 않다고 보면서도, 베이징에서의 이동곡의 활동상을 총독부 경찰 자료 등에 입각해 재구성하였다〔한기형(2005). 앞의 글, 182~184〕. 이와 달리 천진은 이동곡을 이민창(李民昌)이라고 추정한다〔천진(2012). "1920년대 초 동아시아의 성찰하는 주체와 현대중국의 표상: 아쿠타가와 류노스케, 이동곡의 장소 경험을 중심으로". 〈중국문학〉, 제72집: 255〕. 김민승은 양자가 동일인일 가능성은 크나 아닐 수도 있다고 보는 편이다〔김민승(2016). 앞의 글, 18〕. 이와 달리, 〈개벽〉 제61호 편집후기에 나오는 두 개 필자 이름에 근거하여 이민창과 이동곡은 서로 다른 두 사람이라고 보는 견해도 있다〔주효뢰(2020). 《식민지 조선 지식인, 혼돈의 중국을 가다》, 382쪽. 소명출판〕. 그런데 그는 당시 같은 지면에 한 필자가 두 편의 글을 발표할 때 다른 하나는 필명을 사용한 사례들이 잦았음을 간과한 것 같다.

13 김민승(2016). 앞의 글, 44.

→ 일본 → 한국의 경로(이중번역重譯의 경로) 대신, 일본이라는 제국의 창을 거치지 않는 중국 → 한국의 직경로를 통해 중국의 정세와 문화를 온전히 바라보고 주체적으로 수용하여 한국현실에 적응시키려고 노력했다. 이로써 일본의 영향력이 거의 절대화된 한국 지식장에서 추구된, 신문화운동이 활용한 또 하나의 소통의 경로를 통해 중국 신문화운동이 영향을 미칠 수 있었다. **14** 이는 중국에 망명한 자로서 중국에 대한 간접 체험과 직접 체험을 연계함으로써 가능해진 것이다. **15** 좀 더 적극적으로 해석하면, 중국이란 대상을 단순히 관찰한 것이 아니라 현대중국의 문제를 어떻게 대면할 것인가 질문하며 성찰하는 주체적 태도를 가졌다고도 볼 수 있다. **16**

---

14 서구 → 중국 → 한국으로 이어지는 또 하나의 근대적 경로를 탐색하였다고도 볼 수 있다. 이시활(2009). "일제강점기 한국 작가들의 중국 현대문학 바라보기와 수용 양상: 楊建植, 李東谷, 梁明을 중심으로"; 송인재(2015). "1920, 30년대 한국 지식인의 신문화운동 수용: 양건식, 정래동, 김태준의 경우". 〈동아시아문화연구〉, 제63집: 173.

15 주효뢰(2020). 앞의 책, 26쪽.

16 천진(2012). 앞의 글, 256.

3. 정세론

1) 세계와 동아시아 정세에 대해

이동곡은 제1차 세계대전 직후 열린 파리강화회의와 같은 열강의 전후처리를 위한 회담이나 구상에 차가운 반응을 보였다. 세계대전은 구미 열강에게 "최후 각성을 재촉하는 것이며 자본주의와 제국주의 문명의 파산선고"인데, 이에 대한 철저한 각오와 뉘우침 없이 입으로만 영구평화와 세계개조의 기회라고 떠들고, "전쟁으로 인한 상처를 회복하려 하며 일층 더 나아가 착취와 침략의 진전을 꾀하려 몽상"할 뿐이니, 세계대전으로 야기된 대분란·대불안의 씨앗이 이미 뿌려진 것이나 다름없다고 분석한다. 한마디로 파리강화회의는 "다음번 대전next war을 꾀하는 전시 참모본부의 작전계획을 토론하는 군사회의"나 다름없다고 혹평한다. 그러면서 앞으로의 세계는 "더욱더 대전의 세계로만 바뀌어 가게 되었으며 새 불안과 새 동요의 와중"에 처하게 될 수밖에 없다고 전망한다.

그러나 그토록 불안한 세계정세에서도 그는 변화의 조짐을 찾는다. "자본주의 제국주의자들의 상호 투쟁과 또한 그들과 전 세계의 무산계급 및 피압박 민족 합동전선과의 투쟁"에 있다고 보았기에 가능했다. 그중 진정한 변화의 동력은 기존 세계질서에 저항하는 "세계 피압박 민족의 독립운동과 세계 무산계급의 혁명운동", 곧 "제3 인터내셔널 유의 활동과 회교回敎민족의 발흥과 대大회교주의 운동"

에 있음에 주목한다. **17**

이처럼 세계정세를 넓은 국면에서 분석하면서도 연동된 "세계 문제의 중심점"인 태평양, 특히 동아시아에 초점을 둔다. "동아의 전체 국면은 행일는지 불행일는지 한번 대혼란의 화염 속에 들어갈 것"으로 예상한 까닭이다. 그렇게 판단한 근거는 무엇일까. 동아시아 정세가 중국을 둘러싼 영미일 간의 이권투쟁과 그로 인한 중국의 혼란이 요동치게 될 정세의 중심에 있음을 간파한다. 좀 더 들여다보면, 앞으로 "동아 전체 국면이 어찌 될지의 여하는 확실히 일본의 앞으로의 행동과 그 관계"에 의해 좌우되는 까닭이다. 그런데 영미는 중국에 대한 기회균등과 문호개방 정책을 지지하며 일본을 견제하려고 하고, 이에 대항해 일본은 자신의 운명을 걸고 끝까지 악전고투할 것이다. 그러니 그 상대방인 중국이 깊은 이해관계를 가진 다른 국가들과 더불어 최후까지 협력하면서 일본의 그 악전고투를 두려워하지 않고 김딩할 것이니, 그렇게 될 경우 동아시아의 대세는 전환기에 봉착하여 커다란 파열을 불가피하게 겪게 될 것이라고 전망한다.

동아시아의 정세가 이렇게 전개된다면 그 속에서 조선은 어찌해야 할까. 이동곡은 "동아의 일원인 우리 조선인도 물론 그 화염 속에서 분투하여 광명의 길을 발견하여야 할 것"이니 이로부터 정국이

---

17 李東谷(1923.12.). "새 甲子를 넘겨다보는 世界의 不安: 極紛糾에 陷한 歐洲의 亂局". 〈개벽〉, 제42호: 2~4, 6, 20.

어찌 될지 깊이 관찰할 필요가 있다고 주장한다.[18] 그러면서 그는
그 속에서 희망의 불씨를 건진다.

그러니 조선의 희망의 조짐을 찾을 곳인 (동아시아 변화의 진원지)
중국과의 관계가 관건이 되는 것은 자연스럽다. 한중관계는 그 오랜
역사를 봐서도 그러려니와 현재와 장래를 위해서도 그러하다. 이렇
게 엄중한 관계인데도, 조선인들은 중국에 대해 과거에는 무조건 선
망하거나 헛되이 숭상했고, 최근에는 "과거의 관계로 인한 일종의
분개 속에 반대"하는 데 치우쳐 있다. 그러다 보니 제대로 된 평가를
하기는커녕 "외국인의 멸시관에 뇌동"하기 십상이다. 이동곡은 이
런 날카로운 진단에 근거해, 중국문제를 공론의 장에 올려 토론하고
연구를 축적해 "절실한 이해 아래 그로부터 좀 심각한 이상적 기도
아래에서 우선 조선과 중국의 친목을 꾀할 시설을 이루어 양자의 관
계를 증진할" 필요가 있다고 제안한다.[19]

그가 비판한 당시 조선의 일반적인 중국관은 일본제국의 중국멸
시관의 영향에 전면 노출되어 있었다. 고전중국과 현실중국을 분리
하여 전자는 교양으로 숭상하면서도 후자는 무시 내지 멸시하는 "중
국 없는 중국학(즉, 일본 한학漢學)"[20]이라는 제국의 학지學知에 휘둘
린 결과이다. 그런 현실에서 그가 고전중국과 현실중국을 분리하는

---

18 李東谷(1923.6.). "中國에 在한 日本의 利權動搖와 東亞의 今後의 大勢". 〈개
벽〉, 제36호: 29, 30.

19 北旅東谷(1922.10.). "朝鮮對中國之今後關係觀". 〈개벽〉, 제28호: 58, 59.

20 溝口雄三(1989). 《方法としての中國》, 135쪽. 東京大學出版會.

제국의 관점을 극복할 길을 제시한 것이다. 이는 오늘날 요구되는 비판적 중국연구의 방향을 선취한 것으로 그 의의가 자못 크다. **21**

2)중국 정세에 대해

그렇다면 이런 문제의식을 가진 그가 보기에 중국의 현실은 어떤 형편에 처해 있었던 것일까.

중국은 신해혁명으로 청조를 무너뜨렸으나 공화정이 안정되지 못한 채 지방분권세력(이른바 군벌)의 혼전이 거듭되는 혼란에 빠져 있었다. 잦은 내전으로 항상 불안과 혼돈에 시달리는 상황은 그 책임이 물론 중국인 자체에도 있으나, 그 절반은 중국을 침략하는 제국주의국가들에 있음을 간파하였다. 그들 제국주의자들의 폐단을 다음과 같이 통렬히 폭로한다.

평생에 무기를 밀수입하야 군벌에게 폭리로 팔아먹고 그로써 다시 내란의 씨앗을 심어 내란이 일어날 때는 그를 핑계 삼아 배상이라 하야 돈을 강취하고 외국인 생명의 보호라 하야 영토를 강점함에 따라 구두선口頭禪으로는 중국의 통일을 조장하며 희망한다 하면서 그 짐승 같은

---

21 고전중국과 현실중국을 분리하지 않고 동시에 이해하는 것은 조선 학인의 그러한 전통을 잇는 한국의 비판적 중국연구의 중요한 특징이다. 앞의 각주 6의 백영서 (2014)에 실린 제8장 "한국 중국학의 궤적과 비판적 중국연구" 참조.

마음에는 항상 이렇게 분란키를 갈망한다. **22**

그럼에도 그는 그 혼란 속에서도 역사의 진전 가능성을 또 다시 읽어 낸다. 그는 중국혁명을 "만성적慢性的 혁명", 내 식으로 바꿔 말하면 '점증적 변혁'으로 파악하는 독창적 안목을 발휘한다. 신해혁명 이후의 정치적 변천, 곧 우여곡절의 궤적을 개관하면서 "일체 행동이 다 혁명하는 동안의 과정"이며 "참된 혁명"을 한편으로 성숙시키는 자체적인 변혁의 "시험적 경과", 곧 "실질의 혁명"을 수행 중임을 역설한다. **23**

분란이 극에 도달해 낙관을 허용할 것 같지 않은 중국의 정치동향 속에서 반전을 일으켜 그가 "확실히 전체 정국의 일대 변환이 날 것"을 "어느 정도까지 예언할 수 있다"고 한 변혁의 동력은 어디에 있었는가. 그 근거를 중국의 변혁의 역사에서 획을 긋는 5·4운동으로 비롯된 민의 자치와 결집의 경험에서 찾는다.

〔5·4 - 인용자〕운동이 비로소 사회와 민중의 자력으로 기본이 되어 민중 대 정부의 반항적 표시이었으며 민중 자체의 자각적 발동이라 할

---

22 李東谷(1924. 11.). "내가 본 中國의 大動亂". 〈개벽〉, 제 53호: 40.
23 北旅東谷(1923. 1.). "中國의 政治的 現勢와 社會的 現勢". 〈개벽〉, 제 31호: 42. 그의 중국혁명관은 민두기가 일찍이 신해혁명을 제 1차 공화혁명, 5·4운동을 제 2차 공화혁명이라 부르면서 연속적 과정으로 인식하자고 제안한 견해와 통한다. 민두기(1999). 《중국의 공화혁명》. 지식산업사.

수 있다. 이로부터 중국 사회적 신세력이 한쪽에 배태되며, 중국 민중의 신 위력이 새로운 토대를 쌓게 되어 그 운동을 전후하여 새로운 경지의 분기奮起이며 신사상의 선전이며 신문화의 운동이며, 기타 일체의 민중적 발동은 크게 중국 민중 및 사회적 운동의 출발점을 긋게 되었다. **24**

그 새로운 세력 중에도 "천두슈陳獨秀 일파 및 그 밖의 베이징대학 그룹"의 대활동에 주목하면서, 청년·학생·민중이 주된 구성원인 그들이 혁명의 주력이 될 날이 멀지 않은 것을 짚어 낸다. 지금의 관점에서 보면, 중국 공산당의 초기 활동이 혁명의 기운을 조성하고 있음을 그가 말한 것이다. 좀 더 설명하면 1921년 창당한 공산당이 1923년 개조된 중국 국민당과 합작하여(제1차 국공합작) 반제·반군벌 국민혁명을 추진하기 시작한 흐름에 그가 착목한 것이다. 그는 이러한 "혁명의 성화聖火가 장차 동아 대륙에 펼쳐질 때"에 중국 국민에게는 물론이고, 더 나아가 "동아 전체의 대풍운이 그로부터 일어날 것"임을 예견한다. "중국민의 신생명이 대륙에 끓어 넘치며 동아의 신기운이 촉진될 것"이니 조선인의 운명에도 새로운 기운을 불어넣을 것으로 기대되는 것은 자연스럽다. **25**

이처럼 그에게 중국문제는 국부적이 아닌 "세계적 중심문제"인 것

---

24 北旅東谷(1923. 1.). 위의 글, 44.
25 위의 글, 42, 48.

이다. 이것이 그의 중국인식의 핵심이다. 그러나 그는 자기예언적 전망에 머물지는 않았다. 중국 국민혁명의 굴곡도 간파하는 냉철한 현실인식의 자세를 견지했던 것이다. 이 점은 다음 인용문에서 아주 명료하게 드러난다.

> 그러므로 작년 겨울에 당 본위를 주창하여 국민당 개조를 단행하고 중화공산당〔원문대로 - 인용자〕과 합병하여 제도와 조직을 일신하고 급격한 사회혁명의 색채를 띠고 진행해 보려 하였으나 당 내부의 실력도 아직 박약하고 또는 광둥廣東 내부가 복잡한 데다가 천지오밍陳炯明과의 불화 또는 일반 민중의 혁명운동에 대한 이해가 없으므로 짧은 기간에는 도저히 그 성공을 보기 어렵다. (중략) 혁명운동이라 하면 우리로서는 중국을 위하여 조속히 실현되었으면 하고 기원하는 바이며, 어느 때든지 이 혁명운동의 세례로 신중국이 건설되기를 바란다. 그러나 현재에 있어서는 실로 쉽지 않게 되었으며 완전한 신중국이 건설될 계기機綠와 새로운 민중적 자각이 생기기 전에는 바라기 어렵다. 따라서 만일 최후의 국가적 불행을 당하지 않으려면 반드시 이 운동의 성공이 있어야 할 것이다. **26**

중국의 국민혁명은 1925년 반제운동인 5·30운동이라는 고조기를 맞았다가, 북벌을 통해 전국 통일을 눈앞에 두고 1927년 국민당

---

26 李東谷(1924. 11.). 앞의 글, 35.

과 공산당이 분열한 상태로 굴절되었다. 1928년 장제스蔣介石가 이끄는 국민당의 국민혁명군에 의해 전국이 통일됨으로써 국민혁명은 일단락되었다. 그러나 군벌군을 포섭하는 한편, 공산당을 불법집단으로 내몰아 농촌 오지의 '지역정권'으로 존립케 해 불씨를 남긴 형식적이고 불완전한 통일이었다. 그렇지만 국민국가 건설의 중요한 전환기를 맞았던 것은 분명하다. 이런 역사의 전개를 당시로서는 아직 알 수 없던 그가 개조된 (국공합작의) 국민당에 변혁주체로서 기대를 건 것은 조선의 변혁주체와 포개어 사고한 까닭이다.

중국 현실에 직핍한 그보다 국민당이나 쑨원孫文에 평가와 기대가 높았던 〈개벽〉지의 다른 동인들은 동학당과 국민당의 역할을 동일시하였다. 이는 중국의 혁명적 과제에 〈개벽〉이 동감하고 있었을 뿐만 아니라, 조선의 동학당이자 당시의 천도교단을 중국의 국민당에 견준 사실에서 확연히 드러난다.[27] 동아시아에서 조선의 동학당과 중국의 국민당을 신사회 건설을 준비하는 변혁주체로 동시에 상정하였던 것이다.[28]

---

[27] 무명(1925. 5. 1.). "朝鮮의 東學黨과 中國의 國民黨". 〈개벽〉, 제59호: 48.
[28] 김민승(2016). 앞의 글, 95~96.

4. 문명론

이동곡의 정세론은 좀 더 긴 안목이 요구되는 대안적 문명론에 뒷받침되어 깊이를 갖추었다. 이제 그의 문명론을 살펴보자.

그는 한국사에서 동학농민혁명(1894~1895년)과 갑신정변(1884년)의 개혁 시도 이래 문화(변혁)운동에 대한 '배척'과 '비난'이 압도했지만, 3·1운동은 한국 문화운동의 역사에서 '위대한 가치'를 탄생시켰음에 주목한다. 3·1운동은 우리 민족 발전의 '전환기'이자 '우리 인간생활의 새 기원紀元'을 이룩했기 때문이다.29 그렇다면 앞으로 문화운동이 나아갈 새로운 방향은 어떤 것인가. 이를 설명하기 위해 그는 당시 동아시아에 유행한 동서문화비교론, 특히 중국의 중서문화논쟁의 쟁점을 소개·논평하는 논술방식을 택했다.

1910~1920년대 중국 지식인 사이에서 '중서문화논쟁'이 벌어졌다. 중국과 서양문화의 우열을 따지는 이 논쟁은 제1차 세계대전으로 서양문명의 '몰락'이 논의되던 시대상황이 촉진했다. 중국의 문화보수주의자들은 서양문화가 제1차 세계대전을 거치며 몰락했고 중국문화가 인류의 대안이라고 주장했고, 그에 반대하여 중국은 아직 서구에서 배울 것이 많다고 주장한 그룹이 서화론자西化論者라 불린다. 여기에 맑스주의자 진영이 가세했다. 이렇게 정리하면 아주

---

29 이동곡(1922.11.). "東西의 文化를 批判하야 우리의 文化運動을 論함". 〈개벽〉, 제29호: 92.

간단해 보이나, 사실 깊이 들어가면 좀 더 복잡하다. 유학을 포함한 동아시아 문명자산의 가능성에 주목한 동방문화 그룹 — 딱히 단일한 계파로 보긴 힘들 정도로 내부 차이도 있지만 — 도 동서문명의 조화 또는 새로운 (제3의) 문명을 목표로 삼았고, 그를 공격한 신문화운동 그룹 또한 20세기 새로운 문명(사회주의 포함)을 지향했다. 양자 모두 문화유형론의 구조에 얽매어 동서문화의 우열 내지 조화 여부 논쟁에 집중했던 꼴이다. **30**

　이 논쟁의 세부를 현지에서 밀착하여 실시간으로 파악하고 있던 이동곡 역시 문화유형론의 틀 안에서 동서문화의 차이를 논한다. 그는 동서 두 문화의 차이를 중시하며, 동양문화는 "반半개화적 상태"에 있어 "생활면으로 보아 정신적으로 지나치게 나약한 정체 상태며 물질적으로 극히 부족한 반개명半開明 상태며 사회적으로 과대한 전제주의 및 낡은 도덕의 몰개성 상태 등은 도저히 인간의 생활을 위하는 문화의 양식이라 할 수 없다"고 부정적으로 평가한다. **31** 동양사상이 그 근본정신에서 중용中庸적 태도와 후진하는 태도를 가진 데 비해 서양사상은 앞으로 나아가는 "쉼 없는 분투와 쉼 없는 창조로써 근본정신"에 바탕한 것으로 인식된다. **32** 이 입장에 선다면, 당면한 조선문화운동의 방향은 동양문화를 버리고 서양문화를 전반적으

30 백영서(2021). 《중국현대사를 만든 세 가지 사건》, 115쪽. 창비.
31 이동곡(1922. 11.). 앞의 글, 88.
32 이동곡(1924. 10.). "思想의 革命". 〈개벽〉, 제52호: 21.

로 수용하는 길을 택할 수밖에 없을 것이다.

이러한 그의 논술방식은, 중국의 동서문화논쟁의 한 축인 량수밍梁漱溟의 주장을 원용해 두 유형의 문명의 차이를 설명하면서도, 오히려 결론은 그 반대 측인 후스胡適의 전반서화론, 곧 서구문화를 전적으로 수용하자는 입장에서 이끌어 낸 것으로 평가되기 십상이다.33 문화유형론에 입각하면서 문화다원주의를 용인한 량수밍과 달리, 사실 이동곡이 당시 유행한 진화론적 역사관에 따른 문화발전의 단계론에 입각해 문화의 선진과 후진을 인정한 것처럼 보이는 대목도 더러 눈에 띈다. 그렇기에 그의 주장에는 "서구 근대사상의 폐단에 대한 성찰이나 문제의식이 의식적으로 간과되고", 그로 인해 "오리엔탈리즘이나 서구중심의 문명론(문명등급론)의 문제점이 적잖이 발견"된다고 오늘날 비판될 소지도 있다.34

그러나 그렇게만 간단히 비판할 수 없는 대목도 있으니 바로 이 지점에서 그의 사유의 특이성이 살아난다. 이와 관련해 서구문화 수용이 일정한 단계에 어느 정도 필요하다고 본 그의 논지가 전통문화를 타파하려고 '전략적으로' 서양문화를 수용한 태도에서 나온 것이라는 해석도 참조할 만하다.35 그런데 좀 더 섬세하게 읽어 보면 반전통을 기치로 근대의 '성취함 직한 특성'에 치중하면서도 근대적응

---

33 차태근(2019). 앞의 글, 232~233.

34 위의 글, 247.

35 정혜정(2021). "동학의 신문화운동과 공동체론". 김용해 외. 《동학의 재해석과 신문명의 모색》, 140쪽. 모시는 사람들.

과 근대극복의 이중과제 수행에 힘쓴 자세가 눈에 들어온다.36

이 점을 좀 더 깊이 따져 보자. 그가 당시 유행한 사조의 한 갈래인 동서문화절충론을 "학자의 한 객기에 불과한 것"이고 문화운동의 '용기와 열망'을 흡수해 버린다고 단호하게 거부하면서,37 새로운 조선문화의 신생의 출발점으로 수용하고자 한 서양이란 다름 아닌 15세기 문예부흥운동, 곧 그 "시기의 정신과 보조步調"이지, 전반서화론을 주창한 것은 아니다.38 내 식으로 다시 말하면, 근대의 '성취함 직한 특성'에 주목한 것이다. 그렇기에 흔히 중국의 전반서화론자로 일컬어지는 후스에 대해서도 그의 "내면적 주장을 보면 곧 중국에 본래 있던 문학의 부활이지 결코 서양문화의 본체화"가 아님을 갈파한다. 더욱이 "시원찮은 가짜 서양화인 일본의 신식화", 곧 "일본의 가짜 서양문화"에 휘둘리는 당시 식민지 조선의 주류 풍조, 곧 식민지 근대의 부정적 특성을 단호하게 거부한다. "서양인이나 일본인의 문명의 찌꺼기를 맛"보고 끝내 그들의 "빈 그림자를 보고

---

36 근대의 이중과제론의 관점에서 중국의 동서문화논쟁을 다시 보면, 논쟁의 양쪽 당사자 모두 이중과제적 문제의식을 많든 적든 가졌다고 볼 수 있다. 동방문화 그룹이 욕망을 재생산하는 자본주의 속성을 간파하는 등 근대의 '부정적 특성'에 더 주목하고 서화론자는 반전통을 기치로 근대의 '성취함 직한 특성'에 치중했다. 그 결과 두 그룹 모두 그 두 특성이 혼재하는 근대에의 '적응'은 "성취와 부정을 겸하는" 것이고, "이러한 적응 노력은 극복의 노력과 일치함으로써만 실효를 가질 수 있"음에 투철하지 못했다. 백영서(2021). 앞의 책, 17쪽.
37 이동곡(1922. 11.). 앞의 글, 94.
38 이동곡(1924. 10.). 앞의 글, 27.

춤추"다 몰락하기 마련인 위험을 경고한 것도 같은 맥락에서 읽을 수 있다. **39** 이로써 근대적응에만 치중한 것은 아니란 사실이 분명해 진다. 이와 동시에 당시 본격적으로 대두하던 사회주의를 수용하며 자본주의의 폐단에서 벗어나고자 민중의 생활을 '공동생활'로 이끌어 가는 원동력으로서의 '신동양문화'를 수립하는 문화운동에 중점을 둔다. 결국 그가 말하는 '신동양문화'의 건설은 이중과제 수행을 의미하지 않은가.

　이 '신동양문화'를 온전히 이해하기 위해서 그가 그토록 버리자고 강조한 '동양문화'의 의미를 다시 한 번 곱새겨 봐야 한다. 그것은 조선문화의 '반 이상'을 차지해 온 중국문화에 대한 "사대와 존화尊華 의 망상"을 타파하기 위함이다. **40** 그에 따르면 종래의 조선문화는 특히 고려 말기와 조선 초기에 힘써 온 "가짜 중국화"의 "사생아적 사상과 문화"이고 그것이 민중의 생활 일체가 된 "독약"이나 다름없다. 이제는 그 "쓰레기통이라도 깊숙하다면 혹 진주 한 개라도 얻어 볼 수 있을지나 우리는 그것도 없는 것이 아닌가. 이제부터는 근본적 방향의 전환에 있을 것뿐이요 새 것을 창조하는 것밖에 없다". **41** 얼핏 보면 그즈음 조선의 지식인사회에 만연한 민족허무주의에 매여 있는 것처럼 들린다. 사실 일제의 식민지로 전락한 지 얼마 안 된

39 이동곡(1924. 10.). 앞의 글, 26, 27.
40 이동곡(1922. 11.). 앞의 글, 93.
41 이동곡(1924. 10.). 앞의 글, 8, 21.

그때 식민화를 자초한 1차 원인제공자인 조선왕조나 그 사상 기반인 유학을 대표로 한 중세 지배문화에 그 공격의 초점이 맞춰지던 당시 '반전통' 풍조를 지금 이해 못 할 바가 아니다. 42 이 점이 반⁺식민지인 중국에서 전개된 동서문화논쟁에서 반전통 사조가 우세했던 맥락과 같은 듯하면서도 다른 특징이다.

더욱이 그가 조선의 전통을 전면 부정한 것도 아니란 사실을 간과해서는 안 된다. 그(와 〈개벽〉지)가 당시 조류에 따라 주자학적 중세 전통을 비판하면서 고대 전통(예컨대 단군사상)을 당대적 가치로 삼으려고 노력하는 대신에, "동방사상의 정수가 포함된 천도교적 사상문화"에 기반해 '신동양문화'를 주창하는 문화 전략에 무게를 두었던 것이다. 43 요컨대 현실개조의 절실성에 비중을 둔 신문화의 방향은 곧 신동학의 건설운동과 다름이 없다. 〈개벽〉지에 실린 그의 글에 전면화되어 있지는 않지만, 다른 지면의 문화 관련 글에서 자주 등장하는 '각성'과 '각오'라는 개념은 중국 논객의 문장이나 일본에서 유입된 문화주의의 영향도 없지 않겠지만 그보다는 종교적인 차원, 곧 동학적 혁신이 바탕에 깔려 있다. 그가 개인, 세계 및 우주

---

42 한기형(2012). "배제된 전통론과 조선인식의 당대성". 〈상허학보〉, 36호: 311.
43 한기형은 "1910년대의 반전통론은 식민지 현실을 전통의 부정적 유산과 유비시킴으로써 결과적으로 조선의 담론장 안으로 시대의 모순을 해소시켜 버렸다. 이와는 달리 〈개벽〉은 당대적 사회개조의 내용을 기획하고 확산하는 것에 주안을 두었다. 그것이 이 잡지가 '민족 현실'에 투신하면서도 '민족주의'에 함몰되지 않도록 견제한 요인이었다"고 역설한다. 한기형(2012). 위의 글, 311.

의 획기적인 전환을 위한 전제로서 모든 인간 및 민족의 자아 각성을 요구한 이유가 바로 여기에 있다. 신문화를 수립하려면 먼저 종교의 힘을 빌려야 하는데, 천도교의 새로운 진리관이 그에 들어맞을 터이다.

그런 문명론적 특징은 그가 그토록 역설한 '사상혁명'에서 새로운 인생관을 관건적 요소로 주창한 데서도 엿보인다. "일체의 사상이니 생활이니 문화이니 하는 것은 인생관과 우주관의 해석"과 다름없다.44 이 점은 다른 지면에서 발표한 글에서 한층 더 선명하게 표현된다. 사상의 발휘란 '사람이 곧 하늘人乃天'이란 의미에서의 자아를 실현함으로써 전일적이 되는 우주근원의 본체 표현이다. 조선의 신문화는 '사람이 곧 하늘'이라는 진리를 그 기조로 삼고, 자아의 충실과 사회개조를 동시에 실현하는 길이다. 그리고 그 주체는 "최후각오의 시기"를 맞은 천도교인으로부터 확산될 것으로 기대된다. 천도교인은 천도교인으로서의 자아가 곧 "자기 한울을 스스로 모시고自天自侍" "우주 본체를 표현하는 자아실현"이며 "세계적 대자아를 완성"해야 한다. 그런데 그 과정은 정신세계의 혁신만이 아니라 사회개혁을 겸하는 것이다. 특히 사회적 차원에서 현재의 환경을 개조하여 새 환경을 만드는 작업이 돋보인다. 좀 더 구체적으로 말하면, 첫째, 신정신을 수립하고, 둘째, 생활세계에서 자아를 기조로 삼아 "공동의 생활기관으로 일반 교인 각개의 생활을 증진케 할" 계획을

---

44 이동곡(1924. 10.). 앞의 글, 28.

세워 질서 있게 추진해야 한다. 이것이 바로 '신동학'의 길이다. **45**

간략히 다시 정리하면, 이동곡이 추구한 "동학의 신문화건설은 인간과 우주의 본질을 구현하는 문화이고, 역사적 사회진보와 공동체문명을 지향하는" 동양의 신문화이다. **46** 이 길은 "20세기의 보편적 사상"인 사회주의로 수렴되는 것**47**으로만 보기 어렵다. 사회주의적 현실 변혁을 천도교의 교리와 연결시키기 위해 동서문명론의 논점과 중국혁명을 매개로 삼아 근대적응과 근대극복의 이중과제 수행의 길을 걸은 것이다. **48**

지금까지 살펴본 이동곡의 정세론과 문명론은 기본적으로 (앞에

---

45 北旅東谷(1922. 12. 22.). "吾敎人의 最後的 覺悟". 《天道敎會月報》, 제147호: 24~26.

46 정혜정(2021). 앞의 글, 171쪽.

47 이동곡에게 사회주의는 "서구의 주류 근대사상의 폐단과 중국 및 한국의 전통사상의 폐단을 동시에 극복하고" 한국이 당면한 과제인 "민족과 근대화의 문제를 해결할 수 있는" 약속의 표징이었다고 차태근은 해석한다. 차태근(2019). 앞의 글, 248.

48 허수는 〈개벽〉지상의 개념 분석을 통해, 전기에는 토픽 연결망의 중심이 개조론에 있었으나, 후기에는 사회주의로 이동하였지만, 〈개벽〉 주도층에 대한 사회주의의 영향은 다른 필자들에 비하여 통계적으로 유의미하게 낮았다고 설명한다[허수(2021b). "〈개벽〉 논조의 사회주의화에 관한 새로운 접근: 토픽 연결망 분석을 중심으로". 〈인문논총〉, 제78권 제1호. 서울대 인문학연구원]. 이러한 경향을 고려하면, 그들 〈개벽〉 동인들에게는 1923년부터 천도교사상에 바탕해 민족주의와 사회주의를 아우르는 고민이 있었고, 그것은 자본주의의 인간화이자 중도적인 제3의 길, 곧 민족우파가 아니라 중도좌파의 길이었다는 해석도 주목할 만하다. 김용휘(2016). "천도교의 운동노선과 동도주의". 〈종교문화연구〉, 제27집.

서 확인했듯이) 개벽 그룹의 공유재였다. 그들 모두 동학을 기조로 신문화운동을 제기하고 중국혁명을 매개로 삼아 조선의 운명을 읽은 공통점이 있다.[49]

이는 (이 책의 주제인) 동아시아 대안체제론의 계보상 중간 고리로서 의의를 이미 충분히 갖추었음을 말한다. 더욱이 단순한 제국대학의 학술에 대응한 민간학술계의 형성에 그치지 않고, '사상혁명'을 꾀하는 변혁운동으로서 당시 주어진 여건에서 동원 가능한 방식을 두루 활용하려 한 특성을 가졌다. 이 점은 다음 인용문에서 엿볼 수 있다.

이 같은 토론을 발표할 전론專論의 기관이 성립되지 못한 기간 안에는 서한의 형식으로써 얼마라도 토론될 수 있는 바인데 이 같은 토론과 비판의 운동이 적어도 길지 않은 기간의 미래에 최종 실현이 있을 만한 심화된 운동이 있어야 할 것이다.[50]

지식의 발신자와 수신자가 직접 만나기 위해 잡지는 물론이고 편지 형식 등 온갖 방식을 동원해 '운동'에 나서야 한다는 강렬한 의지

---

49 물론 그들 내부에 개인적인 강조점의 차이는 분명 존재했다. 예를 들어 앞에서 확인한 쑨원과 국민당에 대한 평가 차이 말고도, 이동곡이 서구 문예부흥을 주목하여 인내천의 사상혁명을 말했다면, 이창림은 이를 한살림공동체로 구체화했다는 식의 차이는 있었다. 정혜정(2021). 앞의 글, 169쪽.
50 이동곡(1924. 10.). 앞의 글, 37.

가 물씬 느껴진다. 일본제국의 교육제도를 거치지 않고 사회적 관심사를 신속히 쟁점화하는 데 〈개벽〉이란 잡지가 적극 활용되고 있음은 두말할 필요가 없다.[51] 〈개벽〉 동인이 기대한 문화운동은 "사회 일반의 교양기관을 조직함"으로써 이를 동력으로 "신문명의 확립"을 추구하는 것이다.[52] 그러한 자율적 문화운동이 일제강점기 식민지 배체제에서 갖는 의미(또는 그 한계)에 대해서는 논란이 있을 수 있지만, 바로 이 같은 적극적인 운동성은 〈개벽〉이 동아시아 대안체제론의 또 하나의 조건을 갖추었음을 입증하는 근거임이 분명하다.

5. 1920년대 한국 사상계 지형 속의 위치

앞에서 이동곡의 동아시아 인식에 중점을 두고 살펴본 〈개벽〉지의 동아시아담론은 일제강점기, 특히 1920~1930년대 한국 사상지도에서 어떤 위치에 있었을까.

1900년대 이래 한국에 다양한 중국담론들이 병존했는데, 내가 그것을 세 개 유형, 즉 '천한 중국', '개혁모델로서의 중국' 및 '세력균형의 축으로서의 중국' 인식 유형으로 나눠 본 바 있다는 것은 앞의

---

51 한기형은 이것을 제국대학과 구별되는 '미디어 아카데미아'로 규정하며, 그것이 대중을 조직하면서 동시에 교양해야 하는 무거운 과제를 부여받고 있었다고 설명한다. 한기형(2012). 앞의 글, 311.
52 신식(1921. 8.). "문화의 발전 及其 운동과 신문명", 〈개벽〉, 제14호: 27쪽.

제 1장에서 이미 설명했다. 그러나 식민지로 전락한 이후 조선에서 '천한 중국' 인식이 주도하게 될 것은 예상하기 어렵지 않다. 일본제국권과 중화(제국)권이 경합하는 동아시아 분단구조의 상황에서 전자에 강제 편입된 조선에서 탈중국화와 일본화는 주류 담론의 위치를 차지하였다. 이런 맥락에 놓고 다시 볼 때, 일본제국권이 아닌 중화권과 접속해 대안적 동아시아 질서를 모색한 〈개벽〉지의 사상적 작업은 각별한 의미를 갖는다.

이 작업이 1920년대 조선의 사상계에서 비주류의 소수 견해였다고 오인되기도 한다. **53** 그러나 당시 조선의 지식사회에서는 중국에 대한 다양한 해석 주체들이 여전히 경쟁하고 있었고, 그 부침은 여러 언론매체(주로 일간지와 잡지)에 반영되었다. 그 지면에 중국과 조선을 하나의 연동관계에 있는 것으로 보는, 더 적극적으로 말해 한국과 중국을 '동일시'하는 글들이 빈번히 발표되었다. 일간지 중국 통신원 내지 특파원이나 중국에 유학 중인 지식인들이 주요 필자였다. 그들은 중국 정세에 대한 예민한 관찰자이자 중국의 변혁에 동조하는 참여자였다. 1920년대 조선인들에게 혁명이 진행 중인 중국은 조선의 미래를 비추는 거울이었고, 그에 비춰 조선의 변혁 가능성을 찾으려 했다.

1920년대 초반 이동곡 말고도 신문화운동에 대한 관찰과 사유를

---

53 이러한 성찰적 사유가 1920년대 조선인의 중국인식의 '주류'에 끼지 못했다는 견해는 주효뢰(2020). 《식민지 조선 지식인, 혼돈의 중국을 가다》, 399쪽. 소명출판.

통해 조선의 문화운동의 현실적 근거와 전망을 찾는 지식인들이 더 있었다. 그들에게 중국은 조선의 길을 주체적으로 묻는 '방법'이었다고도 볼 수 있다. 특히 1920년대 초·중반까지 중국 현지에서 취재하던 일간지 특파원들이 사회주의나 국민혁명에 적극적으로 동조하는 모습을 보이고, 그로써 조성될 (일본제국이 주도하는) 동아시아 정세의 변화에 기대를 걸었다. 일례를 들면, 〈동아일보〉 특파원 조동호는 중국 내전을 단지 일국적인 사건으로 간주하지 않고 조선 내지 세계의 대세에 연동적으로 영향을 미칠 수 있는 지역적, 더 나아가 세계적 사건으로 간주했다.[54] 앞에서 본 이동곡의 중국관과 유사한 인식 구조로 볼 수 있지 않은가.

물론 중국에 대한 이러한 새로운 인식과 지식 체계가 당시 대중적으로 확산하는 데 성공했다거나, 일본제국이 발신하던 지배적인 중국담론 내지 동아시아담론을 대체했다고 말하기는 어렵다. 이 점을 단적으로 보여 주는 사례를 하나 들어 보자. 중국 정치와 혁명의 장래에 대한 관심이 뜨거웠던 1925년 5월, 신의주의 한 독자는 〈동아일보〉의 독자투고란에서 "나는 중국인을 볼 때에는 늘 아편을 연상케 되고 또 아편을 생각할 때에는 중국인을 연상"한다고 했다.[55] 언론매체와 사회운동 진영에서 꾸준히 중국의 혁명상을 제시하고 있었지만, 실제 일반 대중들은 여전히 '천한 중국' 인식 유형에서 벗어

---

54 위의 책, 338, 396쪽.
55 〈동아일보〉(1925. 5. 29.). "新義州 及 安東縣 靑年 諸君에게".

나지 못했다는 증거가 아닐까. 일본제국이 주입하는 문명담론에 기반해 중국을 멸시하는 지나사관支那史觀과 저임금 중국 노동자들의 대량 유입으로 조성된 노동시장에서의 경쟁구조, 그리고 그들의 열악한 주거환경 등 일상생활에서의 실감에 의해 부풀려진 중국인 멸시감이 점점 더 대중적으로 확산되었다. **56** 그러니 변혁모델로서의 중국에 대한 새로운 인식이 그것을 대체하기란 쉽지 않았을 것이다.

이에 덧붙여 1928년을 전후한 중국의 정세 변화도 조선인의 중국 인식에 크게 영향을 끼쳤다.

1927년~1929년 초까지 중국에 대한 식민지 조선 언론의 관심은 최고조에 달했던 것 같다. 예를 들면, 〈동아일보〉 주도층은 중국 국민당 정권이 지방분권세력 (군벌) 들을 누르고 (적어도 형식적으로나마) 통일을 해가는 기미를 보이자, 일본의 이권과 대중국 정책에 큰 영향을 줄 것이고, 식민지 정책도 변화할 것이라고 예상했다. 이전처럼 청년세력을 혁명의 주역으로 간주하지 않고, 현실적인 권력실세이자 변화를 실행할 주체인 국민당을 중심으로 국민혁명을 이해하기 시작했다. 그리고 장제스蔣介石가 국민당을 장악하고 중화민국이 안정되자 중국 진출이나 이윤 확대를 노리는 자본의 시선이 압도하기 시작하면서, 현실의 정치 질서를 긍정했다. 한마디로 말해,

---

56 백영서 (2000). 《동아시아의 귀환: 중국의 근대성을 묻는다》, 155~161쪽. 창작과비평사. 내가 이 점에 착안한 이후 이와 같은 논점의 연구가 더욱 많이 축적되었다. 그 하나가 강진아 (2021). "영국 외교문서로 재구성한 1931년 만보산사건과 조선 반중폭동". 〈동양사학연구〉.

1928년 이후에는 '현실적·실용적 중국관'이 조선인을 압도했다고 볼 수 있겠다. 이러한 변화에 상응해 1928년 이후의 〈동아일보〉 특파원이었던 주요한이나 신언준에게는 참여자로서의 태도는 약화되고 해설가나 평론가적 태도를 보이는 변화가 나타났다.[57]

　여기서 좀 더 깊이 고려해 볼 점이 있다. 사실 한 민족이나 국가에 대한 대외인식은 대개 '알고 있는 것'과 '알고 싶은 것'이 혼재된 '편의적인 오해'의 소산이라 할 수 있다.[58] 이렇게 보면, 1920년대 조선인의 중국인식도 당시 국내 정세, 특히 민족운동의 동향과 호응관계에 있었을 것은 당연하다. 일제강점기 민족운동세력의 (일본 정계 동향과) 중국 정세에 대한 이해는 상당한 수준이었다. 1927년 하반기부터 조선에서도 민족주의자와 공산주의자 사이에 주도권 쟁취를 위한 대립이 심해지면서, 국공합작으로 개조된 국민당 내에서 진행되던 좌·우파 분열에 민감하게 반응하고, 사회주의자와의 협력에 대한 경계심이 번져 갔다.[59]

---

57 이기훈(2017. 3.). "1920년대 〈동아일보〉의 중국인식: 계몽과 혁명, 식민주의와 탈식민주의 시각의 부침과 교차". 《東方學志》, 제178집: 83, 86. 이와 더불어, 국공분열에 대한 좌절을 겪고 1928년 이후부터 〈동아일보〉를 비롯한 민족지 언론들이 우경화의 경향을 드러내기 시작하였다는 견해도 참조할 만하다. 주효뢰 (2020). 앞의 책, 352쪽.

58 백영서(2000). 앞의 책, 168쪽.

59 윤덕영(2018). "신간회 초기 민족언론 세력의 정세인식 변화와 '민족적 총역량 집중'론의 성격". 민세안재홍선생기념사업회 편. 《신간회와 신간회운동의 재조명》, 236~244, 259쪽. 선인.

그런데 이러한 중국인식조차 1930년대 중반 들어가 중일전쟁이 전면전으로 바뀌고 조선이 중일전쟁의 병참기지로 활용된 이후로부터는 더욱더 억압당하면서, 일본제국의 주류 담론인 '천한 중국' 인식이 압도했다.[60]

이와 같은 정세의 전개에 대응한 담론 지형의 변화 속에서 동아시아 대안체제론의 계보에 속할 만한 논의가 없지 않겠지만 찾기란 쉽지 않아 보인다.[61] 그럼에도 좀 더 섬세하게 더듬어 보면 비판적으로 검토하고 넘어가지 않을 수 없는 사상조류와 만나게 된다. 그것은 1930년대 말 동아시아 일각에서 잠시 관심을 끈 동아협동체론이다.[62]

---

60 1920년대까지만 해도 조선인 사회주의자들의 망명지이자 은신처로 여겨지고 직접 대면했던 중국이 이제는 제국이란 매개를 통해 인식되었고, 중국을 아편굴 같은 지역으로 인식하는 경향도 눈에 뜨인다. 오태영(2016). 《오이디푸스의 눈: 식민지 조선문학과 동아시아의 지리적 상상》, 318, 327쪽. 소명출판.

61 1930년대 소비에트 혁명의 주체가 된 공산당의 존재에 대한 조선인의 인식을 앞으로 더 궁구해 볼 필요가 있다. 예를 들면 여운형은 소비에트 통치 지구의 존재와 그 의미에 대해 깊이 있게 관찰하고 있다. 여운형(1933. 1.). "중국은 어데로 가나?". 〈신동아〉, 제3권 1호. 함양여씨 대종회 편(1991). 《여운형전집 1》, 114쪽. 한울. 또한 최창규의 중국기행문 〈장강만리〉(1931년 〈동아일보〉 연재) 같은 텍스트도 흥미롭다. 그는 일제 검열을 의식한 서술 가능성의 한계 속에서 최대한 공산당과 민중의 관계를 조선인에게 제시하였다. 이용범(2020). "'지나'와 '동양' 너머 〈장강만리〉: 근대 한국인의 중국인식이라는 문제제기". 〈상허학보〉, 제59집.

62 나는 2001년 12월 히토츠바시(一橋) 대학에서 한국의 동아시아론에 대해 강연하던 중 과거의 동아시아론을 되돌아보면서 조선인의 동아협동체론에 대해 언급한 적이 있다. 그때 참석자인 요네타니 마사후미(米谷匡史)가 흥미를 갖게 되어 관련 텍스트들을 함께 읽는 연구회를 만들었다. 요네타니 마사후미(2017). "머리

1937년 7월 중일전쟁이 발발한 직후 일본이 초기 전투에서 놀라운 성과를 거두었지만, 전쟁은 곧 장기화하였다. 일찍이 청일전쟁에서 초전 승리를 발판으로 승전국의 지위에 오른 경험을 가진 일본 정부로서는 중국 국민당과 공산당이 합작해 게릴라전을 벌여 예상과 달리 장기전이 불가피해지자 자신의 군사력의 한계를 절감하지 않을 수 없었다. 이에 일본 정부는 1938년 11월 중국과의 화해를 모색하기 시작했다. 그때 발표된 〈동아신질서〉 성명이 그 방향전환의 조짐을 상징하였다. 이는 중국을 포함하여 아시아 전체를 서구 제국주의로부터 해방시킨다는 중국 침략 초기부터 내세운 명분을 중일전쟁이 장기화하는 정세에 맞춰 재조정한 것이다. 중국의 저항에 직면하여 중일 제휴의 가능성을 모색함으로써 동아시아 신질서를 건설하겠다는 정부의 방침은 일부 일본 지식인들에게 독자적인 사유의 공간을 허용했다. 그들은 그 틈새를 활용해 저항하는 중국에 대응해 가면서 동아시아 질서 재편과 일본 국내 사회변혁을 동시에 지향하는 구상을 제기했다. 이것이 동아협동체론이다. **63**

말". 홍종욱 편. 《식민지 지식인의 근대초극론》, 8쪽. 서울대학교출판문화원.

63 중국을 침략하는 일본 쪽에서 이런 논의가 나온 것이 언뜻 보기에 이상할지 모르겠으나, 당시에는 총력전하의 통제경제로 자본주의체제가 수정되고 노동자·농민의 조직화와 전시 사회변혁에 힘입어 사회주의로 향하는 전환점이 될 수 있으리라 기대하는 조류가 있었다(위의 책에 실린 요네타니 마사후미, 166쪽). 이는 일본에 저항하는 중국의 독립을 인정하면서 동시에 일본의 세력권을 유지 확대하려는 '식민지 없는 제국주의' 담론으로 해석되기도 한다. 米谷匡史(2006). 《アジア/日本》, 121~122, 172쪽. 岩波書店.

중일전쟁 초기 일본군의 압도적인 우세는 중국을 매개로 한 동아시아 정세 변화 속에서 독립을 희구한 조선인, 특히 사회주의자들의 예상을 배반하고 그들 자신의 자세 전환을 강요할 정도로 커다란 충격을 가했다. **64** 이런 분위기에 겹쳐, 〈동아신질서〉 성명이 발표되고 일본 지식인들이 발신하는 동아협동체론이 조선에 전해지자, 동시대 일부 조선인들은 민감하게 반응했다. 당시 〈삼천리〉, 〈인문평론〉 등 잡지와 〈조선일보〉 학예란 등에서 비판적으로 수용하여 독자적인 담론을 펼쳤다. **65**

그 조류 속에서 먼저 눈길을 끄는 것은 동양문화론이다. 1920년에도 한 차례 논란의 대상이었던 이 주제가 다시 관심사로 떠오른 것은 일본의 팽창을 정당화하는 이념 창출 과정에서 구미의 근대를 초극하기 위한 문명자산으로 동양문화가 다시 중시된 까닭이다. 그러나 동서문명 융합의 결과로 형성될 근대초극의 세계관 내지 문명을 아시아에서 확립할 자격은 일본에 있었지 식민지 조선에 있었을 리 없다. 그럼에도 근대초극론을 비판적으로 점검하면서, 동양문화를 신비화하고 거기에 귀의하려는 논의를 '근대인의 자포자기'요 '경솔한 사색'으로 규정하고, 동양문화의 특색을 '세계적 연관' 속에서 전망하거나 '과학적으로 새로 발견'해야 할 것으로 제시하는 논의의

---

64 홍종욱 편(2017). 《식민지 지식인의 근대초극론》, 35쪽. 서울대학교출판문화원.

65 위의 책, 6쪽.

새로움도 찾아볼 수 있다. 이 논의를 통해 피압박민족의 자기발전과 자기표현의 길을 모색하고 아시아에서 일본의 패권주의를 견제할 방법을 엿본 의의를 무시할 수만은 없다.[66]

사실 동서문명이 도대체 무엇인가 하는 문명론 차원의 이 근원적인 물음은 바로 동아시아 각국이 취해야 할 개혁노선이 어떠해야 하며 그것을 추진할 자격을 누가 갖고 있는가 하는 정세판단의 문제와 직결된 것이었다. 이 지점에서 당시 조선에서 논의된 동아협동체에 대한 비판적 검토가 그나마 의미를 갖는다.

중국 민족주의에 대한 응답으로 일본에서 제시된 동아협동체론을 조선의 일부 지식인들은 조선총독부가 내세운 내선일체론을 바꿔 읽기 위한 지렛대로 사용하였다. 즉, 동아협동체론을 활용해 내선일체론을 동아시아의 민족협동 이념으로 재해석하여 (조선총독부의 동화정책이 추구한) 민족성의 말살을 막고자 한 것이다. 좀 더 설명하면, 새로운 중국 건설을 동아신질서 실현의 기초로 긍정하고, 그것을 조선에도 적용해 조선의 민족성도 보전하면서 조선 내부를 혁신하려는 의욕을 보였다. 특히 일부 사회주의자들은 일본제국에 투항해 '대일협력'하면서 동시에 비판과 저항의 틈새를 열어 활로를 찾고자 하는 힘겨운 곡예를 벌였다. 그들은 동아협동체론이 담고 있는 자본주의 비판과 아시아 재편에 기대를 건 것이다.[67]

---

66 백영서(2000). 앞의 책, 152~155쪽.
67 홍종욱 편(2017). 앞의 책, 6, 46쪽.

그런데 조선인 동아협동체론자들이 전향담론의 형태를 띤 채 사회변혁의 가능성을 모색한 담론 전략의 섬세한 결이 중일전쟁 초기 담론공간에서 조선인에게 널리 이해될 가능성은 희박했던 것 같다. 따라서 일제당국이 허용한 합법적 공간에서 그들이 구사한 담론 전략의 의도와 실제의 사회적 효과는 구별해 봐야 마땅하다. **68** 그렇기에 그들의 논의가 조선 지식인의 "실존적 고뇌와 절망의 표현" 또는 "못 없는 자의 목소리"라는 오늘날의 평가가 적실한 것으로 보인다. **69**

이처럼 일제 지배체제의 패권을 변혁할 계기가 보이지 않는다는 점에서 동아협동체론이 동아시아 대안체제론의 계보에 위치하기에는 자격이 턱없이 부족하다. 그럼에도 불구하고 동아협동체론이 모색한 새로운 동아질서 수립의 논리, 곧 자본주의 문제를 초극할 수 있는 국내의 사회변혁과 함께 수행되어야 한다는 변혁론의 구조 자체는 (내가 줄곧 강조한) 동아시아 대안체제론을 체계화하는 데 참조점이 된다. 동시에 제국주의와 지역주의 및 민족주의의 삼자 관계가 느슨하게 상호 결합하면서 끝내 지역주의와 민족주의가 제국주의에 압도당하게 된 동아협동체론의 궤적은 그 논리 구조가 적절한 역사

---

68 위의 책, 62~63쪽. 홍종욱은 조선의 동아협동체론의 수용자를 '협화적 내선일체론'으로 보고 '동화적 내선일체론'과 구별하나, 문명기는 양자의 담론이 동시에 발화되는 상황에서 그 효과가 제대로 나타나기는 어려웠을 것으로 본다. 이런 사회적 작용은 조선총독부가 이미 어느 정도 예상하고 있었을 것이기 때문이다.

69 위의 책, 김항. "보론", 462쪽. 차승기. "보론", 466쪽.

적 상황에 놓이지 못할 때 오용되며 무용할 수 있음을 통렬히 일깨워 준다.

6. 동아시아 대안체제론의 연결고리

바로 앞에서 검토한 1930~1940년대의 사상지형의 궤적에 비추어 보면, 1920년대 〈개벽〉지면에 응결된 동아시아론의 의의가 한층 더 이채를 발한다. 이 의의를 프롤로그에서 제시한 세 기준에 비춰 확인해 보자.

먼저, 중국이란 매개항이 〈개벽〉의 동아시아론에서 어떤 역할을 하는가이다. 이동곡의 경우, 중국은 고전중국과 현실중국으로 분리되어 있다. 즉, 중국문화가 대표하는 동양문화를 '반개명'한 것으로 간주하고 버려야 할 대상으로 삼는다. 이는 조선왕조 시대 이래 조선인의 중국문화에 대한 태도를 '사대와 존화의 망상'에 사로잡힌 것으로 파악한 데서 말미암은 시각이다. 이 점만 보면 그의 중국관이 '천한 중국' 인식 유형에 속한다는 혐의를 가질 수도 있지만, 그의 관심이 현실중국의 변혁 가능성에 집중하고 있다는 점에서 '개혁모델로서의 중국' 인식 유형에 더 가깝다. 그는 동시대 중국의 지식계라는 또 하나의 지식 네트워크에 접속해 (일본제국에서 발신한 동아시아담론에 대항하는) 동아시아 대안체제론을 생산하고 전파했다. 더욱이 '세계적 중심문제'인 중국문제를 조선의 공론장에 올려 토론하고 연구할 것을 제안하고, 중국에서 진행 중인 '만성적 혁명'(곧 점증적 혁명)을 날카롭게 관찰하고 지지하면서 이 혁명이 동아시아, 특히 조선에 새로운 기운을 불어넣을 것으로 기대했다

둘째, 바로 이러한 현실중국인식은 한편에서 지역주의와 민족주의의 결합을 의미하는 동시에 다른 한편으로 일본제국을 비롯한 세계 차원의 제국질서를 타파하는 동력이 된다. 이때 제국질서의 변혁은 조선의 동학에 기반한 '신동양' 문명의 구축으로 이어진다. 그에게 세계는 우주 본체를 의미하고 그 세계의 변혁은 자아의 충실이자 사회개조를 동시에 실현하는 길이었다.

셋째, 운동론이다. 일제강점기에 천도교가 혁신파(또는 연합파), 구파 및 신파의 세 분파로 갈렸고, 그중 신파가 〈개벽〉을 주도하며 문화운동을 추진했는데, 나중에 동학의 개벽적 성향이 약화되고 총독부 당국과의 관계에서 타협적인 태도를 보인 점은 논란의 여지가 있다. 그러나 천도교에 기반한 개인수양과 사회개혁을 겸한 그들의 문화사업이 운동공간을 확대한 점을 인정한다면, 당시 좌우의 양극단을 배제한 '중간 길'을 추구한 이념이자 (세력연대의 방법론인) 실천노선으로서 평가할 수 있지 싶다. **70**

---

70 변혁적 중도론이라는 시각에서 더 검토해 볼 필요가 있다. 이는 원래 분단체제 극복운동의 남쪽의 실천방안으로 백낙청이 제기한 개념인데, 최근 일제강점기에도 적용된 바 있다. 즉, 독립을 아예 포기한 개량주의나 급진개화파의 한 변형에 가까운 교조적 맑스주의·공산주의 그 어느 쪽에도 치우치지 않는 노선을 가리킨다. 백낙청(2019). "3·1과 한반도식 나라만들기". 백영서 엮음. 《백년의 변혁: 3·1

정리하자면, 이동곡을 중심으로 한 〈개벽〉 동인들의 통찰은 (중
국의 점증적 혁명의 한 단계인) 1920년대 국민혁명을 매개로 하고, 동
학이란 자원을 기반으로 함으로써 국경을 횡단하는 활동과 사유를
보이면서도 한반도라는 장소에 뿌리내린 튼실한 정세론과 문명론을
제시하여, 일본제국의 헤게모니로부터 벗어날 수 있는 가능성을 제
시했다. 71 게다가 개인수양과 사회개혁을 겸하는 변혁운동으로서의
특이성도 보여 주었다. 이는 일제강점기 사상지형에서 민족주의와
지역주의를 결합해 제국주의에 대항한 드문 사례로서 동아시아 대
안체제론의 계보상 확고한 연결고리의 지위를 갖는다. 일제강점기
단선적인 식민지 근대관을 거부하고 근대에 대한 새로운 인식과 상
상을 촉진했다. 그것은 근대의 다원성을 제시했다기보다72 근대적
응과 근대극복의 이중과제를 수행한 작업이었다.

그러나 아쉽게도 실현되지 못한 좌절된 가능성으로 역사 속에서
한동안 잠류했다. 1980년대 민족민중문화운동의 활기찬 분위기에

에서 촛불까지》, 27~29쪽. 창비. 그 노선이 중도적인 제3의 길, 곧 중도좌파의
길이었다는 해석은 각주 48의 김용휘(2016). "천도교의 운동노선과 동도주의".
〈종교문화연구〉, 제 27집 참조.

71 일본제국이란 중심에서 벗어나려는 식민지 조선인의 시도가 국가라는 인식틀을 경
유하지 않고 탈정치적 차원에서 문화지리적 상상을 통해 조선-아시아-세계의 신생
을 구상한 조류, 곧 '중심 없는 아시아-세계 상상들'도 한편에 존재했던 것 같다.
하신애(2018). 《아시아트러블: 아시아 지역정체성 상상과 탈중심의 문화지리
학》. 앨피 참조. 그러나 나는 이와 구별되는 개벽 그룹의 동아시아담론의 특이성
을 강조하고 싶다.

72 주효뢰(2020). 앞의 책, 398쪽.

서 '재발견'되었다가, 근대의 모순이 절박하게 인식되며 '혁명'이 발본적으로 재구성되는 지금, 새롭게 관심을 끌면서 서서히 확산되고 있다.[73] 백년의 변혁사에서 점증적으로 누적된 사상자원의 중요한 연결고리로서 대안체제를 구상하는 지금의 우리 안에 살아 움직인다는 증거이다.

---

[73] 허수(2021a). 앞의 글, 266.

3

냉전기 동아시아론의 분기(分岐)

〈사상계〉와 〈청맥〉을 중심으로

1. 해방 직후 아시아론의 현장

1945년 8월 15일 일본제국의 항복선언으로 한반도는 36년간의 식민지배로부터 벗어났다. 그러나 곧이어 전승국인 미국과 소련이 38선을 경계로 남북을 분할·통치하는 국면에 들어갔다. 강제병합된 1910년 이전에 한반도 주민이 세우려 힘쓰고, 식민지의 악조건에서도 한반도 안팎에서 한민족이 희구하던 자주적 국민국가라는 과제는 1948년 남쪽에서 대한민국, 북쪽에서 조선민주주의공화국이 각각 성립됨에 따라 '결손국가' 형태로 잠정 정리되고 말았다. 이윽고 1950년 6월 25일 한국전쟁이 발발하면서 한반도에 분단체제가 굳어졌다.

분단체제가 자리 잡기 직전까지의 짧은 기간에 남쪽에서 가졌던 동아시아 인식은 그 후의 인식틀에 영향을 드리웠다. 이를 간략하게

나마 점검해 보자.

해방 직후 대다수의 한국인은 스스로를 "황색인종의 아세아사람"으로, "아세아의 약소민족"으로 인식하고 있었다. 식민지배체제에서 벗어나 독립된 국민국가를 건설하려는 과제를 공유한다는 동류의식으로 반식민 투쟁의 주역인 중국, 동남아 일부 국가와 민족들에게 연대감을 가지면서 해방된 국가로서의 정체성을 찾았다. 이처럼 아시아 약소민족이라는 자기 정체성과 지역적 동질성을 인정하면서 상호연대의 필요성을 느낀 인식이 한때의 '주류적' 아시아 인식이었을 법하다.[1]

그런데 이러한 아시아 인식은 세계 차원의 냉전질서가 한반도에서도 작동하기 시작하면서 변형을 겪게 된다. 세계가 미국이 이끄는 '자유진영'과 소련이 주도하는 '공산진영'으로 나뉘었다. 남한의 일부 우파세력은 남한을 자유진영에 편입시켜 패권을 구축하려는 미국의 의도에 부응하면서 자신의 생존과 이익을 추구하기 위해 '주류적' 아시아 인식에 변형을 가할 필요를 느꼈다.[2] 이는 '냉전적 아시아' 인식의 출현을 뜻한다.

그 경위는 '동양'과 '아시아' 이외에 또 하나의 지역개념으로 쓰인 '태평양'의 의미 변화에서도 아주 잘 드러난다.[3] 한국인이 세계로 나

1   임종명 (2010). "脫식민 초기 (1945. 8~1950. 5), 남한국가 엘리트의 아시아紀行記와 아시아表象". 〈民族文化硏究〉, 제 52호: 151, 154.
2   위의 글, 184.
3   퍼시픽 (pacific), 곧 태평양과 한국사가 만난 첫 단계는 16세기 후반 중국에 들어

아가는 길목이자 세계를 바라보는 창이던 태평양에 대한 지역 인식은 해방 직후, 특히 1949년을 전후해 미국이 주도하는 냉전적 세계 질서 속에서 이념적으로 재구성되었다. 태평양도 자유진영의 반공 공동체 형성의 대상으로 새롭게 인식되었던 것이다. **4**

  그러나 냉전적 아시아로의 인식 전환 과정은 그리 단순하지 않았다. 앞에서 보았듯이 식민지에서 벗어난 직후 자주적이고 통일된 민족국가를 건설하려는 민족주의담론이 인종·지역의 관점에서 신생 독립국가에 연대감을 갖는 지역담론과 결합하여 흐름을 주도하였다. **5** 이와 동시에 아시아의 반공적 재편을 추구한 '냉전적 아시아'

온 예수회 선교사들이 제작한 한역(漢譯) 세계지도〔마테오 리치(Matteo Ricci)의 〈곤여만국전도〉(坤輿萬國全圖) 등〕의 전래를 통한 간접적인 접촉이었다. 청일전쟁 이후 문명관의 대전환이 이뤄지면서 대륙에서 바다로 관심이 옮겨지는 과정에서 태평양의 '발견'이 사회적 의미를 갖게 되었다. 그때부터 태평양은 한국인이 세계로 나아가는 길목이자 세계를 바라보는 창이며 서양(특히 미국) 문물을 받아들이는 통로가 되었다. 식민지 말기에는 일본제국이 남양과 태평양으로 확대하면서 조선에서도 그에 동조하는 '태평양 환상'이 한때 부풀어 오른 적이 있다. 태평양 인식의 궤적에 대해서는 고정휴(2021). 《태평양의 발견, 대한민국의 탄생》. 국학자료원 참조.

4 이승만 정부가 한국전쟁 직전 필리핀과 대만(자유중국)을 묶어 반공동맹의 성격을 띤 '태평양동맹'을 구성하고자 한 것은 그 단적인 증거이다. 이 시도는 유럽에서와 달리 지역협력체를 허용하지 않고 각국과 개별적으로 동맹을 맺어 수직적 관계를 유지하려던 미국의 반대로 무산되고 말았다. 백영서 편(2005). 《동아시아의 지역질서》, 264~308쪽. 창비.

5 그 밖에 해방기 중간파 지식인들이 피식민 민족들에 의한 국적을 초월하는 새로운 범세계적 연대의 실현을 꿈꾼 조류도 잠시 나타났다. 하신애(2018). 《아시아트러블》. 303~317쪽. 엘피.

인식이 출현했고 점차 그 흐름이 점차 세를 불려 갔다. 그러한 인식은 민주주의·문명주의·근대주의라는 초인종적·초지역적인 보편주의 이념을 표방하면서, 남한에서 미국 헤게모니가 구축되는 데 이바지했다. 이 두 흐름이 서로 경쟁하며 뒤얽힌 시기가 해방 직후였다고 하겠다.[6] 바로 두 담론의 병존 내지 혼재는 점차 후자가 우위에 서는 추세로 나아갔으나, 그렇다고 단일한 것으로 귀결된 것이 아니라 혼합체로서 중층 구조를 유지했다. 이것이 한국전쟁 이후 냉전 시기에 한국인의 동아시아담론에 영향을 미쳤다.

그런데 이러한 중층 구조의 지역 인식에 식민지 잔재가 스며들어 있었다는 점 또한 간과해서는 안 된다. 일제강점기에 생산·유통된 지식체계가 해방 이후에도 여전히 영향을 미쳤다는 뜻이다. 이는 두 가지 차원에서 확인할 수 있다. 첫째는 탈아시아적 지향이다. 아시아를 지역성과 인종 및 국력의 강약을 기준으로 파악하면서 이 지역을 정체되고 후진적인 것, 곧 열등한 존재로 간주하는 인식틀이 여전히 작동했다. 그런 아시아로부터 벗어나려는 인식 주체가 이전에는 일본이었다면, 해방 후 한국이 그를 대체한 주체가 될 것은 예상하기 어렵지 않다. 남한의 엘리트들이 해방 직후에도 이를 통해 한국(인)-아시아(인)-세계(인류)의 발전을 전망하는 경향이 있었다.

두 번째는 근대초극의 근거로 동양을 긍정적으로 보는 지향이다. 얼핏 보기에는 첫 번째 지향과 모순되는 것 같지만, 몰락하고 있는

6　임종명(2010). 앞의 글, 187.

서양과 대비되어 (추상적이고 모호한) 동양을 낭만적으로 미화하는 근대초극의 논리가 일본제국 말기에 풍미했다. 일본의 팽창을 정당화하는 이념을 창출하는 과정에서 근대초극을 위한 문명자산으로 동양문화가 다시 중시된 까닭이다. 한편 당시 근대초극론을 비판적으로 점검하면서 이 논의를 통해 피압박민족의 자기발전과 자기표현의 길을 모색한 시도도 있었음은 앞 장 말미에서 확인한 대로이다. 그런데 해방 직후에도 서구근대에 대한 비판을 위해서 식민시기 제국의 언어인 '근대초극'론이 불려 왔던 것이다. **7**

당시 지역을 가리키는 용어로 '아시아'와 '동양'이 중첩되어 쓰였다는 사실은 이러한 사정을 단적으로 보여 준다. 아시아가 주로 동시대의 지정학적 의미의 지역을 표현하는 용어였다면, 동양은 과거의 지역적 문명·문화를 가리키는 용어였는데, 양자가 혼용되었다는 뜻이다. 달리 말하면, 아시아 칭호는 제2차 세계대전 후 미국 주도로 재편된 세계질서를 구성하는 여러 대륙의 하나를 가리키는 지리적 명칭이라는 객관적 외양을 띨 수 있었지만, 동양은 여전히 제국 일본이 '서양'과 대비해 창안한 지리문화적 개념이었던 것이다.

이상의 설명을 통해 식민잔재가 해방 직후 한국인의 아시아담론에 (겉으로 드러나지 않게) 스며들어 있었음을 간취할 수 있다. 그렇다면 분단체제가 고착된 1950~1960년대에 지식인사회는 해방 직후의 이 같은 조류에서 벗어나 얼마나 새로운 지역 인식을 갖게 되

---

7 이상의 서술은 위의 글, 154, 156.

었을까. 이에 대한 답을 당시 한국사회에서 가장 크게 영향을 미친 종합교양지 〈사상계〉의 동아시아론에서 찾아볼 수 있을 것으로 기대한다.

2. 〈사상계〉의 동양/아시아론

1) 〈사상계〉 운영

〈사상계〉가 한국 사상사에서 차지하는 위치에 대해 이미 제법 많은 논의가 이루어졌다. 그중 이 책이 탐구대상으로 삼은 잡지들의 의미를 흥미롭게 정리한 견해를 인용하자면, "식민지 시대의 대표 매체인 〈개벽〉, 그리고 1960년대 후반에 창간된 〈창작과비평〉의 중간에 놓여 있는 지식인 매체"[8]가 다름 아닌 〈사상계〉라는 것이다. 한국 잡지의 역사를 서술할 때에 이미 통념화된 이해 방식이지 싶다.

　실제로 〈사상계〉는 1950~1960년대 이승만 정권과 박정희 정권의 독재에 저항하면서 민주주의·민족주의·근대화라는 과제를 사회담론으로 전파한 대표적인 종합지로서 명성을 날렸다. 그 결과

8　사상계연구팀 (2012). "총론". 《냉전과 혁명의 시대 그리고 사상계》, 4쪽. 소명출판.

1950년대 말 5만 부를 발행하다가 1960년 4·19혁명 때는 절정을 이뤄 8만 부를 찍을 정도로 대중성을 확보할 수 있었다. **9** 그렇다면 이 잡지는 누가 주도해 어떻게 운영하였을까.

잘 알려진 대로 북한의 공산화를 피해 남쪽으로 내려온 서북 출신 지식인이 주축이었다. **10** 무엇보다 〈사상계〉가 폭넓은 교양계층을 독자층으로 확보한 데는 '사상계 지식인'이라고도 불릴 만한 (편집위원진을 비롯한) 필진 구성이 큰 몫을 했다. 이들은 지연(서북지방)과 종교(기독교)의 공통분모로 강하게 결합되어 있는 핵심 구성원에서부터 외부로 확산되면서 다양한 성향을 보였다. **11** 이들은 학계의 폭넓은 필진을 동원하고, 저널리즘과 아카데미즘을 결합해 양자를 넘나들면서 사회담론의 생산과 유통에 힘을 쏟았다. 이 점은 민간학술

---

9 김준엽(2001). 《장정 5: 다시 대륙으로》, 93쪽. 나남. 4·19혁명을 겪은 5월호에서 3쇄를 찍었다.

10 이에 덧붙여 전쟁 직후 어려운 경제여건에서 주한 미 공보원(USIS)이 창간 초기 무상으로 용지를 제공한 것도 운영에 크게 도움이 되었다. 장준하(1963. 4.). "나와 잡지(상)". 〈사상계〉, 제120호.

11 특히 그 내부에 한신계와 같은 서북·만주 출신의 진보적 민족주의 그룹도 포함될 수 있다. 〈사상계〉 지식인들은 1960년대 초중반부터 박정희 정부에의 참여와 저항의 길로 분화되었다. 이상록은 〈사상계〉 인물들의 자유민주주의론을 크게 3가지로 구분하였다. 산업화와 병행을 주장하는 자유·민주주의론, 산업화 우선의 신생국 민주주의론, 그리고 함석헌의 비개발, 비타협, 전원일치 민중중시의 자유민주주의론이 그것이다[이상록(2020). 《한국의 자유민주주의와 〈사상계〉》. 고려대민족문화연구원]. 그러나 이상록의 책에서는 서북, 만주 출신의 진보적 민족주의 그룹을 거의 다루지 않았다고 비판된다. 김건우(2020. 8.). "〈사상계〉를 연구하려는 이들이 통과해야 할 하나의 문". 〈역사비평〉.

계에 머문 〈개벽〉과의 차이라 하겠는데, 학계의 지식생산의 성과를 흡수하는 동시에 학계에서 본격적으로 산출되지 않거나 주목받지 못한 지식도 사회의제로 삼을 만하면 빈번히 지면에서 다룸으로써 지식생산 자체에도 영향을 미쳐 학술의제로 이끌어 갔다.[12] 한마디로 세계보편성 — 교양으로서의 세계, 곧 구미문명 — 을 지향하면서 민족적 자존심을 양성하는 정론성 글은 물론이고 문학작품(및 문학평론)의 비중도 적지 않은, 다양한 교양인들을 겨냥한 종합 교양잡지였다.[13]

이제부터는 세계-민족의 중심 논조에서 덜 중시된, 그러나 이 책의 관심사인 동아시아담론을 중심으로 〈사상계〉의 논조를 재점검해 보겠다.

---

12 학술지에 실린 학술논문을 고쳐 다시 〈사상계〉에 게재하는 사례도 적지 않을 정도로 결코 쉽지 않은 글들이 실렸다. 그 밖에 학술지에서 소화하지 못한 동남아시아 관련 논고들을 실은 것도 주목할 만하다. 당시 학계에서는 본격적으로 생산되지 않거나 주목받지 못한 현대 동남아시아 관련 지식이나 정보는 잡지 매체의 장에서 빈번하고 활발하게 출현하고 있었다. 〈신천지〉와 〈사상계〉가 바로 그 주요 통로였다. 김예림(2012). "1950년대 남한의 아시아 내셔널리즘론". 〈아세아연구〉, 제55권 1호: 140, 142.

13 〈사상계〉는 1년에 한 번씩 문학만의 '특별증간호'를 간행할 정도로 문학에도 비중을 두었다. 1960년대 월간지로 〈사상계〉와 더불어 제일 부수가 많이 나갔던 〈신동아〉는 샐러리맨들을 위한 지적인 대중지였다. 백영서(2014). "〈창작과비평〉, 〈문학과지성〉을 말한다: 김병익·염무웅 초청 대담". 〈東方學志〉, 제165집: 266.

2) 동양담론: 식민지 기억과 근대화론의 중첩

냉전기 남한 지식인사회의 이데올로기적 지형과 풍향을 가장 뚜렷하게 반영하고 있는 〈사상계〉는 당시 국내외 정세의 흐름을 어떻게 파악하였을까. 이 점을 (앞에서 살펴본) 해방 직후 아시아 인식의 중층 구조에 견줘 점검해 보자.

창간 초기인 1950년대 〈사상계〉는 아시아 지역을 후진성의 시각에서 파악했다. 즉, 경제적으로 식민지 내지 반‡식민지적 요소와 반‡봉건적 요소가 농후한 후진지역이고, 정치적으로 서구 제국주의로부터 갓 벗어난 신생 독립국이란 공통점은 갖고 있으나, 문화·문명적으로는 다양한 종교들이 존재해 아무런 공통성이 없는 곳으로 간주했다. 그 후진의 틀을 벗어나려면 "세계의 모든 자유국가들과 면밀히 협력"하여 근대화를 이루는 길밖에 없다는 인식이 두드러졌다. 한편 같은 시기에 신생 아시아의 민족주의를 집중 조명할 정도로 특별한 관심을 보였다. 그들이 처한 독립 직후의 상황에 대한 공감과 민족해방운동에 대한 높은 관심에서였다. 그러나 이와 같은 관심은 어디까지나 '냉전적 아시아' 인식에 걸러진 형태로 유지되었다. 요컨대 정체성과 후진성이 지배하는 환경을 전제로 받아들이되 반공에 기반하여 발전해 나가기를 전망하는 것이 기조를 이루었다.

한 걸음 더 들어가 보면, 아시아에는 신생 민족주의와 반서구 제국주의가 팽배하면서도 동시에 이 둘 사이에 부조화가 존재하는 틈새를 이용해 공산주의가 대두하는 공통의 현상을 보인다고 정세를 분석한다. 그러니 "완전한 민주주의적 독립국가"를 유지하기 위해 공산진영을 상대로 한 거대한 반공세력을 동맹으로 묶어 "민주진영의 승리"를 호소하는 방안이 지면을 관통하는 것은 자연스럽다.[14]

이러한 아시아 인식에 식민지 잔재가 그늘을 짙게 드리웠음은 쉽게 간파된다. '아시아'가 아니라 '동양'을 거론할 때는 일제에 의해 유포된 동양담론에서 벗어나기 쉽지 않았다.[15] 예를 들어 동서문화(문명)란 식으로 양분해, 동양의 정신문화와 서양의 물질문화를 대비한다든가 동양정치사상의 폐단을 정체성으로 지목하는 견해가 지면에서 흔히 눈에 뜨인다.[16] 비록 '동양'과 '아시아'라는 개념이 엄밀한 구별 없이 둘 다 사용되었지만, 동‒서양 이분법의 영향 아래 있었고, 과거와 현실에 동양적 또는 아시아적 정체성이 작동하는 것으로 보는 입장이 주도했다는 점에서 일제시대 동양담론의 여파로 볼 수 있다. 그러나 아시아 열등성의 기원을 문화사적으로 파헤치는 한편, 아시아의 새로운 반공적 갱생(발전)을 추진한 새로운 면도 보였

---

14 백낙준(1954. 3.). "아세아와 세계정국". 〈사상계〉, 제 11호. 이와 달리 "아시아 자신의 재발견"에 몰두하는 아시아인들의 노력인 아시아‒아프리카 회의에 기대를 거는 논조의 글이 드물게 실린 적도 있다. 정재각(1957. 8.). "동양의 역사적 현실". 〈사상계〉, 제 49호.

15 그렇게 된 이유로 일제강점기의 지나학과 그 분파 학문인 조선학을 의식하지 않을 수 없었기 때문이란 견해도 있다. 김주현(2012), "〈사상계〉 동양담론 분석". 〈현대문학의 연구〉, 제 46권: 449.

16 배상룡(1953. 5.). "동양정치사상급양식의 연구". 〈사상계〉, 제 2호; 김용배(1953. 12.). "동서문화비교론". 〈사상계〉, 제 8호; 김용배(1956. 2.). "동양적 인생관과 서양적 인생관". 〈사상계〉, 제 31호.

다. 이 점은 식민지 시기의 동양담론과 다른 면모이다. **17**

이 같은 아시아 인식을 좀 더 깊이 이해하기 위해서는 〈사상계〉의 지면에서 중화인민공화국 성립을 어떻게 평가했는지를 따져 보는 일이 무엇보다 중요하다. 아시아 인식이 '냉전적 아시아'로 선회하는 데 (한국전쟁과 함께) 중요한 계기였을 뿐만 아니라, 〈개벽〉지의 독창적 동아시아론의 매개물이 중국이었듯이, 냉전기에도 어떤 식으로든 중요한 역할을 했을 것으로 짐작되기 때문이다. 그래서 1955년부터 편집위원으로 참여, 4·19혁명 전후 〈사상계〉 전성기인 1959~1961년에 3대 편집주간으로 활약하며 모든 특집과 기획을 주도한**18** 중국전문가 김준엽의 논설을 중점적으로 살펴보려고 한다.

3) 김준엽의 중국론: 냉전기 '천한 중국' 인식

한반도가 분단되고, 중국대륙에 중화인민공화국이 건립되는 동시에 패퇴한 국민 정부가 대만에서 중화민국을 유지하는 냉전기 정세에서 한반도 주민의 중국인식도 분단되었다. 한반도 남쪽에서 중화인민공화국을 비합법적인 적대국으로서 '중공'으로 부른 반면에, 중

---

17 김예림(2007). "냉전기 아시아 상상과 반공 정체성의 위상학". 〈상허학보〉, 제20권: 338.
18 김준엽(2001). 앞의 책, 88~89쪽.

화민국은 합법적인 '중국'으로 호칭했다. 〈사상계〉 역시 대만의 중국을 고전중국의 전승자이자 냉전진영의 우방인 '자유중국'으로 인식했다.

김준엽의 중국론은 이러한 〈사상계〉의 중국인식을 압축적으로 보여 준다. 우선 정세론 차원에서 김준엽이 현실중국을 어떻게 인식했는지 점검해 보자.

그는 중국 공산당을 한마디로 중국 대륙을 통치하며 인류의 평화에 위협을 줄 "커다란 괴물"이요, 중화인민공화국의 성립은 공산당이 중국인민의 지지를 받아 얻은 산물이 아니라고 규정한다. 공산당은 창당부터 성장, 그리고 국공내전에서의 승리로 이어지는 일련의 과정에서 그 내부 요인이 아니라 외부 요인에 덕을 본 것이기 때문이다. 즉, 창당은 소련의 영향에 의해, 성장은 일본의 침략에 의해, 내전 승리는 미국의 중국정책의 착오 탓이라는 식으로 해석한다.

공산당 승리를 이렇게 설명하는 시각은 국민당 정권이 왜 몰락했는지를 설명하는 논술과정에서 도출된 것이다. 그의 주된 관심은 "세기의 비극인 국민 정부의 패퇴"에 있었고, 그 원인은 "끝일 줄 모르는 일제의 침략, 세계혁명을 목표로 하는 쏘련 공산제국주의자들의 음모 및 불행한 미국 민주당 정부의 중공인식의 착오 등"으로 돌려진다. 물론 그도 "국민 정부 자체의 독재정치, 일당전제, 파벌투쟁, 부패 등"을 "패인으로서 과소평가"해서는 안 된다고 말하지만, 기본적으로는 주요 원인을 외부에서 찾는다.[19]

그가 보기에 중화인민공화국은 전혀 민주주의적이거나 민족주의적이지 않은 정권이다. 이는 인민 개인의 생활세계에서 잘 드러난다. 즉, "'힘'을 배경으로 한 공산당의 강제, 감시 스파이, 선전의 영향 속에서 공산당의 특권계급을 위하여 견마지역犬馬之役을 다하는 노예가 바로 그들 치하의 인민들이다". 따라서 그들이 표방한 '신민주주의' — 계급연합정치와 혼합경제를 골격으로 한 중화인민공화국 초기 사회체제 — 같은 것에 행여 어떤 환상을 품어서는 안 된다고 강조한다. 이 점을 38선 이북에서 피난 온 사람들을 통해서나 한국전쟁 중 직접 경험한 바로 쉽게 유추할 수 있는 것이라고 역설한다.[20] 바로 여기서 그의 중국인식의 바탕에 있는 깊은 정서적 요인을 감촉할 수 있다. 대한민국과 "공존공영할 수 있는 국민 정부"가 왜 패퇴했는지에 관심을 갖고 그를 뒤집어 중공의 승리 요인을 추출한 것은 어디까지나 대한민국을 공산화의 위험에서 막기 위한 교훈을 찾는 데 목적이 있었던 것이다. 그러니 분단된 중국의 다른 한쪽인 '자유중국'(대만의 중화민국)과 한국이 연대하는 것은 자연스러운 일이다.

이런 관점에 입각하면, 중화인민공화국은 기본적으로 치열한 권력투쟁을 일삼는 비정상적인 공산주의국가로 보일 뿐이다. 또한 아시아를 대상으로 한 패권주의의 가능성, 특히 한국에 대한 팽창 가

---

19 김준엽(1955. 6.). "중국국민 정부는 이렇게 하여 몰락하였다(하)". 〈사상계〉, 제 23호: 245.

20 김준엽(1957. 12.). "중공의 인민지배기구(하)". 〈사상계〉, 제 53호: 75.

능성 때문에 위협적인 존재이자 경계의 대상이다.

이러한 그의 입장은 〈사상계〉의 중국 관련 여러 기사(예컨대 주로 번역에 의존한 '움직이는 세계'란)에 드러난 중공 이미지에서도 반복되어 나타난다. 소련에 종속된 중공, 아시아의 공산화를 기도하는 중공의 음모, 인민을 괴롭히는 공산당 간부의 부도덕성 등의 면모가 종종 제시되었다.[21]

좀 더 깊이 파고들면, 중화인민공화국 건국 초기 정세에 대한 그의 동시대적 분석은 아시아 후진성 문제라는 이론적 차원의 쟁점과 닿아 있다. 그는 아시아 사회가 정체하고 후진성을 띤 것으로 판단한다. 그러한 판단의 근거 역시 아시아 사회 자체 내부보다는 외부에서 찾는다. 즉, "아시아 사회는 정복국가의 성립 및 그에 연속되는 제국주의제국의 식민지화" 탓이라는 것이다.[22] 아시아 사회의 정체성을 설명하면서 외부 요인, 특히 정복국가에서 근거를 찾는 관점은 이색적이다. 구미 지식인들이 중국을 포함한 아시아 국가들의 정체성 — 특히 '전제성'과 '독재성' — 탓에 쉽사리 공산화가 되었다는 식으로 내부적 요인을 중시하는 것과 대비된다.[23]

---

21 김주현(2012). 앞의 글, 468.
22 김준엽(1955. 9.). "아시아 사회의 후진성에 관한 일고찰". 〈사상계〉, 제 26호: 53.
23 윤영현은 〈사상계〉에 실린 구미학자의 번역 글을 분석해, 그들의 중국(중공) 담론은 '초기 제국주의 시대부터 내려오는 아시아(동양)에 대한 오랜 식민주의적 시선'과 반공주의가 결합된 '식민주의적 반공 담론'이라고 부른다. 윤영현(2018). "1950년대 사상계의 '중국' 표상 및 담론 연구". 〈東方學志〉, 제 182집: 72.

그의 이런 관점은, 아시아 사회 정체성론을 주창한 대표자인 비트포겔의 이론을 원용하면서도 '수력사회론' 같은 내부 요인에 중점을 두지 않은 데서도 잘 드러난다. 왜 그는 이렇게 해석하였을까. 정복왕조인 만주족의 청조를 타도한 신해혁명을 중시한 이른바 '(국민)당사관'의 영향을 짙게 받은 탓도 있겠지만, 냉전기 대한민국을 포함한 아시아가 직면한 위기의 정세에서 외부 요인이 중요함을 강조하기 위함이 아닐까 싶다. 이런 인식에 따라, 당시 풍미한 아시아의 민족해방운동도 제국주의의 지배로 인해 강화된 '전제·부정·불평등·빈곤'을 일소하는 '반제·반백인종·반빈곤·반봉건' 운동으로 인식된다. 아시아 내셔널리즘nationalism이 직면한 위험을 빈곤으로 간주하고 이로부터 해방되는 것이야말로 공산화 위험으로부터 구원할 길로 제시한다. 이 길을 가는 데 외부 요인, 곧 미국 같은 외국으로부터의 원조가 (자존심을 꺾지 않는 한) 필수적이란 것이다. **24**

이쯤 되면 그의 인식틀의 바탕에는 당시 미국에서 유입된 근대화론이 있음을 쉽게 간파할 수 있다. 잘 알려져 있듯이, 근대화론은 근대와 전통을 이분법적으로 파악하고, 전통은 근대화의 장애요인이므로 외부, 즉 구미의 충격에 힘입어 근대화의 길을 걸을 수 있다고 보는 담론이다. 그 지표는 공업화·산업화와 아울러 민족주의와 자유민주주의를 실현하는 것이고, 이를 위해 전면적으로 서구의 가치와 제도를 수용하여 전통적 정체성에서 탈피하는 목표가 중요해

---

24 김준엽(1957. 3.). "아시아 민족해방운동". 〈사상계〉, 제44호: 134, 139, 140.

진다. 이러한 이론에 기대고 있기에 그가 중국 공산당이 근대화의 담당세력이 될 수 없다고 보는 것은 자연스럽다. 아시아 정체성으로 말미암아 공산화된 중국은 '일탈된 근대화'의 사례가 되는 셈이다. 한마디로 그의 중국인식은 서구의 전통적인 동양정체론, 한족 중심의 역사해석, 근대화는 곧 서구화라는 서구 중심의 근대주의 등으로 구성된 담론으로 간추려진다.[25] 식민경험과 반공의식 그리고 발전주의 시각이 결합된, 냉전기의 '천한 중국' 인식 유형이라고 평가할 수 있다.

4) 〈사상계〉 지면의 '고전중국'과 동남아 비동맹운동

이상에서 살펴본 논설에서 명확히 드러난 김준엽의 아시아 인식을 낳은 결정적 계기는 물론 중공의 탄생과 한국전쟁이다. 김준엽에 한정하지 않고 시야를 〈사상계〉 전체 논조로 넓혀 볼 때, 중공의 성립이 한국인의 아시아 인식에 깊은 영향을 미친 또 다른 증거는 당시 한국 논단의 동남아시아 인식에서도 잘 드러난다.

이 지역을 해방 직후처럼 단순한 민족해방의 동반자로 보지 않고 지속적으로 주의와 경계를 요하는 곳으로 간주하는 인식의 변화가

---

25 정문상(2019). 《중공, 자유중국 그리고 중국: 냉전 시기 한국인의 중국인식》, 122쪽. 혜안. 그런데 김준엽과 달리 민두기는 1960년대에 중국의 내재적 발전, 곧 '전통의 근대적 변모'라는 시각을 제시하였는데, 이는 '주체적 근대화'에 대한 역사학계의 대응의 산물이었다. 위의 책, 150~155쪽.

이뤄졌다. 중국대륙과 지리적으로 연결된 동남아는 중화인민공화국이 수립되고 나서 공산화 우려가 큰 취약지대로서 그 전략적 지위가 한층 더 중시되었기 때문이다. 동남아시아의 민족문제와 진영문제에 대한 논의는 '아시아 내셔널리즘'나 '신생아시아'라는 당시 세계적으로 유행하는 주제를 한국 맥락에서 수용하는 방식으로 진행되었다. 〈사상계〉에는 이와 같은 과정이 잘 드러난다.

동남아시아 지역은 서구 및 일본에 의한 착취의 역사를 함께하고, 독립과 해방을 위한 투쟁 경험을 공유하며, 신생 국가의 정치적·이념적 혼란을 전후에 모두 겪고 있었다. 남한도 마찬가지였다. 이와 같은 공통의 체험은 한때 잠시 일종의 유대감을 형성케 했다. 그런데 그들 국가가 이 유사성을 바탕으로 점차 새로운 집단적 연대의 움직임을 보이면서 국제무대에서 영향력을 키워 갔고, 중립 혹은 비동맹 노선으로 방향을 잡아 가자 반공국가 남한에서는 이 연대가 '위험'하고 의심스러운 것으로 간주되었다. "변형된 공산주의에 지나지 않은 것"으로 비쳤기 때문이다. 26

이와 같은 '중립의 공산화' 가능성에 대한 염려는 아시아 정체성론의 연장이라 할 근대화론과 구조적으로 연계되어 있다는 사실은 앞에서 본 김준엽의 인식에서 이미 밝혀졌으니 새삼 더 언급할 필요가 없을 것이다.

---

26 이상의 동남아 관련 서술은 김예림(2012). 앞의 글에 의존했다. 특히 137, 148, 152.

여기서 정세론 차원에서 벗어나 문명론 차원에서 〈사상계〉가 어떤 중국인식을 보였는지 잠깐 살펴보자. 고전중국을 동아시아의 교양(고전문명)으로 간주하여 적극 관심을 가졌기에 그에 대한 글들이 그 지면에 자주 실렸다.27 현실중국에 대한 부정적 인식과 선명히 대조되는 경향이었다. 이는 고전중국과 현실중국을 분리해 인식한 일본제국의 중국학 유산이 냉전의식과 결합된 것이다. 그런데 그 속에는 아시아 지역주의를 향한 한국의 '무의식적 접근욕망'이 내재되어 있었다고 섬세하게 읽어 낸 견해가 흥미롭다. 말하자면 그 무렵 보편문명으로 수용한 '아메리카 추수'와 그에 따르는 '심리적 결여'를 스스로 보상하기 위해 동양, 곧 아시아 권역 — 비록 중국을 극복의 대상으로 삼으면서도 동양문화(특히 그 일부인 한국문화)의 고유성 — 에 대해 관심을 갖는 논조가 미묘하게 혼재해 있다는 것이다. 그리고 이 '균열적 경향'이 냉전기 동질화된 자유진영의 이념 속에서 억압된 채 존재하다가 "간헐적으로 회귀하는 양상'을 보였다"고 한다.28 나는 이것이 4·19혁명 직후 '회귀'했다기보다 민족문화로 수렴되는 형태로 재구성되었다고 본다.

---

27 4·19혁명 이전인 1950년대 후반에도 '연재교양'란에 동서양의 고전해설이 연속적으로 실렸는데, 《사기》·《불경》·당시(唐詩)·법가·《홍루몽》·노자·두보·《자치통감》이외에 《코란》까지 대상이었다. 4·19 이후인 1965년에도 '동양의 지혜'라는 연속기획 아래 《논어》·《중용》·《도덕경》·《우파니샤드》·《한비자》·《손자》·《불경》 등이 다뤄졌고, 1968년 '고전의 현대적 해석' 연재에 《논어》와 《불경》이 각각 소개되었다.

28 윤영현(2018). 앞의 글, 86.

3. 4·19혁명의 영향:
아시아 민족주의의 재인식과 새로운 민족문화 건설

1960년 4·19혁명은 학생을 비롯한 지식인사회에 (구미에서 수입된 근대화의 중요 지표인) 민주주의를 제 것으로 받아들이려는 자기 주체성에 대한 각오를 '상식화'했다. "사상적 주체성을 다시 회복해야 되겠다, 이러한 기운이 근년에 와서 상당히 논의되고 있던" 시절이었다.[29]

이런 시대 분위기에 호응해, 〈사상계〉도 "4·19를 계기로 해서 이제 자기 사상적 자세를" 다시 세우기 위한 "첫 발자국을" 내딛었다. 창간 10주년(1963년)을 맞아, 그 핵심 방향을 "'마음의 기둥'을 마련할 수 있는 산파역을 하는 일", 곧 "전근대적 사고방식을 청산" 하는 일로 잡았다. 이 방향에 맞춰 여러 가지 과제가 제시되었다. 이 책의 주제와 관련하여 먼저 눈에 띄는 과제는, "1960년대를 전후한 AA블럭의 대두를 잡아 '민족해방의 세기'로서 이해하고", 변혁기에 들어간 "한국의 근대화 — 민주주의 재건, 경제자립 등"을 집중 조명한다는 방향성의 제시이다.[30]

중립과 제3세력의 노선에 대한 〈사상계〉의 관심은 4·19혁명 직

---

29 〈사상계〉(1962. 1.). 좌담회 "한국인의 사상적 자세". 〈사상계〉, 제103호: 276의 신일철 발언.

30 〈사상계〉(1963. 3.). "전후사상 18년의 전망대: 본지창간 10주년 기념 특별 증간호를 내면서", 119호: 27~28.

전에 이미 나타났다. 바로 앞에서 보았듯이, 동남아 국가들의 비동맹노선을 '중립의 공산화' 가능성으로 보고 우려했지만, 동남아를 위시한 아시아-아프리카-남미AALA의 제3세력의 대두를 과시한 반둥회의와 중립노선의 내용은 〈사상계〉 지면에 종종 소개되었다. 제3세력이 국제무대에서 차지하는 세력과 그 영향력을 고려하지 않을 수 없어서였다. 예를 든다면 "자유민주주의의 범위 내에서 안전보장과 통일을 동시에 가져올 수 있는 정책을 여러 방면으로 찾아본다는 것은 결코 비난의 대상이 될 수 없을 것이다"라는 실용적 입장이 제출되었다. 그리고 이로부터 도출된 한국의 '능동적 중립주의'는 "단순한 보신책일 뿐만 아니라 적극성을 띤 발전책"으로까지 제안한 주장도 나타났다. 31

　이런 관심이 4·19혁명 직후 좀 더 심화되고 확산된 의제로 떠올랐다. 국가의 혁신과 남북통일이 시급한 과제가 된 시점에 '외교의 다각화'라는 실익實益의 견지에서, 그리고 일방적 반공외교의 반성이라는 견지에서 새롭게 조명되었다. 중립 자체는 반대하지만 중립국과 교류는 할 수 있다, 혹은 해야 한다는 논리였던 셈이다. 32 이렇다 보니 종래 부정적으로 평가된 중공에 대해서도 "중국 자체가 싫든 좋든 간에 통일과 근대화 방향으로 달음박질치고 있는 것만은

---

31 박준규(1959. 11.). "국제정치에 있어서의 '중립'". 〈사상계〉, 제76호: 167, 171.

32 조순승(1960. 5.). "'적극적 중립'의 3중주". 〈사상계〉, 제82호: 157.

엄연한 사실"이라는 것이 "식자들의 일치된 견해"라는 논조가 실릴 정도로 변화했다. 그 근대화 과정이 1960년대 안에 완성될 것으로 전망하지는 않았지만 말이다. **33** 더 나아가 1960년대를 '민족해방의 세기'로 지칭한 한 특집(1963년 3월, 창간 10주년 기념 특별증간호) 에서는 서구 식민주의를 분쇄시킨 "아시아 내셔널리즘의 혁명적 힘"이 현 단계의 "아시아의 정치정세를 좌우하는 동적인 힘일 뿐만 아니라 또한 아시아의 정치적 앞날을 결정할 수 있는 근본적인 동인"으로까지 중시된다. **34** 또한 "오늘의 후진지역의 민족혁명"은 아시아와 아프리카에서 "민족국가의 권리를 주장하는 민족혁명으로 국제민주주의를 이룩하기 위한 진통"이란 식으로 그 의의가 높이 평가된다. **35** 1964년을 전후하여 〈사상계〉도 민족주의를 반제국주의 혹은 반식민주의라는 제3세계 민족해방운동 차원에서 사고하는 조류에 적극 동참하는 변화를 보였던 것이다. **36**

　4·19혁명이 숙성시킨 냉전적 동아시아 정세에 대한 새로운 인식은, 1960년대 전반기 냉전의 양상이 두 진영 모두에서 변화하는 추세 — 공산진영의 중소분쟁과 동구권의 자유화와 다원화 그리고 프랑스 드골의 독자선언으로 드러난 자유진영의 다원화 — 에 조응한

---

33 박준규(1963. 3.). "극동의 장래와 한국문제: 1960년대 중국과 일본과 우리의 입장". 〈사상계〉, 제119호: 488, 489.

34 이극찬(1963. 3.). "서구민주주의의 아시아 이식". 〈사상계〉, 제119호: 442.

35 차기벽(1963. 3.). "신생제국의 위대한 각성". 〈사상계〉, 제119호.

36 김건우(2009). "1964년의 담론지형, 반공주의, 민족주의, 민주주의, 자유주의, 성장주의". 〈대중서사연구〉, 제22호: 71.

결과이기도 했다. 그러다 보니 〈사상계〉 지면에서도 어느 진영에도 가담하지 않거나 외국과의 관계에 주체적인 태도를 견지하면서 "구체적인 민족이익을 추구"하는 것이 바로 "민족주의의 현대적 의의"라는 논조까지 실리게 되었다. [37]

4·19혁명은 이처럼 정세인식에서 변화를 북돋웠을 뿐만 아니라 문화 내지 문명에 대한 논조에도 일정한 변화를 가져왔다. 한마디로 말해 동양문화에서 한국문화로 그 관심의 중심이 옮겨졌다. 1950년대 지면에서 정체된 사회를 낳은 것이 동양문화(내지 정신)라고 비판하거나 서양고전 위주의 인류 유산에 동양고전을 '구색 맞추기'로 끼워 넣듯이 주변적 의제로 다루던 문제의식에서[38] 점차 벗어나, 근대화를 촉진하고 자부심을 키울 민족문화 건설을 전면에 내세울 때를 만난 것이다.

그 하나의 증후는 역사인식의 전환, 곧 정체사관으로부터 탈피하여 민족사학을 정립하는 시도이다.

1950년대 역사학계의 한국사에 대한 인식은 식민사관이 심어 놓은 정체성停滯性론을 아직 벗어나지 못한 상태였다. 한국사회의 '기본성격'을 "근대화 과정을 밟지 못하고 나려온 정체성의 문제와 밀접히 연관"된다고 파악하는 논조가 그 전형적 예이다. [39] 그런 상황에

37 구범모(1965. 3.). "제국주의의 어제와 오늘: 현재에 있어서 식민주의와 민족주의". 〈사상계〉, 제 144호: 171.

38 김주현(2012). 앞의 글, 466.

39 김용덕(1953. 11.). "국사의 기본성격: 우리 사회의 기본성격을 중심으로". 〈사상

서 정체성론의 대안으로 (서양사학계가 제기한) 서양의 근대화 모델 또는 민주주의 모델이 수용된 것은 자연스러웠다. 이 모델이 한국의 민주화운동과 근대화담론의 역사적 근거로 작용했다.**40** 다른 한편으로 1950년대 한국사학계 일각에서 새로운 연구경향들이 대두하면서 그동안 당연시되던 한국사의 정체성론이 점차 도전받았다. 그 대표적인 경향이 민족문화의 맥락을 찾는 작업이다.

예를 들어 실학연구라는 학계의 학술의제로 이어지는 '우리 문화의 명맥'을 발굴하는 연재가 〈사상계〉에 실리면서 교양대중에게까지 소개되었다.**41** 이런 1950년대의 시도를 기반으로 한국사회의 정체성을 극복하는 변화가 〈사상계〉의 담론으로 본격화된 것은 4·19 혁명을 겪은 직후이다. 이 증후를 '동양적인 것의 반성' 속에서 중국 문화의 '아류'가 아닌 한국문화의 '독창성'을 구해 내고,**42** 실학파 연구에 접속한 시도에서**43** 읽을 수 있다. 그러한 분위기를 1963년에

계〉, 제 7호: 48.

40 이경란(2010). "1950~70년대 역사학계와 역사연구의 사회담론화: 〈사상계〉와 〈창작과비평〉을 중심으로". 〈東方學志〉, 제 152호: 378.

41 실학연구에 시동을 건 천관우(1958. 12.). "우리 문화의 명맥: 반계 유형원". 〈사상계〉, 제 65호를 필두로 서화담·허균·이익 등에 관한 글이 잇따라 게재되었다.

42 특집 '동양적인 것의 반성', 〈사상계〉, 제 104호 1962년 2월에는 7편의 글이 실렸는데, 그중 이기백, "동양문화 안의 한국문화" 참조. 그 밖에 김경탁, "왕도와 패도: 유가 정치철학의 현재적 의의를 중심으로", 61쪽에서는 유학사상 속에 정치적 자유와 경제적 평등이 허용되는 사회에 대한 추구가 있는데, 이것은 이상만이 아니라 "세계 인민의 끊임없는 혁명운동"에 힘입어 멀지 않은 미래에 실현될 수 있는 "가능의 세계"라고 설명된다.

43 이가원(1962. 2.). "이조 실학파의 소설연구: 특히 《이조한문소설선》을 중심으

열린 좌담회에서 짙게 느낄 수 있다. **44** 한국사의 정체성론이 1960
년대 전반기에 들어와 극복되기 시작했다는 예증이라 하겠다.

　이 좌담은 4·19혁명과 그에 이은 5·16군사정변 그리고 쿠데타
주역 군인들이 주도한 군사정부의 민정 복귀를 앞둔 일련의 정세 변
화에 대응하기 위해 이뤄졌다. 이런 전환 국면을 맞아 단기적 현실
에만 눈을 돌릴 것이 아니라 "좀 더 먼 역사적인" 관점에서 상황을 파
악하자는 취지가 선명했다. 정체성의 규명과 극복이 그 일차적 목표
였다. 근대화의 저해요인으로 경제발전을 막는 역사전통, 특히 정
신사적 요인이 주된 비판 대상이었다. 이와 동시에 서양 것만 알고
자기 것은 모르는 젊은이들의 풍조도 비판의 대상이었다. 그래서 고
유한 것 ― 본래부터 있다는 뜻에서가 아니라 고유명사가 그렇듯이
다른 것과 구별된다는 의미 ― 을 한국사에서 찾는 한국사관의 확립
이 과제로 제기되었다. 이는 서양사를 모델로 삼고 그와 다른 '동양
적'인 것, 곧 정체적인 것에 주목해 온 종래의 역사인식을 의문시하
며 세계사의 맥락에서 한국사의 내재적 발전과정을 탐색하는 역사
관을 정립하는 과제로 모아졌다. 그리고 그 과제의 현재적 의미는
서양보다 뒤늦은 근대화를 압축적으로 ― 참석자인 천관우는 '도인
의 축지법'에 비유해 '축시법縮時法'을 써야 한다고 표현한다 ― 추진

　로". 〈사상계〉, 제 104호.
44 신일철 외(1963. 2.). 특집(씸포지움). "한국사관은 가능한가?: 전환기에서 본 민
족史眼". 〈사상계〉, 제 117호. 이하 직접 인용 부분은 261, 264, 270, 273.

하는 데 있었다.

이 좌담을 전후해 다양한 사관에 대한 열띤 관심이 표명되고, 한국 근대역사학의 계보에 대한 비판적 점검이 활발히 이뤄졌다. 이로써 민족사학의 내재적 발전론으로 발전하는 기반이 마련되었다.

다른 하나의 징후는 민족문화와 그 사상적 토대의 재인식이다.

〈사상계〉는 창간 10년을 돌아보는 권두언(1963. 3.)에서 "〈사상계〉 10년은 한국에 있어서 '마음의 혁명'을 위한 고요한 행군"이었다고 회고한다. 그 지면에서 종종 눈에 띄는 어구인 '마음의 기둥', '생각의 기둥'은 개인보다도 한민족의 사상적 특징을 말한다. 이 특징을 집중적으로 논의한 좌담회 "한국인의 사상적 자세"**45**를 주의 깊게 읽어 보자.

이 좌담에서 "자기 민족이 가진 생각의 기둥"이 중시되었다. "이제 새로이 건전한 민주주의를 재건"하려는 때에 이미 실시되고 있는 민주주의라는 제도가 아닌 사상의 차원에서 연결 지어 민주주의의 문제점을 보완하는 작업을 수행하기 위해서였다. 참석자들이 보기에 현재 한국의 민주주의는 생활화되지 못한 민주주의이다. 그것은 외래 생활방식의 수용에 실패하고 실생활과 유리된, 말하자면 식민화된 지식에 불과하다. 그러다 보니 열등감에 젖고 사대주의가 팽배하기 십상이다. 이제 필요한 것은 동서문화 융화, 곧 구미의 것을 소

---

45 〈사상계〉(1962. 1.). 좌담회 "한국인의 사상적 자세". 〈사상계〉, 제 103호. 이하 인용은 270, 288, 289, 290, 293.

화하는 과정을 거쳐 '한국적 민주주의'[46]를 구현하는 일이다. '한국적 민주주의'는 외래의 것을 접목하는 것이 아니라 "우리가 본래 요구하던 것을 실현"하는 과제이다. 달리 말해 한국사 '내부 가능성'에 접촉하는 것, 곧 가능성으로서의 소질을 발견하고 구현하는 미래 프로젝트이다.

그렇다면 여기서 말하는 '내부 가능성'은 무엇인가. 좌담 참석자인 박종홍이 소개하는 그에 합당한 사상자원은 '민주사상의 철저화'를 추구한 동학 이념 인내천人乃天과 사인여천事人如天, 곧 유불선을 융합하고 "민주사상의 극치를 단적으로 잘 드러낸 사상"이다. 민주주의를 정치적 차원에 한정하지 않고 "인간을 근본적이며 전적인 핵심"에 두고 인식하기 때문에 "좀 더 깊고 넓은 사상"을 의미하는 것으로 강조된다.

당시 새로운 민주주의를 건설하기 위한 바탕으로 한국문화 내부의 가능성에 착안하자는 논조는 바로 새로운 민족문화를 건설하는 과제로 이어지고 〈사상계〉 필자 사이에 어느 정도 공유된 것으로 보인다. 조윤제는 외래문화의 공세에 직면해 올바른 민족사관을 확립하는 일이 중요 과제라고 역설하면서, "서양적 민주주의가 우리의 원초적인 민주주의를 자극하고 그를 발전시키는 형식"에 착목하

---

46 '한국적 민주주의'라는 용어는 1960년대 중반에 민주주의에 대한 지식인들과 민중들의 요구를 무마하기 위해 박정희 정부가 쓴 것으로 널리 알려져 있으나, 당시 〈사상계〉 등 지식인사회에서 제법 많이 사용된 발상을 그들도 차용한 것이다.

자고 제안한다. **47**

그런데 여기에는 한국문화 내부의 가능성이 현시점에서 실현되기 위해서는 산업발전이 바탕이 되어야 한다는 발상이 짙게 드리워져 있다. **48** 민족사관 정립의 현재적 의미가 압축성장에 있다는 (앞에서 확인한) 천관우의 발언과 통한다. 이 점에서 4·19혁명으로 키워진 자부심에 기대어 민족문화의 가능성을 확인하고 그 사상적 토대를 재인식하는 〈사상계〉의 논조는 기본적으로 "전근대적 사고방식의 청산"을 지향하면서 "민주주의와 경제자립을 모색하는 변혁기"에 부응하려는 스스로 설정한 과제 수행의 소산이라 하겠다. **49**

〈사상계〉 필진이 설정한 이러한 과제 — 항목화하면 정치적 민주화, 경제적 산업화, 문화적 선진화를 포함하는 광의의 근대화 — 는 사실 그들의 저항 상대인 박정희 지배권력과 크게 보면 공유했지만, 점차 양자 간에 경쟁과 갈등도 벌어졌다. 이 갈등은 (한일협정을 거쳐) 국가주도로 본격화된 경제개발의 효과로 소외된 존재들이 양산되는 양극화 현상이 사회문제로 부각되면서 노골화했다. 1970년대 비판적 지식인들은 경제개발의 당위 자체는 인정하면서도 그 과정의 민주화를 요구하고 소외된 민중에 다가가는 데 힘을 쏟았다.

---

47 조윤제(1966.1.). "역사관에 서야 할 민족문화: 그 淨化와 자립을 위한 반성". 〈사상계〉, 제155호: 129.

48 〈사상계〉(1962.1.). 좌담회 앞의 글, 289에서 동학의 민주주의적 특성을 강조하면서 동시에 산업화를 중시한 박종홍의 발언 참조.

49 〈사상계〉(1963.3.). 앞의 글.

그 결과, "지배권력의 강압을 증대시키는 효과를 불러일으켰고 그
것은 다시 지배를 불안정하게 하고 지식인들을 과격하게 만드는 요
인으로 작용했다".**50** 따라서 〈사상계〉가 갖는 사상사적 위치를 좀
더 섬세하게 파악하기 위해서는 1960년대의 사상지형 속에 이를 놓
고 평가해 볼 필요가 있다. 이를 위해 다음에서는 해방 직후 동아시
아론의 분기의 다른 한 갈래인 진보적 잡지로 최근 학계에서 주목받
는 〈청맥〉과의 비교에 집중할 것이다.**51**

---

50 이상록(2007). "1960~70년대 비판적 지식인들의 근대화 인식: 〈사상계〉·〈씨올
의 소리〉·크리스찬 아카데미 진영을 중심으로". 〈역사문제연구〉, 제18호: 248.

51 〈청맥〉이외에 월간 교양지 〈한양〉(1962~1984)과 문예 계간지 〈상황〉(창간호
1969, 제2집 1972년 봄~1973년 봄)도 1960~1970년대의 진보적 잡지로서 시야
에 넣을 수 있을 것이다. 리얼리즘적 문학비평의 계보를 〈한양〉→ 〈청맥〉→
〈창비〉→ 〈상황〉으로 이어지는 통시적 전개과정으로 파악하는 시각이 그 예이다
〔하상일(2008). 《1960년대 현실주의 문학비평과 매체의 비평전략》. 소명출판〕.
그러나 편집진의 인적 구성은 물론이고 논조에서도 〈청맥〉→ 〈상황〉의 계승은
말할 수 있으나, 〈창비〉와 직접 이어지지는 않는다. 게다가 〈한양〉은 일본에서
발간되어 주 독자대상이 재일동포였고 당대 한국의 현실에 대한 접근성이 떨어졌
다는 한계가 지적되고, 〈상황〉은 단명하였다. 그래서 동아시아담론의 사회적 효
능을 중시하는 이 책에서는 제외한다.

4. 〈청맥〉의 동아시아론: 〈사상계〉와의 비교

이 땅의 고질인 빈곤과 후진성을 축출하는 핵심적 요체를 모색하고 구래의 인습에 얽매인 낡은 역사의 첨단에서 새로운 역사창조의 전위적 기치를 꽂는 교차적 사명을 담당해 보겠다는 웅지를 품고 과감히 여명黎明의 타종봉打鐘棒을 잡았다. … 〔해방된 후 - 인용자〕 19년이란 오랜 세월 동안 겨레의 한결같은 염원은 **조국통일**과 **빈곤에서의 탈피**로 집약되었으나 완전자주와 자립은 치자와 피치자 사이에선 그 어의와 가치판단에 현격한 차이가 있었음은 숨길 수 없는 사실이다. 〔강조 인용자〕**52**

1964년 한일회담 반대투쟁이 절정에 달한 6·3사태로 발동된 계엄령이 폐지된 그다음 날인 8월 1일 창간호를 선보인 종합 교양월간지 〈청맥〉의 "창간사" 일부이다. 해방 이후 한국사회의 과제를 '자립', '자주', 좀 더 구체적으로는 '조국통일'과 '빈곤에서의 탈피'로 상정하고, '치자와 피치자'에 따라 인식이 차이가 있다고 강조한 대목이 도드라진다.

---

52 〈청맥〉(1964. 8). "창간사". 창간호: 8~9.

1) 〈청맥〉의 운영실태

〈청맥〉은 대통령선거가 끝난 직후인 1967년 6월 마지막 호를 내고 폐간되었다. 3년도 채 못 채운 짧은 기간 존속한 이 잡지는 폐간한 그다음 해인 1968년 북한의 대남 적화공작의 거점인 이른바 통일혁명당(이하 통혁당)의 일종의 합법기관적 성격을 가진 것으로 당국에 의해 밝혀짐으로써 그 이름이 세상을 떠들썩하게 했다.

'청년혈맥'이라는 의미를 가진 제호[53]의 이 잡지는 통혁당의 조직적 지도를 받고 그 자금에 의해 운영되었다고 하지만, 거기에 기고한 필자 전체가 통혁당의 구성원이었을 리는 없다. 〈청맥〉의 필진은 크게 보아 세 그룹으로 구분된다. 즉, 통혁당에 연관된 혁명적 지식인 그룹, 기성 필자 그리고 신진연구자 그룹이다. 그 하부조직으로 발표된 '새문화연구회'도 통혁당의 조직확대 사업의 일환으로 설립된 것이 아니라, 〈청맥〉 잡지의 필자 풀pool 역할을 한 '진보적인 지식인 연구모임'이라고 할 수 있다.[54]

〈청맥〉의 전반적인 논조는 '민족주체의식'과 '낮은 수준의 반미적 성격'을 띠고 있었다. 그렇다고 해서 당시 지식인의 일반적인 정서

---

[53] 靑脈은 원래 靑麥, 곧 푸른 보리처럼 밟혀도 다시 소생하는 생명력을 의미하였다고 한다. 김질락(2011). 《어느 지식인의 죽음》, 58~59쪽. 행림서원. 이것은 〈청맥〉지의 주간인 김질락의 옥중수기이다. 그가 전향 후 옥중에서 검열을 의식하고 일종의 전향서로서 쓴 것이지만 잡지와 관련된 주요 사실을 믿을 수 있을 것이라 여겨질 경우 인용한다.

[54] 조희연(1993). 《현대 한국 사회운동과 조직》, 286쪽. 한울.

에 비교하여 너무 앞서 나가는 논조를 담고 있지는 않았던 것으로 보인다.55 최근 우리 학계에서 〈사상계〉와 대비하여 그 진보적 의미를 높게 평가하는 경향이 짙다. 다른 잡지에 비해 "비교적 아카데믹한 분위기를 풍기면서 동시에 매우 비판적이고 참신한 논문을 게재하였기 때문에 많은 인텔리들의 비상한 관심"을 모았다는 회고성 평가가 그 기반을 만들어 주었지 싶다.56 그런데 그 당시 두 지면에 모두 기고한 바 있는 한 필자는 〈청맥〉에 대해 "대중들에게 거의 알려지지 않은 소수의 사람들의 결사체 같은 느낌"을 주었다고 회고한다.57 역사적 사실을 보는 데 당시의 눈과 오늘의 눈이라는 '겹눈'이 필요함을 새삼 일깨워 준다. 이 점을 염두에 두고 〈청맥〉의 동아시아론을 점검해 보자.

2) 정세론: 반외세 민족주의와 자주적 발전론

〈청맥〉 지면을 관통하는 핵심 논조는 반외세 민족주의라고 볼 수 있다. 이를 받쳐 주는 세 개의 하부 주제가 얄타체제 비판, 자립적 경제발전 및 문화식민론 극복이다. 이들 주제는 최종적으로 한반도

---

55 위의 책, 233쪽.

56 박태순·김동춘(1991). 《1960년대의 사회운동》, 222쪽. 까치.

57 염무웅은 이렇게 회고한다. "〈청맥〉은 사실 〈창비〉하고 비슷한 때 나오기는 했지만 통혁당 사건과 연관되어 있어서 〈창비〉와는 색깔도 전혀 다르고 다른 흐름 속에 있었다고 봐야 하지 않을까 생각합니다. 그 잡지는 대중들에게 거의 알려지지 않은 소수의 사람들의 결사체 같은 느낌이에요." 백영서(2014). 앞의 글, 265.

분단을 넘어 평화통일을 지향한다.**58**

이 책의 주제인 동아시아담론에 집중한다면 얄타체제 비판이 먼저 눈길을 당긴다. 제2차 세계대전 후 연합국이 전후 국제질서 수립과 평화 정착을 위하여 개최한 얄타회담(1945년 2월)으로 성립된 것이 얄타체제인데, 이 회담의 결과로 독일과 한반도가 연합국에 의해 분할 점령되었다. 〈청맥〉은 민족분단이란 비극의 기원인 얄타체제를 거부하고 그로 인한 진영논리가 주도하는 냉전질서를 부정했다. 그 초점은 한국을 비롯한 아시아의 탈식민 주체성, 곧 반외세 아시아 민족주의로서 반둥정신을 반영한 새로운 아시아 인식, 곧 아시아 중심의 국제질서에 대한 전망에 있었다. 예를 들면, 그 시기 서동구는 "냉전의 냉혹성이 유화되고 세계의 지도이념이 이데올로기 집단에서 단위국가 중심으로 환원"되면서 냉전 진영 논리에서 벗어나 아시아와 아프리카가 역동적으로 현실정치에 영향력을 미치는 국제질서를 이룩할 수 있으리라 전망한다.**59**

이제 〈청맥〉의 정세론의 특징을 잘 드러내는 아시아담론의 세부로 바로 들어가 보자. 그 지면에는 '아시아 민족주의의 부상'이란 주제에 부응하는 노선과 '아시아 시대 도래'의 세계사적 의미가 꾸준히

---

58 이 구분은 김복순(2020). "〈청맥〉에 나타난 리저널리즘의 탈냉전지(知)와 트랜스내셔널/로컬의 젠더: 특집 및 권두언을 중심으로". 〈여성문학연구〉, 제50호에 근거하되 일부 수정한 것이다.

59 서동구(1965.3.). "신생강대국의 대두가 의미하는 것: 남북시대의 도래와 사나운 후진의 바람". 〈청맥〉, 제2권 2호: 48, 57.

소개되었다. 특집 "아시아는 변형하고 있다"(1965년 6월호)는 대표적인 기획이다. **60**

여기에는 세 가지 특징이 있다. 첫째, 아시아는 미·소 두 진영으로 수렴되기보다는 이른바 제3노선을 찾아 그 바깥으로 확산되는 곳으로 파악한다. 둘째, 아시아, 특히 동아시아에는 장차 미·소 두 진영에 필적할 국력을 갖춘 중공이 있음에 주목한다. 중공에 대한 〈청맥〉의 관심은 소련과 이념 투쟁을 벌이는 중공의 고집, 월남전의 배후인 중공의 힘을 분석한 글에서 드러난다. 셋째, 인도네시아, 인도, 버마 등 동남아시아 중립국의 지도자는 세계질서에서 비동맹운동을 이끄는 주역이며, 그들의 주체성은 냉전 해체에 극적으로 기여한다는 것으로 제시된다. 간추리자면, 〈청맥〉지면에 제시된 아시아 이미지는 아시아 여러 나라의 "국민국가의 미래상으로 구미 선진국을 표준으로 설정하지 않았기에 가능한, 다르게 표현하면 현재 진행 중인 아시아 제국의 정치적 실험을 '도래할 미래'로 상상했던 결과이다". **61**

이로부터 알 수 있듯이, 아시아론의 핵심은 바로 중공 인식이다. 중공의 핵실험을 1964년의 세계 3대 사건으로 평가하면서, 그 성공과 중공의 국제진출이 세계질서의 "다원화에 충격파를 가장 강력하

---

60 〈청맥〉 제2권 5호(1965년 6월) 특집에 수록된 글은 여정동. "전개된 아시아의 새 양상"; 심재훈. "아시아인의 아시아"; 강병석. "亞阿회의와 아시아의 진로".

61 김주현(2013). "〈청맥〉지 아시아 국가 표상에 반영된 진보적 지식인 그룹의 탈냉전 지향". 〈상허학보〉, 제39집: 307.

게 몰고 온 것"으로 예상한다. **62** '공산권의 분열'보다 중공의 '부흥'
이 강조되는 논조였다(중공과 더불어 월맹도 냉전의 양 진영 붕괴의 주
역으로 인식하지만, 베트남전쟁의 성격을 규명하거나 한국군 파병을 비판
하는 데는 소극적이었다). **63** 중공에 대한 적극적 평가는 공산혁명을
쑨원에서 장제스를 거쳐 마오쩌둥에 이르는 "중국 민족주의의 일관
된 전통"의 맥락에서 해석하는 데로 이어진다. 그리고 반식민지 조
건에서 연약하고 타협적인 민족 부르주아지를 대신해 "농민으로 구
성된 대중조직"이 지도력을 발휘해 민족통일전선을 결성하고 "민족
혁명과 사회혁명"을 동시에 수행한 '중국형 민족주의 운동'은 아시아
에 "공통된 특징"이라고 설명된다. **64** 막 시작된 문화대혁명도 권력
투쟁의 시각에서가 아니라, 중국이 직면한 '객관적 위기'를 '내공內攻
적으로 해결'하려는 것으로 파악한다. 이때 내공의 기반은 '자기존
대', 곧 중화주의이니 전통에 기반해 위기를 극복하려는 셈이다. **65**
내재적 발전 또는 전통의 근대적 변모를 추구한 것으로 해석한 견해
라 하겠다. 앞에서 본 〈사상계〉의 중국혁명관과 대비되지 않은가.

그러나 중공을 이렇게 평가한다 해서, 미국을 전면 부정하지는
않았다. 앞에서 말했듯이 '낮은 수준의 반미적 성격', 달리 말해 소

62 서동구(1965. 3.). 앞의 글, 47.
63 베트남에 대한 글들을 보면, 베트콩을 '민족해방투쟁'에서 세계 제일로 평가한 청
    맥사 편 · 조순환 해설(1965. 3.). "베트콩". 〈청맥〉, 제 2권 2호 및 김광협(1967.
    5.). "월남전 덕분". 〈청맥〉, 통권 제 27호 정도이다.
64 이진영(1965. 11.). "민족운동의 담당자". 〈청맥〉, 제 2권 9호: 90~91.
65 정경희(1966. 10.). "'중화'와 '근대'와 대결". 〈청맥〉, 제 3권 8호: 31.

극적 반미를 주장한다. 그리고 미국과의 관계를 '실질적인 우방'으로 전환하기 위해 '공존 시대의 우방' 개념을 주체적으로 적용해야 한다고 강조한다.66 이와 같이 우방 개념을 포함하여 비동맹, 중립주의의 이념을 원용하면서도, 무장투쟁 노선이 아닌 평화공존 노선을 취한다. 말하자면 "상당히 온건하고 실용적인 국제노선"을 추구한 것으로 해석될 수 있다.67 이는 미국과 소련이 쿠바사태68 이후 협조하기 시작한 '신국제 협조주의 시대'에 여전히 양극체제의 중간지대에 놓인 아시아가 평화공존이란 세계사적 조류에서 비동맹세력의 일원으로서 독자적 입지를 확보하려는 시도로도 읽을 수 있다.69 이와 더불어 통혁당과 관련된 태생적 한계로 인해 정부당국과의 마찰을 피하기 위해 비판의 수위를 매호마다 조절한 전술적 고려로도 추측해 볼 수 있다.

더 나아가, "평화적 공존과 경쟁 및 민주주의적인 세계체제로의 지향"이라는 세계사적 이행기를 맞아, "평화를 위한 전 국민적 통일전선과 전 인류적 평화통일이 주요 과제로 되었다"는 정세판단에 입

---

66 김홍철(1965. 12.). "우방 개념의 현대적 의미". 〈청맥〉, 제 2권 10호: 57, 62.

67 장세진(2020). "청맥(靑脈) 혹은 실종된 유산들의 아카이브". 〈사이間SAI〉, 제 29호: 21.

68 1962년 10월 22일부터 11월 2일까지 11일 동안 소련의 중거리 핵미사일을 쿠바에 배치하려는 시도를 둘러싸고 미국과 소련이 핵전쟁 직전까지 갔던 국제적 위기 사태는 미 · 소 양국 지도자 간에 대화의 길을 열었으며, 양국이 접근하는 계기가 되었다.

69 조순환(1965. 3.). "자유진영의 다극화". 〈청맥〉, 제 2권 2호: 65.

각해70 평화공존에 대한 논의를 통일에 기여하는 미래지향적 담론
으로 이어간 점도 지금 보면 이채롭다.71 4·19혁명 시기 열띤 이슈
인 통일론의 한 갈래로 등장한 중립화통일론 구상이 인류 평화통일
과 호응하는 형태로 제기되는 한편, 그간 국내외에서 발표된 통일방
안들을 총망라해 정리한 통일론의 아카이브도 제공되었다.72

그런데 지금까지 살펴본 '아시아 민족주의의 부상'이라는 〈청
맥〉의 편집방향이 주체적 민족주의에 대한 관심에서 나온 것이고,
"우리가 다름 아닌 '아시아' 사회의 '못 가진 나라'군의 1〔원문대로〕원
이라는 자각"73의 소산이기에 한국의 자주적 경제발전에 대한 논의
로 이어진 것은 자연스럽다.

이제 '자립적 경제발전'이라는 주제에 대해 살펴보자. 〈청맥〉은
당시 한국에서 위세를 떨친 근대화론에 대해서 매우 비판적인 입장
을 보였다. 즉, 미국식 경제발전 모델이 은폐하고 있는 '예속'의 문
제를 폭로하는 동시에 박정희 정권의 경제성장 정책의 종속성과 매
판성을 강력히 비판했다. 정운형은 국가권력의 특혜와 미국의 원조
에 기대어 성장한 재벌 중심의 경제가 한일회담 이후 공업화와 개방
화로 나아가나, 이제 자립경제냐 예속화이냐를 선택할 기로에 섰다

---

70 이재학(1964. 12.). "우리는 어느 시점에 서 있는가". 〈청맥〉, 제1권 4호: 37,
    39.
71 장세진(2020). 앞의 글, 21 및 김주현(2013). 앞의 글, 307, 309, 328~330.
72 장세진. 위의 글, 26, 30; 〈청맥〉(1965. 8.). 제2권 7기. '남북통일' 특집.
73 임방현(1965. 3.). "도전받는 한국의 좌표: 변화의 감각에서 변화의 인식으로".
    〈청맥〉, 제2권 2기: 81.

고 문제제기한다. 그 대안은 지금처럼 외국자본을 무분별하게 도입하고 그것을 소수의 매판적 재벌에게 맡기는 정책을 버리고 내포적 공업화를 포함한 자립적 경제구조를 자주적으로 건립하는 길이다.**74** 여러 차례 실린 경제기획 특집**75**을 살펴보면, 발전론과 민족주의가 결합해 자립적인 경제발전론으로 귀결된다. 이렇게 경제적 측면에서도 반제·반식민적 민족주의를 내세운 일관성을 보였다.

이 패러다임은 새로운 형태의 반제·반식민 노선을 좇는 대안적 발전론을 구상하도록 인식의 지평을 열어 주었다. 이 논의 과정에서 제시된 경제발전론의 관점 및 종속이론의 소개는 1970년대에 〈창작과비평〉을 비롯한 민족민주세력이 체계화한 민족경제론으로 이어진다는 점에서도 그 의의가 있다.**76**

더 나아가 〈청맥〉은 당시로서는 이채롭게 경제개발 문제를 통일이라는 과제와 연관시켜 논의했다. 5·16군사정변 이후 경제개발 논쟁은 분단(통일) 문제와 분리되어 전개되었지만, 이 지면에서는 5

74 정윤형(1966). "예속·빈곤 안고 온 재벌: 추악한 재벌들". 〈청맥〉, 제3권 9호: 35.

75 〈청맥〉(1965. 3.). 특집 '한국의 독점산업'. 〈청맥〉, 제2권 2기; 〈청맥〉(1965. 6.). 특집 '한국의 민족자본'. 〈청맥〉, 제2권 5기; 〈청맥〉(1966. 11.). 특집 '추악한 재벌들'. 〈청맥〉, 제3권 9기.

76 김복순(2020). 앞의 글, 252. 1978년 무렵 박현채에 의해 체계화된 민족경제론이 가진 당시 사회적 파급력은 컸다. 이는 그 개인의 이론이라기보다는 진보적 민족주의 진영의 일반적 정서를 이론화한 것이라는 견해가 흥미롭다. 류동민(2016). "사회구성체논쟁: 민족경제론과 창비". 창비 50년사 편찬위원회 편. 《한결같되 날로 새롭게: 창비 50년사 1966~2015》, 561쪽. 창비.

·16군사정변 이후 억압당한 '통일 의제'를 다시 꺼내 발전론과 연결시키고 있다. "창간사"에서부터 줄곧 강조된바, '빈곤으로부터의 탈피'를 쟁점화하면서도 이를 한국 차원에서 일국적으로 사유하기보다 세계 차원의 냉전질서 극복이란 관점에서 분단·통일 문제와 겹쳐 놓고 구조적으로 분석했던 것이다. 이는 박정희 정권이나 〈사상계〉의 경제발전론과 명확히 차별되는 지점인데, 세계경제에서의 선·후진국 간 빈부격차, 곧 '남북문제'의 대두라는 조류를 배경으로 한 것이다. **77**

3)민족문화론

이제 정세론에서 문화론으로 초점을 옮겨 보자.

〈청맥〉의 문화 관련 기획특집은 '민족성론'부터 '문화식민론 극복', '민족문화론', '근대의 기점' 문제 등 여러 주제에 걸쳐 있다. 〈청맥〉이 정립하고자 한 민족문화론이 주체적 민족 표상을 통해 역사의 연속성을 자각하고, 이로써 한국의 내재적 특수성을 발견하면서 잔존하는 식민성을 극복하는 데 의의를 두었다고 볼 수 있다. 민족문화가 보편적 '문명'에 내재된 선·후진의 이분법을 넘어서고 식민성을 극복하며 반외세론을 (우회적으로) 부각시키기에 유효한 쟁점이었기 때문일 수 있다. **78**

---

77 장세진(2020). 앞의 글, 8.

그런데 '민족문화론', **79** '한국 민족문화의 문제점들', **80** 아니면 '현재와 유교'**81** 같은 특집, 그리고 '실학의 고전' 연재**82**를 보면 유학을 비롯한 전통문화의 비판적 계승, 달리 말해 그 속에서 생명력을 가진 문화로 재인식될 가치 — 민족주의와 근대지향성 — 를 찾고자 하였다. 얼핏 보면 이런 차원의 민족문화론은 〈사상계〉의 지향과도 큰 차이가 없지 싶다. **83** (뒤에서 다시 살펴볼 〈창작과비평〉은 일정 부분 공유하면서도 차이를 만들었다. 156~157쪽 참조.) 그런데 좀

78 박연희(2020). 《제3세계의 기억: 민족문학론의 전후 인식과 세계 표상》, 347~348쪽. 소명출판. 편집주간인 김질락은 〈청맥〉이 근대화의 선행조건으로 민족문화와 민족교육의 육성을 강조하는 기조를 내세웠는데, 특히 '문화식민론' 같은 특집은 "모두가 반정부 반미 선전의 목적의식에서 나온" 기획이라고 회고했다. 김질락(2011). 앞의 책, 113쪽.

79 〈청맥〉(1966.7.). 특집 '민족문화론', 제3권 5호에 속한 글들은 윤남한. "문화우열과 그 상관성", 민두기. "민족문화의 전개과정", 이동극. "민족문화의 담당계층".

80 〈청맥〉(1966.9.). 특집 '한국 민속문화의 문제점들'. 〈청맥〉, 제3권 7호에 속한 글들은 김완진. "한국민족의 성립과 민족어의 성립", 강신항. "한자사용이 끼친 공적과 해독", 함홍근. "민족문화의 형성과 중국문화의 수용", 김동욱. "귀족문화와 평민문화의 대립과 극복", 전상운. "민족생활에 나타난 자연과학의 발달", 이혜구. "고유음악의 전승과 현대화노력", 김원룡. "고전미술의 승화와 재창조작업".

81 〈청맥〉(1966.11.). 특집 '현대와 유교'. 〈청맥〉, 제3권 9호에 속한 글들은 민두기. "역사의식은 있었는가", 함홍근. "진보관은 어떠했는가", 황원구. "복고의식이란 무엇인가", 한영우. "부의 개념은 어떠한가".

82 정창렬(1966.10.). "실학의 고전 ① 유형원의 전제론". 〈청맥〉, 제3권 8기; 송찬식(1966.11.). "성호 이익의 생재편". 〈청맥〉, 제3권 9기 등.

83 〈청맥〉과 〈창작과비평〉에 실학 관련 글을 실은 필자는 대부분 겹친다. 송찬식·이성무·한영우·정석종·정창렬·한영국 등 모두 서울대 '우리문화연구회'라는 동아리 회원이기 때문이다. 백영서(2014). 앞의 글, 273.

더 깊이 들여다보면 〈청맥〉 초기 지면에서 정치·경제적 영역에 집중적으로 적용되었던 '식민성' 개념이 '문화' 영역으로 확장되어 '문화식민지론'으로 응결된 점이 도드라진다. 즉, 민족문화 담론으로 확장하는 과정에서 〈청맥〉이 구사한 문화전략은 '문화식민론 극복'과 '민중의 발견'으로 압축되는 것이다.[84]

먼저 '문화식민론 극복'부터 좀 더 섬세하게 읽어 보자.

물질문명이야 차용할 수 있어도 문화는 차용할 수 없다는 단호한 입장에서 외래문화를 배격하고 토착문화를 발전시켜 문화의 침체에서 벗어나야 한다는[85] 편집진의 문제의식의 기조를 명료하게 구현한 것이 '문화식민론' 특집이다.[86] 그중 고병익과 한영우의 글이 주목할 만하다.

고병익은 "식민지문화와 문화식민지"에서 '식민지문화'와 '문화식민지'를 구별한다. 식민지문화는 구조적으로 식민통치체제에 크게 영향을 받기 때문에 정치권력의 강압에 눌려서 타율적으로 도입된 것이라면, 정치적 독립 상태에서 나타난 현상인 문화식민지는 거의 자발적으로 수용한 결과다. 따라서 전자의 경우 공적인 영역에서는

---

84 문화전략으로 '민족적 지식의 창출'과 '민중의 발견'에 착안한 이동헌의 글에서 시사받았다. 이동헌(2012). "1960년대 '청맥' 지식인집단의 탈식민 민족주의 담론과 문화전략". 〈역사와 문화〉, 제24호.

85 김질락(1966. 7.). "문화는 차용할 수 없다". 〈청맥〉, 제3권 5기.

86 〈청맥〉(1966. 6.). 제3권 4기. 특집에 속한 글들은 고병익. "식민지문화와 문화식민지", 한영우. "문화사대와 지배자철학", 이진영. "해방과 소비문화의 지배", 오세창. "일제의 문화식민정책".

수용되나 사적인 일상생활 영역에서는 전통문화가 커다란 변질을 잘 겪지 않는다. 이에 비해 후자의 경우 압도적인 외래문화의 도입이 생활세계에서 깊숙이 변용을 일으킨다. 이런 식의 개념 변별은 "외래문화는 오히려 식민지 상태에서 억압되어 있을 적보다는 자율이 허용되어 있을 적에 더 깊이 들어올 가능성"이 크다는 점을 강조하기 위한 장치이다. 그의 논지의 핵심은 식민지가 아닌 당시 한국이 오히려 "미국이나 일본의 문화식민지로 타락할 위구성"이 있음을 경고하는 데 있다. **87**

문화식민지의 현상을 표적으로 삼은 고병익과 달리, 한영우는 "질적으로 심화되고 양적으로 확대되어 가는" 사대주의적 현실을 심층 분석한다. 그에 따르면 작은 나라의 '현명한 외교'인 사대와 차별되는 사대주의는 주체성을 상실하거나 반민족적 속성을 가진 것이다. 이 시각에서 볼 때, "소수의 매판 자본가들이 국가산업을 좌지우지"하는 경제현실과 상응하는 '주체의 상실', 곧 사대주의가 만연하는 현상을 벗어나기 위해서는 "매판적 경제구조의 지양으로부터 시작"하는 실천이 요구된다. 이는 "사대주의자와 외세의 침략에 대항하여 피로써 이 나라를 지켜 온 민중의 역사가 우리 역사의 주류"였기에 가능할 것으로 기대한다. **88**

---

87 고병익(1966. 6.). "식민지문화와 문화식민지". 〈청맥〉, 제3권 4기: 17.
88 한영우(1966. 6.). "문화사대와 지배자철학". 〈청맥〉, 제3권 4기: 27~28, 31, 33.

두 사람 모두 대안적 발전론을 구상하도록 촉구하는 것임은 두말할 필요도 없겠다. 그런데 한영우처럼 민중을 민족문화의 주체로 부각한 것은 〈청맥〉 논조의 선명한 특징이다. 유홍렬이 한국사를 통관하면서 "우리 문화의 자주성은 '정치인의 힘'에 의해서보다도 '민중의 힘'에 의해 이룩되어 왔다"고 파악하듯이, **89** 민중을 역사의 주체로 적극 내세울 뿐만 아니라, 이진영처럼 현실에서도 "문화창조의 결정적인 주체는 한국 민중 자신이지 매판자본이나 비인간적인 특권이나 외국자본이 아니"**90**라고 역설한다.

그러나 〈청맥〉이 대상으로 삼은 독자는 '선진적인 지식인'이고 그들을 매개로 민중의식의 흐름을 살려내는 것, 곧 무의식적 존재를 의식적 존재로 바꾸는 것이 목표였다. 편집진은 민중의식의 흐름을 "고무 선도했다기보다" "스스로의 역사과정에서 생성된" 민중의 흐름에 "보조를 같이한 데 지나지 않았다"고 자신들의 작업에 의미를 부여한다. **91**

이러한 〈청맥〉의 민중개념은 이후 전개되는 민중개념의 계보학적 원형과도 같은 것으로서 민족주의의 강력한 자장 속에 놓여 있었다고 뒷날 평가되기도 한다. **92** 그러나 그들은 민중론을 "엄밀한 개

---

89 유홍렬(1964.11.). "문화상으로 본 한국의 자주성". 〈청맥〉, 제1권 3기: 144, 150.

90 이진영(1966.6.). "해방과 소비문화의 지배". 〈청맥〉, 제3권 4호: 47.

91 김질락·송복 대담, "민중의식의 顯在化: 편집자와 독자의 거리에서". 〈청맥〉, 제3권 6호: 12, 16.

92 장세진(2020). 앞의 글, 34.

넘으로까지 정립시키지 못했고 또한 여전히 계몽주의적 태도를 완전히 탈각하지도 못했다"는[93] 혐의에서 벗어나기 힘들어 보인다.

5. 냉전기 동아시아론의 의의와 한계: 동아시아 대안체제론에서의 위치

〈청맥〉에 나타난 아시아론을 보면, 〈사상계〉가 가진 친미·반공이라는 틀을 벗어나 탈식민·탈냉전을 지향한 차별성이 두드러진다. 이런 점에서 두 잡지의 분기分岐는 역력하니, 〈청맥〉이 1960년대 진보적 신진세력들의 의식세계를 일정 정도 반영한 것으로 봐도 무리가 없겠다. 따라서 〈청맥〉은 오랫동안 "〈사상계〉와 〈창작과비평〉 사이에서 불우하게 잊힌 잡지였으나 〈청맥〉이 제기했던 의제는 상당 부분 〈창작과비평〉에 흘러들어 1970년대의 진보적 지식장에 큰 영향을 끼쳤다"는 평가도 귀 기울일 만하다.[94]

그러나 〈사상계〉와 〈청맥〉을 이분법적으로 단순 대비하는 식의 평가에는 좀 더 신중할 필요가 있다. 이 책의 관심사인 동아시아론에 한정해 본다면, 1964년 창간된 〈청맥〉은 물론이고 〈사상계〉도 4·19혁명을 지나면서 1960년대를 '세계사적 전환기'로 바라보았

---

93 황병주(2009). "1960년대 비판적 지식인 사회의 민중인식". 〈기억과 전망〉, 제21호: 111.
94 김주현(2013). 앞의 글, 297, 299.

고, 그 전환의 핵심을 제3세계의 발흥과 국제질서의 다극화로 꼽으며 아시아 민족주의의 대두를 중시하는 변화를 보였다. 그리고 〈사상계〉 역시 (아시아 정체성의 시각에서 동양문화를 보던 데서 어느 정도 벗어나) 점차 민족문화론에 접근한 점도 간과해서는 안 된다. 그 밖에 근대화, 특히 경제발전론은 두 잡지에서는 말할 것도 없고, 크게 보면 박정희 정부도 공유하면서 경합한 과제이다. 그러니 두 잡지를 1960년대의 격동하던 상황과 대응한, 사상적 동향의 지형에 놓고 좀 더 섬세하게 조명할 필요가 있다.

이 작업을 본격적으로 수행하는 것은 만만치 않은 일감인데, 여기서는 〈개벽〉에 대해서 했던 것과 마찬가지로 프롤로그에서 제시한 세 기준에서 〈사상계〉와 〈청맥〉의 논조를 비교해 보는 데 집중하겠다.

먼저 중국이란 매개항의 의미에 대해 따져 보자.

냉전기 한국인의 중국인식은 1949년 이후 대륙의 공산중국과 대만의 자유중국으로 분단되었다. 〈사상계〉는 문명론 차원에서 고전 중국에 대해 긍정적 관심을 기울였고, 그 전승자이자 냉전진영의 우방인 대만을 '중국'으로 승인하고 우호적으로 평가했다. 이와 달리 중공이라 불린 중국대륙에 대해서는 반공적 시각에서 적대적으로 인식했다. 권력투쟁을 일삼는 비정상적인 공산주의국가이자 아시아(특히 한국)에 팽창 가능성 있는 위협적인 경계의 대상이었다. 아시아 정체성으로 말미암은 '일탈된 근대화'의 사례이기도 했다. 내식으로 말하면 '천한 중국' 인식 유형이라는 식민 유산이 냉전인식에 중첩된 것이다. 물론 앞에서 확인했듯이 4·19혁명 이후 국제정세의 변화 속에 중국에 대한 냉전적 시각에 내재된 가치판단과 관계없이 실체로서의 중국(곧 '세력균형의 축으로서의 중국')을 인정하면서 빈곤의 오랜 악순환으로부터 해방됨으로써 근대적인 민족국가를 건립하는 근대화의 길에 들어선 것을 알아차리는 변화가 나타났다. 그러나 어디까지나 이를 역사상 전례 없을 정도의 "능률과 규율을 가진 전체주의적 국가를 완성"하는 것으로 해석했다. 더욱이 문화대혁명의 진행을 지켜보면서 김준엽 등은 그 핵심이 권력투쟁이고 그를 통해 마오쩌둥 중심의 권력체계를 재확립하려는 사태로 파악했을 따름이다. **95**

한편, 〈청맥〉은 중공을 냉전질서를 타파할 변혁 주체로서 가능성을 가진 나라로 중시하였다. 세계에 '혁명을 수출'하는 아시아의 핵보유국인 중공을 적극 평가하면서, 중소갈등의 정세에서도 '공산권의 분열'보다 중공의 '부흥'과 비동맹세력의 일원임을 강조하는 논조가 〈청맥〉 전면에 떠올랐다. 이 같은 중국인식은 '천한 중국' 인식과 확연히 차이가 난다. **96** '세력균형의 축으로서의 중국'에 가까운 편

95 김준엽·양호민 대담(1966. 10.). "'중공'의 '문화대혁명'". 〈사상계〉, 제162호: 28, 61. 김준엽은 문화혁명이 주도적이고 권력투쟁이 부수적인 것으로 분석하자고 전제하지만 양자가 "결과적으로는 똑같은 말"이라고 결론 내렸다.

96 당시 대부분의 일간지는 중공의 핵실험을 비난하였다. 이 이미지는 문화대혁명의 권력투쟁 이미지와 겹쳐 중공이 세계평화의 위협적인 존재로 한국사회에 전달되게 만들었다(예컨대 〈한국일보〉(1966. 5. 11.). "중공의 水爆 시험은 평화에의 도전"). 더 상세한 분석은 정문상(2010). "韓國의 冷戰文化 形成과 文化大革命:

인데, 그렇다고 '개혁모델로서의 중국' 인식이 표면에 드러날 정도는 아니었던 것 같다. 더욱이 중국의 이런 역할이 직접적으로 한국에 어떤 의미를 가지는지까지는 적극 규명되지 않았지 싶다. 이 같은 정세론 차원의 중국인식이 전면에 드러난 데 비해, 문명론 차원의 중국에 대한 관심은, 〈사상계〉와 비교하면 그다지 강하지 않았다. 유학에 대해 비판적이었고 그 현재적 의미를 점검하는 데 치중하는 분위기였다. 97 현실중국에 대한 적극적인 의미부여에 비해 고전중국에 대한 관심은 그다지 크지 않았다는 뜻이다. 실학에 주목한 기획도 유학(내지 중국고전)에 대한 관심보다는 (중화문화라는 외래문화를 수용하여) 민족문화를 창조적으로 재구성하는 데 중점을 두었다고 봐야 할 것이다.

그 다음으로 세계(또는 제국주의)-지역주의-민족주의의 삼층적 공간 구조에 대한 인식의 문제를 따져 볼 차례이다.

〈사상계〉의 세계인식은 정세론 차원에서는 냉전질서로 작동되는 세계에서 구미 중심의 냉전진영 논리에 순응하고, 문명론 차원에서도 구미 중심의 근대화론에 치중하는 쪽이었다. 말하자면 근대적응에 매몰된 셈이다. 분단된 한반도의 남쪽이 주도하는 민족주의가 특

대중 언론매체와 학계의 문화대혁명 인식에 대한 분석을 통하여". 〈중국근현대사연구〉, 제48집: 111~113.

97 각주 81의 특집 '현대와 유교'. 〈청맥〉(1966.11), 제3권 9호. 그 밖에 안병무 (1966.4.). "철학의 빈곤(2) : 유교해석의 자세와 결부하여 본 사상의 빈곤과 주체성". 〈청맥〉, 제3권 2호.

히 4·19혁명 이후 지면의 전면에 부상했지만, 냉전질서의 한반도적 양상인 분단체제를 극복하려는 의지는 약했다. 그러다 보니 제3세계의 비동맹세력, 특히 아시아 지역 국가들과의 연대도 (냉전진영 내의 일부로) 제한되었다. 한마디로 현존 세계질서에 순응하는 민족주의라는 인식구조를 가졌다고 하겠다. 이에 비해 〈청맥〉은 정세론 차원에서 냉전질서를 넘어서기 위해 탈패권을 내세우며 비동맹세력의 저항적 민족주의와의 연대를 제창하는 동시에 통일을 적극 추구하는 민족주의에 중점을 두었다. 문명론 차원에서도 구미문명이 초래한 문화식민주의적 성격을 꿰뚫어 보여 주면서 토착문화의 활력에 기반한 반외세적 민족문화를 주창했다. 제국주의에 저항하면서 지역주의와 결합한 민족주의라는 삼층적 공간 구조의 양상을 보인 셈이다.

이제 운동론을 살펴보자.

〈사상계〉가 분단체제를 변혁하려는 적극적인 지향을 보인 것은 아니다. 그보다는 분단된 남쪽 한국에서 미국 원조(및 차관)를 기초로 한 국가 주도의 산업화정책과 경제개발계획을 통해 급속한 공업화와 경제성장에 기반한 민주주의를 달성하고자 했다. 이 점에서 〈사상계〉가 박정희 정부의 노선과 초기에 근접할 수 있었으나, 군정연장과 한일협정 반대투쟁을 겪으면서 군사정권과의 경계선을 찾았다. 〈사상계〉 편집위원진을 포함한 비판적 지식인들은 이제 군사정권에 의해 전유된 개발담론의 한계를 성찰하고 대항담론을 만들어 내야 할 과제를 안게 되었다. **98** 이에 비하면, 위와 같은 발전론에 담긴 경제적 종속성·매판성을 강력히 비판하면서 자주적인 (내포적 공업화를 핵으로 한) 민족경제를 강조한 〈청맥〉의 의의는 단연 돋보인다. 이런 담론은 분단체제를 변혁하겠다는 강한 지향과 결합하였다. 그런데 〈청맥〉의 대안적 발전론이 '빈곤'과 '후진성'을 제국주의 탓으로 돌릴수록 그로부터 벗어나기 위해 통일의 당위성을 더욱 강조하게 되는 식의 단순한 인식 구조를 가졌음은 날카롭게 인식해야 한다. 이러한 〈청맥〉의 논리로 본다면 1960년대 중반 한일 국교 수립 이후 경제개발이 진행되는 과정에서 "변화하는 한국사회의 구체적 현실은 포착"되기 쉽지 않다. **99**

두 잡지가 보여 주는 변혁론에서의 이 같은 차이는 운동론에서도 그대로 드러난다.

〈사상계〉가 1960년대 중반, 특히 한일 국교 수립을 전후해 박정희 정권과 경합하는 재야 민주화 운동의 하나의 거점이었던 것은 분명하다. 그러나 편집위원진이나 필진 일부가 개인적으로 참여하는 형태였지, 〈사상계〉 자체가 독자적으로 정치운동은커녕 문화운동도 적극 전개하지는 않았다.

〈청맥〉은 변혁의지가 강했기에 민족문화운동을 수행하고자 하는 지향을 가졌을 개연성은 있지만, 그것을 실제 추진할 여건은 갖추지

---

98 정진아 (2012). "1950년대 후반-1960년대 초반 '사상계 경제팀'의 개발 담론". 〈사학연구〉, 제 105집: 323.

99 이동헌 (2012). "1960년대 〈청맥〉 지식인집단의 탈식민 민족주의 담론과 문화전략". 〈역사와 문화〉, 제 24호: 24.

못했다. 〈청맥〉이 단명한 잡지여서만이 아니라, 비판적 지식인과 대학생 사이에 일정한 반향을 불러일으켰지만 "소수의 사람들의 결사체 같은" 잡지에 머물렀고 그 자체로서는 "대중적 실천을 경험할 공간은 거의 없었"을 정도로**100** 현실 기반이 약했기 때문이 아닐까 싶다.

이것은 4·19혁명 이후의 진보적 조류를 수용했으면서도, 근원적으로 〈청맥〉의 노선이 북한과 연계된 통일혁명당에 종속된 매체라는 약점과 무관하지 않다.**101** 그간 냉전의식에 눌려 제대로 평가받지 못한 데서 구해 내는 일은 마땅한 것이나, 그렇다고 해서 그 한계에 소홀해서는 안 된다. 이와 관련해 해방 직후 민족문학운동이 해방 전의 계급문학으로부터 대전환해 통일민족국가의 건설에 기여하려 했으나 혁명당(곧 조선공산당)의 외곽조직으로서 종속성을 면할 수 없어 분단이 현실화되자 곧 유산되고 만 사정과 달리, 1970년대의 그것은 자생적으로 만개하여 사회적 파급력을 일정 기간 유지할 수 있었다는 지적을 깊이 새겨볼 필요가 있다.**102** 이에 덧붙여,

---

100 박태순·김동춘(1991). 앞의 책, 234쪽.

101 〈청맥〉의 주요 논조인 저항적 민족주의와 탈패권·탈냉전적 인식이 1960년대 북한이 '주체적으로' 국제혁명 역량을 강화하는 제3세계 전략에 역점을 둔 변화와 어떤 관련이 있지 않은지 따져볼 문제이다. 당시 변화하는 냉전질서 속에서 북한은 중국과 소련이라는 대국에 의존하기보다 중립국 또는 비동맹국가와 적극적으로 연대하려고 했다. 김도민(2020). "1948-1968년 남북한의 '중립국' 외교 연구". 서울대 대학원 국사학과 박사학위논문.

102 이 점을 일깨운 것은 최원식(2015). "총론: 민족문학론에서 동아시아론으로". 백

통일과 민주주의를 하나로 연결시켜 사고하기 시작한 비판적 지식인들의 자생적 움직임은 1974년 〈7·4남북공동성명〉 이후의 여건에서 나타났다는 사실도 떠올려 볼 만하다. 북한과의 통합 논의가 엄격히 금지된 냉전상황이지만 남북 정부 사이에 분단 이후 최초로 통일과 관련해 합의된 역사적인 성명 발표에 고무되어 남한 내부의 일부 민주인사들은 종래의 통일을 강조하는 노선과 자유민주주의 노선의 분열, 곧 자유냐 통일이냐의 딜레마를 극복하기 위한 사상적 모색을 감행했던 것이다. 이 방향은 이후 기본적으로 계승되었다. [103]

이제까지 검토한 바를 정리하자면, 〈사상계〉는 동아시아 대안체제론의 계보에서 중요한 위치를 갖기에 미흡하다. 이에 비해, 〈청맥〉은 필요한 조건을 상당히 갖췄지만 충분치는 못하다고 말할 수 있다. 〈청맥〉의 경우를 좀 더 부연설명하면, 정세론에서 냉전질서와 분단체제를 변혁하려는 지향은 매우 강하나, 분단체제를 재생산하는 연동적 주체의 한쪽 당사자인 북한당국과 연계된 태생적 한계로 말미암아 운신의 폭과 사회적 파급력이 제한되었다는 사실을 고

영서·김명인 편. 《민족문학론에서 동아시아론까지》, 25쪽. 창비.

[103] 물론 당시 한국사회에서 이런 논의가 제대로 확산되지 못했다. 특히 1972년 10월 선포된 유신체제의 경직된 분위기 속에서 결코 녹록한 일이 아니었다. 홍석률 (2021). "학계의 통일담론: 분단문제 해결, 통일, 평화의 관계설정을 중심으로". 강원택 외. 《분단 이후 제기된 통일담론에 대한 정리와 성찰》, 221쪽. 통일부 통일교육원.

려할 때 분단체제 변혁의 주체로서 자격 결격이 있음을 지적하지 않을 수 없다. 또한 문명론에서 문화제국주의를 극복하고 민족민중문화를 제안한 점은 각별한 의미를 갖지만, 구미문명에서도 성취함 직한 특성이 있다는 사실에 눈감음으로써 세계를 온전히 인식하지 못하고 반외세적 기치 아래 근대(의 부정적 특성의) 극복에만 매몰된 편향은 지적하지 않을 수 없다. 요컨대 이중과제론에서 다시 보면 〈사상계〉는 근대적응에 치중하였고, 〈청맥〉은 근대극복에 매달렸다.

이제는 〈개벽〉과 〈사상계〉를 이어 주고, 〈청맥〉이 제기한 의제가 상당 부분 1970년대의 진보적 지식장에 흘러들어 간 매체라고 평가되는 〈창작과비평〉을 검토할 차례가 되었다.

4

탈냉전기 동아시아담론의 귀환

〈창비〉를 중심으로

87년의 항쟁과 그에 힘입은 88년의 복간 뒤에도 우리는 인신구속과 압수수색 등의 탄압을 겪었고 주변에서는 더 심한 사례조차 많았지만, 대체로 직접적인 폭력이나 폭력의 위협이 줄어들면서 '시야의 확대' 또는 '발상의 전환'에 쫓긴 자기상실의 위험이 더 커지는 세월이 되었다. 소련·동구 사회주의기 몰락한 데다가 최근 대통령신거〔김영삼 씨가 민정당 후보로 당선되어 문민정부 출현 – 인용자〕를 거치면서 국내의 민족민주운동 또한 심각한 곤경에 처함으로써 그 위험은 바야흐로 절박하다. 이런 때일수록 우리는 시야의 확대가 창간 이래 우리가 끊임없이 추구해온 과제였으며 그것이 일시적인 유행에 휩쓸리는 일이나 만성적인 들뜸이 아닌 진정한 시야의 확대가 되도록 우리 나름의 마음공부와 다소의 고행을 마다않았다는 사실을 되새길 필요를 느낀다〔강조 인용자〕.

계간 〈창작과비평〉 1993년 봄호 "책머리에"[1]의 일부이다. "자기를 잃지 않고 시야를 넓혀 나가려는 노력의 하나"로 그 호에 '세계 속의 동아시아'라는 주제를 특집으로 다루었다. 그간 우리 논단에서 한국 동아시아담론의 출발점으로 주목되어 온 바로 그 특집이다.

짧은 인용문이지만 이 안에는 1990년대 초 우리 사회에서 동아시아담론이 대두된 — 내 식으로 말하면 이 책 1장에서 다룬 19~20세기 교체기의 동아시아론이 '귀환'한 — 요인이 압축적으로 제시되어 있다. 즉, 외부적 요인인 동구권의 몰락과 포스트모더니즘의 유입, 국내적 요인인 민주화의 성취(와 한계) 및 민족민주운동에 대한 성찰이 뒤얽혀 발상의 전환을 요구하고 허용한 것이다.

〈창비〉는 동아시아담론을 그토록 중요한 시대적 과제로 인식하기에 한 차례의 특집으로 끝내지 않고, "연중 내내 또는 해를 넘겨서까지 후속 논의를 게재할 생각이다"고 예고했다. 그렇다고 해서 "무슨 동아시아주의를 새삼 주창하려는 게 아니라, 국내 및 한반도의 우리 문제를 한층 세계적인 시각으로 보되 세계의 문제를 우리에게 좀 더 근접한 문제로 구체화해서 보려는 훈련"을 쌓겠다는 취지도 밝혔다.[2]

그런데 앞의 인용문 강조 부분에 드러나듯이 이런 입장은 이미 창간호부터 견지해 온 것이다. 나는 그것을 창간호 이래 지면에 이어

---

1   백낙청(1993). "책머리에: 넓은 시야와 올곧은 심지로". 〈창작과비평〉, 1993년 봄호: 3.

2   위의 글, 4.

져 온 탈냉전적 사유, 곧 탈냉전의 선취로 해석한다. 이 점을 뒤에서 상세히 다룰 터인데 그에 앞서 〈창작과비평〉 창간과 운영의 특징을 먼저 간략히 정리해 두고 넘어가야겠다.

1966년에 창간하여 1980년 7월 말 신군부에 의해 강제 폐간당하기 전까지 총 56호가 간행되었다. 이후 8년여의 공백 기간을 지나 1988년 봄 복간되어 오늘까지 이어지고 있다.

창작creation과 비평criticism이란 제호에서 알 수 있듯이 〈창작과비평〉은 단순한 문학잡지에 머물지 않고 종합적인 지식의 아우름을 표방했다. 창간 초기는 문학동인지적 성격이 좀 더 짙었지만 점차 문학과 사회비평(곧 정론政論)이라는 두 바퀴로 굴러가는 종합 계간지로 자리 잡았다. 이 기획방향은 지금까지 유지된다.

〈창비〉의 필진 구성을 살펴보면, 초창기 시인·소설가 등 창작자는 물론이고 외국문학 전공자들과 일부 사회학과 경제학 연구자들이 이 매체를 주도했고, 통권 15호(1969년 가을·겨울 합병호) 이후 한국문학 및 한국사 전공자들이 새로 가세해 주류라고 할 만한 비중을 차지했다(그래서 한국학담론의 생산·소통·평가 기관으로서 기능했다고 훗날 평가된다). 그러다가 1970년대 말부터 비판적 사회과학자, 사회운동가·문화운동가로 네트워크가 확장되었다. 3

---

3 그에 따라 한국학담론의 생산·소통·평가 기관으로서 〈창비〉의 역할은 상대적으로 약화되었다. 김현주(2012). "창작과비평의 근대사담론". 〈상허학보〉, 제36

〈창비〉가 기대한 주 독자는 대학생을 포함한 넓은 범위의 지식인이었는데, 1970년대 말에 이르면 독자층이 (사회의식이 깨어 있는) 노동자·농민들로 확산되었다. 사회현실에 직핍하여 재현한 시나 소설 등 창작물이 단연 넓은 독자층을 확보하였고, 한국의 사회·문학·사상 등에 대한 담론 또한 이들에게 일종의 시대를 읽는 '교양'으로 제공되었다.**4** 그리고 잡지의 주요 필자들의 글을 묶어 낸 단행본 — '창비신서'란 시리즈 명으로 잘 알려진 것인데 그중 《전환시대의 논리》(1974)가 대표적인 장기 베스트셀러 — 들도 크게 영향을 미쳤다.

이 시기 〈창비〉의 성격에 대해 말할 때, 자주 활용되는 비유가 있다. 〈창비〉를 제도권의 교과서에 대비하여 "재야의 교과서"로 비유하거나, 좀 더 넓혀 〈창비〉를 '창비학교'로 부르기도 했다.**5** 1970년대 초 〈창비〉를 끼고 다니지 않으면 대학생이 아니란 얘기도 돌 정도였다는 한 독자 회고는 그런 분위기를 단적으로 전한다.**6** 대학이란 제도권과 민족민주운동권을 넘나들면서 독자적인 사회적 파급력을 가졌다는 뜻이겠다.

호: 458.

4 위의 글, 455.

5 〈중앙일보〉(1999. 8. 17.). 기획연재 '지식인 지도가 바뀐다(25) 창비학교', "'저항'에서 '대중 속으로' 변신 모색".

6 〈창작과비평〉(1978). "독자좌담 창비를 진단한다". 1978년 겨울호: 88.

1. 균열하는 냉전 시기의 탈냉전 선취

1) 정세인식과 운동론

〈창비〉의 50년 남짓의 역사는 다섯 시기로 구분된다. 즉, 제1기 1966~1974년, 제2기 1974~1980년, 제3기 1980~1988년, 제4기 1988~2003년, 제5기 2003년~현재이다. **7** 그런데 동아시아담론을 중심으로 다시 보면 강제 폐간된 1980년을 전후한 구분이 무엇보다 중요해진다. 폐간되었다는 이유 때문만은 아니다. 폐간 이전과 복간 이후는 냉전과 탈냉전으로 역사적·사회적 조건이 갈리고, 후자의 시기에 동아시아담론이 본격화되었기 때문이다.

　〈창비〉의 동아시아담론은 1993년 봄호부터 활기차게 생산·전파되었는데 여기에는 급변하는 지정학적 상황에 대응하는 정세론과 문명론이라는 두 차원이 처음부터 겹쳐 있었다. 그 호 권두대담에서 백낙청은 이렇게 설명한다. '동아시아'가 지리적 범위 등이 애매한 지역 범위를 가리키는 명칭임에도 한반도를 사는 사람들에게 절실한 두 가지 이유가 있다는 것이다. 하나는 변화하는 지정학적 조건으로서 이웃 대국들이 한반도를 자기 영향권에 넣으려는 현실에 맞서기 위해 한반도 민중의 입장에서 "일단 범위를 동아시아로 한정시

7　창비 50년사 편찬위원회 편(2016). 《한결같되 날로 새롭게: 창비 50년사 1966~2015》. 창비.

키면서 그 안에서 통일된 한반도가 중국이나 일본, 러시아 등과 좀 더 대등하게 서는 구상을 해볼 필요"가 있다는 정세분석론이다. 다른 하나는 '문명권으로서의 동아시아'에 대한 관심이다. 그런데 그 문명론의 의미를 "자본주의 생산양식에 대한 대안적인 생산양식을 꿈꾸면서 기존의 문명에 대한 대안적 문명을 구상"하는 작업에서 찾는다. 일제강점기나 해방 초기처럼 동아시아 문명으로의 낭만적 복귀가 아니라, 동아시아의 풍부한 문명적 자산을 활용해 서양 사회주의의 이론과 경험의 한계를 넘어서는 새로운 문명을 창조하겠다는 포부가 담겨 있다. **8**

나는 이 같은 정세론과 문명론의 두 차원을 갖는 동아시아담론의 싹이 1990년 이전에 이미 〈창비〉 지면에 발아했다고 생각한다. 그것이 점증적으로 누적되다가 1990년 초 새로운 역사적·사회적 맥락에서 활짝 꽃핀 것이다. 그 근거를 냉전적 사유의 금기를 깬 동아시아 인식에서 먼저 확인할 수 있다. 폐간 이전에 선취된 탈냉전의 싹, 달리 말해 냉전의 금기 깨기의 자취를 더듬어 보겠다.

반공주의가 한창 드셌던 1950~1960년대 한국에서 제 3세계를 논의할 때 간헐적으로나마 등장했던 중국과 베트남에 대한 관심이 오히려 1970~1980년대 제 3세계론에서조차 현저하게 줄었다. 제 3세계론이 의식적이든 무의식적이든 아시아 안의 사회주의 진영을

---

8 〈창작과비평〉(1993). "대담: 미래를 여는 우리의 시각을 찾아서". 1993년 봄호: 25, 26.

괄호 치고 있었기 때문이다. **9** 이에 비하면, 〈창비〉 지면에 실린 베트남전쟁과 중국 같은 사회주의 진영에 대한 일련의 글들은 냉전에 길들여져 '조건반사적' 반응을 보이던 우리 사회에 인식의 전환을 가져올 정도로 충격을 주면서 지속적 반향을 일으켰다. 그것은 〈창비〉의 필자나 편집자가 필화를 감당하는 대가를 치른 결과였다. **10**

　베트남전쟁을 "제3세계에서 감행하는 범죄적 행동"으로 노골적으로 규정하는 미국 정치학자의 글이 창간 초기 게재된 데 이어, **11** 닉슨-키신저의 세계전략이 이른바 우방국을 평화유지의 보조원으로 만들어 그 책임을 분담하는 방식일 뿐이라는 미국 외교정책 비판론도**12** 실렸다. 가장 영향력이 컸던 글은 1972년부터 띄엄띄엄 실린 리영희의 베트남전쟁 3부작이다. 이는 한국 역사상 가장 큰 규모의 병력을 파견해 큰 희생을 치르고도 그 파병의 경제적 효과만 내세울

---

9 백지운(2020). "민족문학, 제3세계, 동아시아: 최원식의 동아시아론의 계보와 구조". 〈東方學志〉, 제190집: 308.

10 1980년대 초 공안당국이 은밀하게 대학생들이 선호하는 책 30권을 조사했는데 그 1위가 리영희의 《전환시대의 논리》, 2위가 《8억인과의 대화》였다. 1977년 11월 저자인 리영희와 두 책을 간행한 창작과비평사 대표인 백낙청이 반공법 위반으로 입건되었다. '민주주의 학습장'으로 불린 재판을 거쳐, 최종적으로 리영희에게 징역 2년과 자격정지 2년, 백낙청에게 징역 1년과 자격정지 1년의 집행유예가 확정되었다. 체포와 재판 과정에 대한 상세한 묘사는 권태선(2020). 《진실에 복무하다: 리영희평전》, 217~228, 256쪽. 창비.

11 한스 J. 모겐소, 리영희 역(1967). "진리와 권력: 존슨 행정부와 지식인". 〈창작과비평〉, 1967년 봄호: 75.

12 리차드 J. 바네트, 리영희 역(1972). "닉슨 - 키신저의 세계전략". 〈창작과비평〉, 1972년 겨울호.

뿐 전쟁에 대해 본격적인 성찰도 평가도 하지 않은 우리 사회에 그 역사적 맥락과 성격을 냉정하게 짚어 볼 드문 기회를 제공하였다. 그는 무엇보다 베트남사태에 대한 편견과 선입견을 배제할 것을 권유한다. 그 대신에 갖춰야 할 자세는, 기본적으로 베트남인의 역사, 그리고 현실적 입장과 이해를 고려하는 것이다. 이 시각에 따르면, 베트남전쟁의 성격은 베트남인의 민족해방과 분단된 민족의 재통일을 위한 것이다. 이 사실을 받아들이기 위해서는 역시 '자유수호'를 위해 파병한다는 냉전진영의 흑백논리를 벗겨내는 우리의 시각 조절이 요구된다. 이를 설득하기 위해 세 편의 글이 마련된 것이다.

그 총괄 편 격인 "베트남 35년 전쟁의 총평가"는 1975년 베트남이 막 통일된 시점에 발표되었다. 1975년 5월 1일 베트남공화국(남베트남) 정부 대통령이 민족해방전선 대표에게 무조건 항복함으로써 35년간에 걸친 전쟁을 마친 충격이 생생한 때였다. 이 와중에 ─ 그 이전에 발표된 "베트남전쟁 1, 2"(1972년 여름, 1973년 여름)에 이어 ─ 총괄 편(75년 여름)이 실려 비상한 주목을 받았다. 이 글에서 그는 베트남사태가 무력에 의한 흡수통일이라는 "그 종말의 형태보다 남베트남의 내부적 특수성·인과관계에서 더 많고 참된 교훈을 주는 전쟁이었다"고 결론 맺는다.

베트남전쟁에 대한 냉전의식의 금기를 깨는 이런 논조는 중국 관련 글에서도 명료하게 드러난다. 비록 번역 글의 형태로 지면에 실렸지만, 중국에 대해서도 편견과 선입견에서 벗어나 기본적으로 중국 민중의 역사와 현실적 입장과 이해를 고려하기는 매한가지였다.

중국을 보는 "고정관념의 굴레"에서 벗어나려는 "기초작업이 선행" 되어야 한다고 강조된다. 그래서 1949년 이후 중국의 성취를 '기적' 으로 보는 시각과 거꾸로 '파멸'로 보는 시각 둘 다를 독자에게 제시 하는 논술방식을 택해 '있는 그대로의 중국'을 살펴보는 시각 조절을 기대했다.

이런 논조는 지역적으로 더 확대되어 제3세계의 주요 세력인 아 랍과 이스라엘의 문제, 그리고 그 고정관념에 대한 도전으로도 이어 갔다. 우리와 특별한 이해관계가 없음에도 미국발 지식에 압도되어 허구적 관념을 갖고 있는 이스라엘과 팔레스타인 민중에 대한 인식 을 사실과 제3세계적 관점에 입각해 논파했다.[13]

냉전적 사고에 대한 도전은 사회주의 진영을 보는 시각에서뿐만 아니라 한국이 속한 '자유진영' 내부를 분석하는 데도 적용되었다. 냉전진영의 외부의 적(예컨대 소비에트연방)보다도 내부, 곧 미국을 비롯한 현대 서구(의 자본주의 이데올로기)에 대한 비판이 창간 초기 부터 주로 번역 글 — 사르트르, 밀즈 등의 비판적 철학, 문화비평 과 사회학 등에 의해 충전 — 에 의해 수행되었음을 간과해서는 안 된다.[14]

---

13 임재경(1974). "아랍과 이스라엘(1): 몇 가지 고정관념을 타파하기 위하여". 〈창 작과비평〉, 1974년 봄호; "아랍과 이스라엘(2): 팔레스타인 문제를 둘러싼 아랍 세계 내부의 모순". 〈창작과비평〉, 1974년 겨울호.

14 김현주(2012). "1960년대 후반 '자유'의 인식론적, 정치적 전망: 〈창작과비평〉을 중심으로". 〈현대문학의 연구〉, 제48집: 64, 70~71.

이 같은 이론적 분석에서 한 걸음 더 나아가, 한반도를 둘러싸고 진행된 정세의 변화를 날카롭게 해부했다. 〈창비〉는 한일회담과 베트남 파병으로 확보된 물적 기반에 힘입어 강행된 박정희 정부의 근대화정책의 사회적 효과에 주목했다. 그 부수효과인 경제적 여유가 "극소수에 의한 정치적·경제적 집중을 낳는" 사태를 우려하는 동시에 미국이 닉슨 독트린에 의거해 동아시아에서 잠시 물러나고 일본 재등장이 예고되는 정세를 경계한 것이다.[15] 이 입장을 평이하면서도 예리한 문체로 대변한 것이 리영희의 글이다. 그는 (앞에서 보았듯이) 미국 외교 전문가의 글을 번역 소개해 닉슨-키신저의 세계전략의 실상에 대한 비판적 안목을 제공한 데서 더 나아가, '초경제대국'으로 재기한 일본이 그를 발판으로 정치대국으로 발돋움하면서 군사대국에의 충동을 갖고 개헌까지 추구하려는 추세를 짚어 냈다. 특히 그 추세 속에서 일본의 한반도 지향성이 강해지는 정세에 민감하게 반응했다.[16] 이는 한일 국교 정상화로 고착된 (샌프란시스코체제의 완결판인) 65년체제의 효과로 냉전질서를 한층 더 강화하기에 그만큼 더 예민한 경계를 요했다.

또한, 일본이 재등장하는 사태가 한국의 경제구조를 기형화(곧 외자의존적 공업화)하고 민중생활에 부정적 효과를 미치는 데 주목한

---

15 염무웅(1971). "편집후기: 창간 5주년을 맞이하여". 〈창작과비평〉, 1971년 봄호: 262.

16 리영희(1971). "일본 재등장의 배경과 현실". 〈창작과비평〉, 1971년 여름호.

경제평론들도 실렸다. **17** 식민지 경험을 가진 한국인으로서는 한일 간 '경제적 협력'이 일본제국의 영토확장 정책인 '대동아공영권'의 신판이 될까 봐 날카로워질 수밖에 없었던 까닭이다.

이러한 국제정세 분석은 곧바로 한국사회의 내부 문제에 대한 비판으로 수렴되었다. 한일관계의 '검은 유착'이 제도권으로 스며들어 양국관계는 물론이고 한국의 사회구조를 더욱 왜곡시킨 점이 특히 주목되었다. 그러한 왜곡을 만든 단초는 1948년 9월 22일 시작된 반민족행위특별조사위원회反民特委의 5개월여의 활동이 좌절되고 만 불행이었다. 친일 경찰세력의 방해책동과 이승만 정권의 국회 프락치사건 조작 등으로 반민특위는 강제해체 당했다. 민족정기를 바로 잡기 위한 역사적 사명을 위해 태어난 반민특위가 '처단할 대상'에 의해서 거꾸로 역사 속으로 매장되어 버린 것이다. **18** 이 단초를 만든 것은 일제에 맹종하던 수구·친일 기득권 세력인데, 그들은 곧 '친미반공'이라는 새로운 옷을 갈아입고 한국현대사를 주도했다. 여기서 냉전질서의 한반도적 양상인 분단이란 '특수사정'이 미국에 대한 굴종과 반대세력에 대한 탄압 등 민주주의 유린 행위의 면죄부로 사용되는 상황이 벌어졌다. 1969년의 3선개헌, 그리고 1972년의

---

17 이청산(1973). "경제발전과 중화학공업". 〈창작과비평〉, 1973년 여름호; "일본 자본의 실태와 한일 경제관계". 〈창작과비평〉, 1974년 여름호; 이창복(1974). "마산수출자유지역의 실태". 〈창작과비평〉, 1974년 겨울호.

18 김대상(1975). "일제 잔재세력의 정화문제: 815 후 부일협력자 처리의 측면에서 본 그 당위성과 좌절과정". 〈창작과비평〉, 1975년 봄호.

10월유신을 거치면서 박정희가 자유민주주의를 유린하고 장기독재로 치달아 상황은 더욱더 악화되었다.

2) 분단시대의 민족문화론과 민족민중문화운동

〈창비〉는 창간 5주년(1971년)을 맞아, 현 정세가 "각박한 결심으로 헤쳐 나가야 할 처지"임을 호소한다. **19** 1970년대 초에 이르러 "우리는 60년대의 특히 후반기를 가리던 베일"이 "하나씩 벗겨져 가는 모습을, 그리고 하나씩 벗겨지는 그만큼 더욱 무리하게 경화될 체제의 중압을 경험"하게 되었기 때문이다. 이 글에서 말하는 "그 베일의 최후적 표현"인 "1969년의 사건"이란 박정희 대통령의 장기집권의 길을 닦은 3선개헌을 의미함은 쉽게 알아차릴 수 있다. 그리고 그것은 곧 1972년의 유신체제로 귀결되었다.

1971년부터 진행된 미중화해로 냉전체제의 균열이 보였고, 특히 동아시아 전후 질서를 만든 샌프란시스코체제가 잠시 이완되었다. 이 격동하는 국면은 한반도에 역설적 상황을 조성했다. 남북의 대화를 촉진하는 화해 국면을 열어 〈7·4남북공동성명〉이 발표되는 기회를 갖기도 했지만, 동시에 그 과정에서 남북의 체제경쟁은 더욱 치열해져 남북의 집권세력은 그 유동적인 상황을 위기로 규정하고 각각 자신의 권력을 강화해 가는 모순적인 행태를 보였다(북한은 사

---

19 염무웅(1971). 앞의 글, 262.

회주의헌법을 공포하고 후계체제를 확립하였으며, 남한은 박정희의 종신 집권을 허용하는 유신헌법을 발포해 유신체제로 들어갔다). **20** 1973년 국제무대에서 '북한 불승인' 정책을 표방한 〈6·23선언〉을 계기로 남북대화는 종결되었다. 한국전쟁 이후 최초의 대화국면이 그렇게 끝나고, 남북관계는 다시 '체제경쟁적 냉전의식'에 지배되었다. 데탕트가 한반도에 위기이자 기회였고, 그에 대응한 남북대화에 한국인은 '기대'와 '적대'의 이중성을 보이는 유동적인 국면이었다. **21**

이러한 전환의 시대를 맞아 〈창비〉는 그 상황을 '분단시대'로 규정한다. 그리고 그 시대의 과제로 민족문화운동을 추진하겠다는 방향을 다잡는다.

'분단시대'라는 용어가 〈창비〉 지면 전면에 등장한 것은 1977년 가을호 좌담 '분단시대의 민족문화'이지 싶다. **22** 그것을 처음 제창한 장본인은 강만길**23**인데, 곧 〈창비〉의 주요 담론으로 자리 잡았

---

20 홍석률(2012). 《분단의 히스테리》, 392~393쪽. 창비.

21 김연철(2018). 《70년의 대화: 새로 읽는 남북관계사》, 97~133쪽. 창비.

22 〈창작과비평〉(1977). 강만길·김윤수·리영희·임형택·백낙청 좌담 "분단시대의 민족문화". 1977년 가을호. 백낙청은 그 전해 '분단시대'를 제목에 단 글을 발표한 적 있다. 백낙청(1976.6). "분단시대 문학과 사상". 〈씨올의 소리〉.

23 그가 처음 이 용어를 사용한 것은 1974년 여름호에 실린 천관우의 《한국사의 재발견》에 대한 서평에서였고, 1978년 창작과비평사에서 간행된 그의 사론집 제목을 '분단시대의 역사인식'으로 달면서 더욱 널리 알려졌다고 회고된다〔강만길(2010). 《역사가의 시간》, 197쪽. 창비〕. 그가 처음 발표한 "'민족사학'론의 반성"(〈창작과비평〉, 1976년 봄호)에는 '분단시대'라는 용어가 안 보이는데, 이 글이 나중에 재수록된 앞의 단행본에는 원래의 원고가 수정되어 '분단시대 사학'이라는 용어가 해당 대목(33쪽)에 나타난다.

다. 그는 1945년 해방 이후부터 현재까지의 시점을 청산의 대상인 "분단시대"라고 명명함으로써, 자연스럽게 그것을 극복하고 통일된 근대민족국가를 수립하는 일을 최우선의 역사적 · 시대적 과제로 부각하는 효과를 올렸다. 이는 대한제국기의 국가주의적 내셔널리즘, 일제강점기의 국민주의적 내셔널리즘의 단계를 거쳐 해방 후 분단 상태에서 민족주의적 내셔널리즘의 단계에 부응하는 민족사적 과제였다. 달리 말하면, 이 과제는 식민통치가 남긴 잔재가 해방 후 냉전적 조건에서 분단모순과 중첩되어 한국사회의 내적 근거로 단단히 뿌리내린 것을 청산하는 민족해방이자 인간해방의 길이다. 이러한 의미를 갖는 '분단시대'라는 규정, 그리고 "통일이 근대의 완성"이라는 명제를 통해 통일의 중요성과 필요성, 당위성을 천명했고, 이는 당시 사회적으로 큰 반향을 불러일으켰다. **24** 1970년대 중반 이후 민주화세력이 민주와 통일을 연결하며 유신체제를 반대하는 민주화운동을 전개하는 기운을 타면서, 〈창비〉는 좌담회를 비롯한 다양한 기획을 꾸려 분단시대라는 개념이 담은 문제의식을 전파하였다. 그 결과 여러 분과학문의 경계를 가로지르고 여성 · 교육 · 문

---

24 그는 분단체제론을 주장한 백낙청과는 달리 분단 상황이 우리에게 남긴 역사적 질곡보다는 통일과 그것을 달성할 이념인 '통일민족주의'를 강조하는 것이 특징이다. 강만길의 분단시대론은 기본적으로 1민족 1국가를 추구하는 민족통일이 곧 분단문제의 해결이라고 보는 관점에 기초해 있다. 홍석률(2021). "학계의 통일담론: 분단문제 해결, 통일, 평화의 관계설정을 중심으로". 강원택 외. 《분단 이후 제기된 통일담론에 대한 정리와 성찰》, 226~227쪽. 통일부 통일교육원.

화예술 운동 영역에까지 널리 공유되었다. **25**

3) 문명론: 민족민중문화의 산실

'분단시대'란 개념은 그런 시대가 불가피하다고 인식하는 것이 아니라 분단극복을 위한 의지가 담긴 것임은 두말할 필요가 없다. 그렇다면 이를 구현할 전략 또는 운동론은 무엇인가. 이에 대해 〈창비〉가 주창한 것은 민족민중문화운동이다. 그래서 1970년대 〈창비〉는 스스로를 '민족민중문화의 산실'로 자처했다.

이 방향설정을 제대로 이해하기 위해서는, 한국 역사(와 사회)의 정체성론을 극복하려는 우리 학계의 1960년대 전반기부터의 노력이 1970년대 '내재적 발전론'으로 정립되었고, 이것이 〈창비〉 지면을 통해 지식대중에게 전파되고 '교양'화된 과정부터 알아야 한다.

4·19혁명 직후 분출된 다소 추상적인 정열이 '우리 것' 중에서도 특히 어떤 것을 긍정하고 어떤 것을 극복할지에 대한 좀 더 구체적인 인식으로 발전한 끝에, 1970년대에 정리된 내재적 발전론은 한국근대사 연구 분야에서 먼저 제기되었다. 한국이 일제의 식민지로 강제병합되기 전에 이미 자주적 근대화가 이루어지고 있었다는 이론, 곧 모든 변화의 원동력은 외부 — 일본제국에 의존하는 식민사

---

25 신주백(2014). "'내재적 발전'의 분화와 '비판적 한국학'". 서은주 외 편. 《권력과 학술장》, 252~260쪽. 혜안.

관이 그렇게 주장했듯이 — 가 아니라 조선 내부에 내재되어 있다고 보는 내재적 발전론의 패러다임은 경제사 분야에서 개척되었다. 그러나 〈창비〉의 근대사 기획안은 거기에 머물지 않았다. 경제사 연구를 사회사 연구와 결합했고, 운동사와 사상사 연구를 촉진했다. 사회 하부구조의 변화에 대한 연구는 그것이 계층질서의 붕괴를 초래하고 또 사람들의 행동과 의식을 변화시켜 나가는 과정에 대한 연구로 심화해 간 것이다. 이 패러다임에 입각하여 문학과 예술을 포함한 문화 영역에 대한 역사적 연구를 일군 것은 문학 연구자들이었다. 특히 조선 후기의 문학사 및 문화사 연구는 경제사·사회사의 연구 성과를 수용했을 뿐만 아니라 그것을 보완함으로써 내재적 발전론의 타당성을 보강했다. [26]

내재적 발전론의 바탕이 된 민족사관의 제기는 (앞에서 보았듯이) 〈사상계〉는 물론이고 (상당 부분은) 〈청맥〉 등의 논조와 맥을 같이 한다. 실학에 대한 관심이 이렇게 공유된 것은 바로 시대 요구를 반영한 결과라 하겠다. 모두 실학사상에서 민족주의와 근대지향성을 찾은 점은 같지만, 〈창비〉는 여기에 '비판적 지식인'의 역할이라는 가치를 추구했다. [27] 더 나아가 내재적 발전론이라는 패러다임으로

26 김현주(2012). 앞의 글, 467.

27 김진균(2016). "실학담론의 황금시대를 열다". 창비 50년사 편찬위원회 편. 앞의 책, 539, 542쪽. 예를 들면, 민주화운동에 참여한 것을 이유로 박정희 정권에 의해 대학에서 쫓겨난 해직교수들 일부가 중심이 된 다산연구회의 활동에 주목할 만하다. 그들은 《목민심서》역주본 출간(1978~1985)을 주요 활동으로 삼는 네트워

심화하는 기여를 했다. 이 기획은 경제사·사회사·운동사·사상사·문학사의 분과학문을 횡단하는 구성물로서 한국사회에 대한 "거시적이면서도 체계적인 탐구, 곧 역사적 사회과학을 지향했다"**28**는 점에서 돋보인다. 이것이 〈창비〉와 결합한 비판적 지식인 네트워크를 매개로 민족경제론·민중신학론 등으로 넓혀 당시 대표적인 대안담론의 영역을 구축했다. **29**

〈창비〉의 이보다 더 중요한 기여는, 학계의 내재적 발전론의 연구성과들을 바탕에 두되 분단극복이라는 민족사적 과제를 중심으로 새로이 구성된 변혁론·운동론을 제시했다는 점이다. 당대를 민족주의 과제의 중첩성이 분단모순에 집중된 시대로 규정하고, 분단극복이냐 그렇지 못하냐는 기본태도를 기준으로 시대적 과제를 재구성하였다. **30** 이처럼 분단극복이라는 과제가 〈창비〉의 주요 담론이 되면서 민족·민주·민중론이라는 운동론이 자리를 잡았다.

이러한 재구성에 촉매 역할을 한 것은 민족문학론이다. 그간 다양한 개념과 문맥에서 사용되어 온 '민족문학' 개념이 1970년대 중반 이후로 가치지향적 성격을 띠고 '민중·민족문학'으로 정립되었는데 〈창비〉가 여기에 크게 기여했다. 이로써 민중성과 예술성의

크를 통해 학제 간 연구는 물론이고 민주화운동의 고리가 되었다.

28 위의 글, 465쪽.

29 이경란. "1950~70년대 역사학계와 역사 연구의 사회담론화: 〈사상계〉와 〈창비〉를 중심으로", 368~379.

30 〈창작과비평〉(1976). 이우성·강만길·정창렬·송건호·박태순·백낙청 좌담 "민족의 역사, 그 반성과 전망". 1976년 가을호: 47~48.

관계에 천착하면서 "현실을 각성된 노동자의 눈으로 보는 참다운 민중·민족문학"을 추구하는 동시에, 분석단위를 남한-한반도-전 지구라는 동심원적 구조로 확대하여 그 위계질서 속에서 분단극복이라는 민족적 과제와 다수 국민의 인간해방이라는 '민중적' 과제를 새로운 차원에서 우리 문학이 수행할 수 있는 근거를 마련했다. 그리고 점차 〈창비〉의 여러 논의의 구심점을 이루게 되었다.[31]

이는 분단극복이라는 민족사의 지상과제와 민주화에 대한 1970년대 한국 민중의 높아진 의식이 연동된 괄목할 만한 이론적 진전이었다. 그리하여 통일과 민주화를 준비하기 위한 여러 분야의 문화현실을 비판적으로 점검하고 그 대안을 모색하는 민족민중문화론으로 넓혀 갔고, 그에 입각한 민족민중문화운동이 활기를 띠었다.

이것은 당시 박정희 정부가 주도한 민족전통 부흥과는 다른 차원의 이론이자 실천이었다. 4·19혁명 이후 세대가 내세운 '한국적인 것'은 마당극, 판소리 등 과거의 민중문화를 발굴하고 계승한 결과물인데, 이것이 당시 현장의 민중운동과 결합되면서 그 현재성이 살아났다. 조선시대 봉건사회를 청산하려는 민중의식의 성장과 더불어 발전한 구비문학의 역동적 미학이 민족문학의 자산이 된 셈이다.

---

31 〈창비〉의 민족문학론은 1960~1970년대의 형성과 전개과정을 거쳐 1980년대 부상하기 시작한 민중문학 논의들과 대결하면서 확장·심화되었다. 백지연(2019). "문학의 창조성과 비평의 과제: 백낙청의 〈민중·민족문학의 새 단계〉(1985)를 중심으로". 〈현대비평〉, 창간호: 164~165; 송승철(2004). "시민문학론에서 근대극복론까지". 설준규·김명환 편. 《지구화시대의 영문학》, 261쪽. 창비.

그리하여 1970년 들어 '민중적인 것'과 '민족적인 것'은 유기적으로 결합되면서 민중문화론은 민족문학론의 핵심적 논의를 구성했다. 민요, 탈춤, 민속인형극, 민중미술 등 구체적인 민중문화 형식을 탐구한 글들이 〈창비〉 지면에 잇따라 실렸다. 그 문화운동에 호응하여, 〈창비〉가 이론적 방향을 제공한 그 무렵 대학가에서 민중문화가 저항문화로 자리 잡고, 점차 노동운동계로도 확산되어 갔다. [32]

4) 민족민중문화론, 제 3세계론, 그리고 인간해방운동

여기서 왜 민족문화운동이 제기되었는지를 다른 각도에서 한번 짚어 보자. 〈창비〉가 내세운 민족적인 '문화운동'은 문화주의라든가 문화적 민족주의와는 확실히 구별된다. 높은 차원의 '정치적인 것'을 문제 삼는다는 점에서 그렇다. 분단시대의 시대적 과제인 자주적 평화통일을 위해서는 "반드시 민중의 든든한 준비가 있어야 하기에 우리 시대의 민족운동은 정치적 노력과 병행하여 폭넓은 민족문화운동을 수행해야 하는 것"이고, "자주 평화통일이란 국민 모두가 거들지 않고서는 될 수가 없는 일"인 까닭이다. 그래서 **민족적** 문화운동이 민족의 다수 구성원인 민중의 운동, 곧 **민중적**인 문화운동이 되는 것이다. 그렇다고 해서 "민족운동이 결코 단순한 정치운동 권

---

32 한영인(2016). "민중문화 전통의 발견과 예술의 현장성". 창비 50년사 편찬위원회 편. 앞의 책, 515~522쪽.

력구조 개혁운동일 수만은" 없으니, "문학·예술·교육·언론 등과 일상생활까지를 포함한 넓은 의미의 문화 전반에 걸친 **인간해방운동이어야 한다**〔강조 인용자〕. **33**

여기서 짚고 넘어가지 않을 수 없는 쟁점이 있다. 이러한 민족문화론의 이론적 기반 중 하나인 내재적 발전론이 1990년대 이래 변화된 상황에서 근대주의적 성격과 일국적 시야(또는 민족주의적 시각)를 갖고 있다고 비판받기에 이르렀다. 그렇다면 〈창비〉의 1970~1980년대 민족문화(운동)론도 그로부터 자유로울 수 없었을까. 이에 대해 따져 보자.

먼저 〈창비〉의 문제의식이 근대주의적 인식틀에 머물러 있었는가를 점검해 보겠다.

강만길이 분단시대의 과제를 제기하면서 통일민족국가의 건설이 온전한 국민국가, 근대의 완성을 의미한다고 본 것에 대해서는 당시의 〈창비〉 필진 내부에서도 이미 논란이 일었다. 정창렬은 강만길의 분단시대 인식이 근대를 절대화하고, 근대를 필연적으로 통과해야 될 역사적 과정으로 사고하는 근대주의적 편향을 안고 있지 않은가라고 일찍부터 비판한 바 있다. **34** 더 거슬러 올라가면 〈창비〉 창간호의 창간사 격인 "새로운 창작과 비평의 자세"에서도 이미 근대

---

33 백낙청(1978). "인간해방과 민족문화운동". 〈창작과비평〉, 1978년 겨울호: 12, 16.

34 정창렬(1978). "역사의 진실과 그것을 보는 눈". 〈창작과비평〉, 1978년 겨울호. 이 글은 강만길의 《분단시대의 역사인식》에 대한 서평이다.

성의 복합성을 인식하고 그에 바탕해 '이중작업'으로서의 근대화론을 제기한 바 있다고 해석될 수 있다.[35] 즉, 유럽에서 자본축적과 기업의 합리화가 먼저 이루어지고 이어서 초기 산업사회의 모순을 수정자본주의 또는 사회주의를 통해 극복하려는 노력이 이뤄진 것과 달리, 후진국에서는 그 두 단계를 더 짧은 시간에 거쳐야 했기에 두 가지 과정이 중첩됨으로써 전혀 다른 경험으로 겪어야 하는 것으로 간파되었던 것이다.[36] 이 문제의식이 당시에 충분히 발현되지 않았지만, 나중에 탈냉전기를 맞아 '근대적응과 근대극복'의 이중과제론으로 전면화·체계화된다(이에 대해선 뒤에 다시 다뤄질 예정이다).

그 다음으로 일국적 시야, 달리 말해 민족주의를 넘어섰는가라는 쟁점을 점검해 보자.

〈창비〉에서 민족문화운동은 세계 차원에서 진행되는 인간해방운동의 한 형태로 당시 인식되었다. "피압박민족 자신의 해방을 추구함과 동시에 소위 선진국가들이 소홀히 한 인간해방의 대의를 걸머진 민족운동은 바로 우리 시대의 가장 인간다운 움직임의 하나"로 자리매김된다. 그리하여 후진지역의 민족적 각성에 입각한 인간해방의 이념이야말로 "우리 시대 최고최신의 세계관의 핵심적 요소"로 평가된다.[37]

---

35 김현주(2012). 앞의 글, 72.

36 백낙청(1966). "새로운 창작과 비평의 자세". 〈창작과비평〉, 창간호 1966년 겨울호: 25.

37 백낙청(1978). 앞의 글, 7.

이렇게 일국적 시야를 넘어선 인식의 싹은 제3세계 담론에서 더 잘 드러난다. 〈창비〉 지면을 관통하는 제3세계에 대한 나름의 관심은 (앞에서 보았듯이) 냉전진영의 사회주의권에 속한 중국과 베트남에 대한 탈냉전적 사유에서 충분히 확인한 바 있다. 그리고 1970년대 후반 제3세계를 다룬 글들도 꾸준히 실렸다.38 그 관심의 절정이 1979년 가을호의 특집 '제3세계'이다.

얼핏 보면 당시 우리 논단의 제3세계에 대한 높은 관심에 비해 〈창비〉 지면의 온도가 미지근한 것일 수도 있다. 그런데 〈창비〉는 유행을 좇아 제3세계에 대한 높은 관심을 보이기보다 "우리 자신의 역사, 우리 자신의 문학에 대한 올바른 시각"이 그 전제가 되어야 한다고 주장한다. "제3세계와 그 문학에 대한 관심이 우리 자신의 제3세계적 현실과 사명에 대한 인식에서 출발한 것이라면, 연대의식의 추구에 필요한 최소한의 지식은 일단 갖추었다고 말할 수도 있다"39는 백낙청의 발언에 그런 문제의식이 농축되어 있다.

이 문제의식은 "민족민중문화에의 관심이 깊어질수록 세계사의 흐름 속에서 우리의 성과와 위치를 확인해 보는 냉철한 자세가 요

---

38 그 이전의 제3세계 관련 글, 강문규(1977). "제3세계의 기독교". 〈창작과비평〉, 1977년 겨울호; 김종철(1978). "흑인해방과 인간해방". 〈창작과비평〉, 1978년 가을호; 백낙청(1978). "인간해방과 민족문화운동". 〈창작과비평〉, 1978년 겨울호; 서인석(1979). "해방신학의 성서적 근거". 〈창작과비평〉, 1979년 여름호; 김용복(1979). "제3세계의 민중과 종교의 새 역할". 〈창작과비평〉, 1979년 여름호.

39 백낙청(1979). "제3세계와 민중문학". 〈창작과비평〉, 1979년 가을호: 44.

구"된다는 〈창비〉의 1979년 가을호 특집 기획취지에서도 역력히 표현되었다. **40** 특집의 총론 격인 글에서 백낙청은 제3세계란 단순한 지역개념이 아니라 인류역사를 민중의 입장에서 보려는 노력의 표현이요, 세계를 셋으로 갈라놓는 말이라기보다 오히려 하나로 묶어서 보는 데 참뜻이 있다고 강조한다. 한국에서 생성된 제3세계론의 궤적에서 중요한 진전을 보여 주는 성과라 할 만하다. 그런데 매우 중요한 이 성취는 제3세계론이 일정한 역사적 조건에서 그 의미가 발휘될 따름이라는 관점으로 이어진다. 이를 압축한 구절을 인용해 보자.

민중의 입장에 근거한 제3세계론은 본질적으로 세계를 하나로 보는 이론이면서도 후진국 및 피압박민족의 해방운동과 민족주의적 자기주장에 일단 우선적인 가치를 부여한다. 하지만 그와 동시에 각 국가 민족의 독립과 자주성은 어디까지나 전 세계의 민중이 하나로 되는 과정의 일부이지 그 자체가 목표가 아님은 더 말할 필요도 없다. **41**

이는 제3세계주의를 거부하는 문제의식, 달리 말하면 제3세계를 고정된 실체로 파악하는 것을 거부하고 역사적·사회적 조건에 대응하는 산물로 보는 '탈실체화된' 사유방식이다. **42** 이러한 인식론은

---

40 〈창작과비평〉(1979). "편집후기". 1979년 가을호.
41 백낙청(1979). 앞의 글, 52.

민족문학이란 개념도 철저히 역사적 성격을 띤다는 그의 문제의식
에서도 드러난다. 민족문학은 "어디까지나 그 개념에 내실을 부여
하는 역사적 상황이 존재하는 한에서 의의 있는 개념이고, 상황이
변하는 경우 그것은 부정되거나 한층 차원 높은 개념 속에 흡수될
운명에 놓여 있는"**43** 것, 한마디로 '실천적이고 한시적인 민족 개념'
으로 보는 유연한 태도가 확장된 셈이다.

　이러한 〈창비〉의 사유방식은, 탈냉전기를 맞아 지구적 규모로
확장된 자본주의 세계체제가 위력을 떨치고 한국의 민주화가 진전
된 지구화시대의 단계에 이르자, 근대를 자본주의 세계경제로 파악
하고 그 역사적 산물인 민족주의와 민주주의에 대한 본격적인 성찰
로 이어지면서 동아시아론, 분단체제론 및 '근대적응과 근대극복'의
이중과제론 등의 형태로 결실을 맺었다.

---

42 쑨거(2011). "동아시아 미래에 대한 횡단적 사유". 〈東方學志〉, 제154집: 387;
　　류준필(2011). "동아시아담론, 동아시아라는 사유공간: 창비그룹의 논의를 중심
　　으로". 인하대 한국학연구소 편. 《우리 안의 타자, 동아시아》, 243~244쪽. 글로
　　벌콘텐츠. 류준필 역시 백낙청의 사유가 실체적 규정이 초래하는 고착화 위험을
　　거부하는 태도임을 중시한다.
43 백낙청(2011). "민족문학 개념의 정립을 위해"(1974). 《민족문학과 세계문학
　　1》, 154쪽. 창비.

2. 탈냉전기의 사상적 고투와 대안체제

계간지가 8년 만에 부활하여 복간호를 내게 되었다. (중략) 6월[1987년 6월항쟁: 인용자]의 승리로 쟁취한 공간이 12월의 실패[직선제로 치러진 대선에서 민주진영의 김대중과 김영삼 후보의 단일화 실패로 민정당 노태우 후보가 당선: 인용자]로 한창 어지러워진 지금이야말로, 80년대 들어 크게 확대된 민중세력의 움직임이 새롭게 조직화될 필요성을 누구나 느끼게 되는 대목이다. 일개 계간지가 그러한 조직화의 주역을 꿈꾼다면 허욕이요 망상일 것이다. 그러나 이 중요한 고비에서 다방면의 작업들을 일관된 민중민족운동의 관점으로 정리하고 통합해 줄 문화적 구심작용도 어쨌든 필수적인데, 〈창비〉가 없어진 8년 동안 그런 구심점만은 어디에도 형성되지 않았다는 것이 우리의 솔직한 판단이다. 그리고 70년대의 상황에서 그런대로 일정한 구심 기능을 수행했던 경험과 80년대에도 꾸준히 지속해 온 이런저런 준비의 몸부림들이 오늘의 공백을 채우는 데 다소간 유용하리라는 자신감도 우리는 느끼고 있다. **44**

---

44 〈창작과비평〉(1988). "책머리에: 계간 창작과비평을 다시 내며". 복간호 통권 제 59호: 2~3.

1) 동아시아 대안체제론의 심화: 분단체제론과 동아시아론

1980년 여름호를 내고 폐간된 〈창비〉가 1988년 봄 복간호를 낸 후[45] 세계사적인 탈냉전과 한국의 '87년체제'[46]의 국면을 맞아 사상적 고투를 마다하지 않았다(이 장 맨 앞에 인용된 1993년 봄호 "책머리에" 참조). 그 과정의 산물로 분단체제론과 동아시아론이 출현하였다. 양자는 불현듯 엄습한 탈냉전 시대에 대한 절박한 지적 대응이었고, 백낙청의 "분단체제의 인식을 위하여"(〈창작과비평〉 1992년 겨울호)와 최원식의 "탈냉전시대와 동아시아적 시각의 모색"(〈창작과비평〉 1993년 봄호)은 그 신호탄이었다.

1990년대 분단체제론과 동아시아론의 출현은 "반세기 이상 안정 구조를 유지해 온 냉전적 틀이 근저에서 흔들리는 가운데, 한국의 저항운동이 갇혀 있던 일국적, 더 정확하게는 반국적半國的 한계를 깨고 나와야 한다는 시대적 요청과 자기반성에 의해 촉발된 것이었다"[47]는 분석이 눈길을 끈다. 이 분석은 설득력이 있지만, 1990년대

---

45 폐간된 공백기에 일종의 단행본 형태(이른바 무크)로 계간 통산 57호와 《창비 1987》(통산 58호)을 각각 간행한 바 있다.

46 1987년 6월항쟁과 그 직후 일련의 사건들이 만들어 낸 정치·경제·사회질서의 특질을 총괄하는 용어. 그것이 이전보다 한결 개선된 질서이긴 하지만 수많은 일시적 타협을 담은 불안정한 체제여서 그 한계를 극복하는 일이 절실하다는 문제의식에서 〈창작과비평〉이 적극 제기한 개념이다. 김종엽 편(2009). 《87년체제론: 민주화 이후 한국사회의 인식과 새 전망》. 창비.

47 백지운(2020). 앞의 글, 301.

이후의 상황적 요소를 다소 과장한 감이 있다. 이 책의 주된 관심사인 동아시아론을 중심으로 다시 보면, 〈창비〉의 동아시아론은 변화된 시대 상황에 대응해 등장했지만 "〈창비〉의 기존 문제의식을 발전적으로 계승한 담론"이자, 그간 견지해 온 기존 담론들을 "재조합"한 것이고, 편집진의 "집단적 역량이 그 원동력이었다"는 해석이 좀더 실상에 가깝다. **48**

이 사실을 염두에 두면서, 1990년대 이래의 동아시아론에 집중해 보자. 〈창비〉의 동아시아담론의 선두적 주창자는 최원식이다. 그의 동아시아론에는 이 책의 중심주제인 대안체제론으로서의 동아시아담론의 특징, 곧 정세론과 문명론이 잘 녹아 있다.

그는 동아시아를 하나의 분석단위 또는 사유단위로 묶어 보는 '동아시아적 시각'을 제안했다. 그때 '동아시아적 시각'이란 용어가 선택된 것은 "무슨 동아시아주의를 새삼 주창하려는 게 아니라"는 (앞에서 본 1993년 봄호의) 문제의식과 연관된다. 이는 제3세계론이 그러했듯이 '탈실체화된' 인식론이 그 바탕에 있다. **49** 그렇다면 왜 '동아시아적 시각'인가? 자주 인용되는 문구를 들어 보겠다.

쏘비에뜨 사회주의도 아메리카 자본주의도 그리고 동아시아의 민족해

---

48 윤여일(2016). "창비의 동아시아론, 창비적 동아시아론". 창비 50년사 편찬위원회 편. 앞의 책, 585~586쪽.

49 쑨거는 제3세계에 대한 이러한 인식론이 "한국 지식계의 동아시아 정체성 토론에 효과적인 사상자원을 제공"했다고 간파한다. 쑨거(2011). 앞의 글, 387.

방형 사회주의도 낡은 모델로 떨어져 버린 이 시기에 우리는 그동안의 역사적 실험을 충분히 존중하면서 협량한 민족주의를 넘어선 동아시아의 연대의 전진 속에서 진정한 동아시아 모델을 창조적으로 모색할 때가 도래한 것이다. **50**

포부가 당당한 이 짧은 인용문에 동아시아담론이 제기된 취지가 잘 압축되어 있다. 이 글에 주로 의존하되 그 이후에 발표된 그의 작업도 더러 시야에 넣고 그 특징을 간략히 풀어 보겠다.

첫째, 민족주의 재인식, 또는 민족주의의 상대화이다. 탈민족주의 담론이 서서히 위세를 떨쳐 가던 당시 풍조에서 민족주의를 단순히 해체하지 않고, "구현하면서 그를 넘어서는 이중작업"을 수행한 것이 동아시아론이라고 그는 주장한다. **51** 또 "탈민족주의의 문제의식을 수용하되, 그 관념성에는 선을 긋는 것이 요구"된다고 잘라 말한 적도 있다. **52** 동아시아담론이 그 내부에 민족주의적 계기와 탈민족주의적 계기를 아우르고 "궁극적으로 민족주의가 자기부정을 거쳐 일종의 '열린 민족주의'로 진화해 간 사상적 결정"임은 대체로 인정된다. **53**

50 최원식(1993). "탈냉전시대와 동아시아적 시각의 모색". 〈창작과비평〉, 1993년 봄호: 212.

51 최원식(2009). "동아시아 공동어를 찾아서"(2005). 《제국 이후의 동아시아》, 57쪽. 창비.

52 최원식(2009). "천하삼분지계로서의 동아시아론"(2004). 위의 책, 71쪽.

이 특징은 일국주의에 함몰된 내재적 발전론이나 모든 것을 외세 탓으로 돌리는 수탈론, 그리고 맹목적 서구 추종에 근거한 근대화론을 넘어 통일 한국사회의 새로운 상(패러다임)을 정립하려는 일련의 편집 방침과 긴밀히 연결된 것이었다. 1990년대 후반 당시 아직 학계와 사회 전반을 강하게 휩싸고 있던 당시의 민족주의 정서에 도전하는 지적 모험으로 비쳤다.[54]

또한 이는 냉전기의 제3세계론을 계승하면서 동시에 재구성하는 작업과 겹쳐진다. 냉전체제가 붕괴된 그때에 제3세계 민중의 시각이 오히려 강조되었다. "현존 사회주의권의 붕괴야말로 국가와 민족의 경계를 넘어 세계적 차원의 민중세상을 여는 제3세계론의 진정성에 더욱 핍근할 수 있는 바탕"이 되기 때문이다. 그런데 냉전 시기의 제3세계론을 그대로 계승한 것이 아니라, "제3세계론의 동아시아적 양식을 창조"하는 과제라는, 일찍이 제출된 과제가 숙성한 성과이다.[55]

둘째, 한반도 통일운동과 깊숙이 맞물려 있다. 탈냉전시대에 즈음하여 동아시아 각국 사이에서 냉전시대에는 상상할 수도 없었던

---

53 이정훈(2014). "동아시아담론, 온 길과 갈 길: 백영서 《핵심현장에서 동아시아를 다시 묻다》의 안팎 살피기". 〈창작과비평〉, 2014년 봄호: 402.

54 김태익(1997. 5. 23.). "'근대사관 바꾸겠다' 모험". 《조선일보》. 이것은 당시 편집주간인 최원식의 지상인터뷰와 1997년 여름호 특집 '지구화시대의 한국학'에 기초한 김태익 기자의 기사였다.

55 이 발상이 처음 제출된 것은 최원식(1982). "민족문학론의 반성과 전망". 《민족문학의 논리》, 368쪽. 창작과비평사.

새로운 합종연횡合從連衡이 복잡다기하게 전개되는 정세의 급변에 주목한 그는 이를 분석하기 위해 분단체제론에 기댄다. 분단체제론은 동아시아론이 변혁론이자 운동론으로서 구체성을 갖는 현실 기반이다. 냉전기에 이미 분단극복 의식이 동아시아를 불러낸 바 있다. 즉, 분단을 해결하기 위해 "근본적으로 동아시아 세계에 대한 주체적 인식과 유기적 이해"가 절실히 요망되었다. **56**

그렇다면 이제 분단체제론으로 눈길을 옮겨보자. 〈창비〉가 분단문제 내지 분단모순의 중요성을 강조한 것은 (앞에서 보았듯이) 1970년대로 거슬러 올라간다. 그러나 분단체제론 자체는 백낙청이 〈창비〉 1992년 겨울호에 "분단체제의 인식을 위하여"를 발표하면서 처음으로 비교적 상세하게 제시되었다. 그 후 지속적인 대화를 거쳐 진화하는 변혁론이자 운동론인 분단체제론은 분단된 남과 북을 자기완결적인 사회체계로 간주하지 않고 각 단위가 '적대적 상호의존'을 매개로 재생산되는 분단국가의 특수성에 착안한다. 또한 분단체제는 세계체제, 그리고 남북한 각각의 체제와의 관계 속에서 작동하는 체제로서 세계체제, 분단체제 및 남북 각 사회의 세 차원이 그 속에 살아가는 구체적인 삶을 규정하는 힘으로 작동하는 기제를 부각한 것이다. 물론 세 차원 사이에 긴장관계도 존재하고 각각의 작동

---

56 임형택·최원식 편(1985). "머리말". 《전환기의 동아시아문학》. 창작과비평사. 좀 더 상세한 설명은 백영서(2013). 《핵심현장에서 동아시아를 다시 묻다》, 319쪽 참조.

방식에 차이도 있다.

바로 여기에 분단체제론의 창발성이 있다. 분단현실이 부여하는 부정적 효과에 대한 강조를 넘어, 한반도 분단을 월러스틴Immanuel Wallerstein이 제창한 세계체제론과 결합하여 분단현실을 체제로 규정하면서 분단을 극복하는 전망을 마련한 것이다. 그런데 분단체제 극복이 세계체제 변혁에 크게 기여하지만 그 자체로 거대한 지구적 작업인 근대세계체제의 종말을 가져오는 사건은 아니라는 현실인식도 바탕에 두고 있다. 그래서 분단체제론이 세계체제론과 연결된 데에 따르는 논리적 결과로서 근대적응과 근대극복이라는 이중과제의 지속적인 수행 과정의 일부라는 인식이 뒤따른다(이에 대해서는 다음 절에서 논의된다).

분단체제론에 근거하여 보면, 탈냉전은 남한 진보진영의 **위기**가 아니라 오히려 그동안 한반도에서 강력하게 작동하던 분단체제를 해소시킬 수 있는 절호의 **기회**가 된다. 바로 이 지점에서 분단체제론과 동아시아가 결합되는 단서가 주어진다. "동아시아는 특수한 지역사가 아니라 세계사의 향방에 관건으로 작용할 가능성을 풍부하게 내포한 세계사적 지역"[57]이므로 "분단체제의 극복과정을 통해서 주변 4강과의 긴밀한 협의 아래 한반도 전체에 걸치는 평화체제를 구축하는 일은 동아시아론의 알파요 오메가"가 아닐 수 없다. [58]

---

57 최원식(1993). 앞의 글, 219.
58 최원식(2009). 앞의 책, 69쪽.

최원식의 이런 논점이 제기되었지만, 〈창비〉 전체의 추세를 보면 동아시아론과 분단체제의 결합은 처음부터 밀접한 것은 아니었다. 분단체제론과 동아시아론 양자가 '외면적 관계'를 맺고 있는 데 불과한 것이 아닌가 하는 비판은 이 점을 꼬집은 것일 터이다.[59] 2011년 봄호 특집 '다시 동아시아를 말한다'에 이르러 양자가 단단히 내재적으로 결합되었다고 할 수 있는데, 이 역시 변화하는 정세에 대응한 결과였다.

2000년 〈6·15선언〉으로 '해체기'에 들어선 분단체제기[60] 이명박 대통령이 집권한 시기에 천안함 사건에 이어 연평도 사건(2010)으로 한반도 위기가 고조되면서 위기를 맞았다. 〈창비〉는 그로 인해 국가주의와 군사문화의 대대적 강화가 진행되는 2010년 이래의 정세를 점검하는 작업의 일환으로 2011년 봄호에 새롭게 특집을 구성했다.

해당 호 책머리에 따르면, "중국의 부상과 더불어 변화와 갈등을 겪는 동아시아 정세를 논하되, '국가주의를 넘어서는 동아시아 공동

---

59 류준필은 동아시아담론과 분단체제론의 '내재적 관련성'이 제대로 해명되어야 한다고 요구했다. 류준필(2009). "분단체제론과 동아시아론". 〈아세아연구〉, 제138호.

60 백낙청은 분단체제를 다음과 같이 시기구분한다: ① 1950~1953년까지 '분단체제의 준비기 내지 형성기', ② 1953~1987년까지 '분단체제의 고착기', ③ 1987~2000년 6·15회담까지 '분단체제의 동요기', ④ 그 이후에서 현재까지의 '해체기'(미리 미래를 살고 있다는 수사적 도움을 빌린다면 "통일시대"). 백낙청(2006). "분단체제와 '참여정부'". 《한반도식 통일, 현재진행형》. 45~47쪽. 창비.

체'를 지향하는 담론과 연대 움직임에 특히 주목한다"는 취지에서 특집 '다시 동아시아를 말한다'가 마련되었다.

특집의 기고문에서 백영서는 자신과 〈창비〉가 주창한 동아시아론의 궤적을 돌아보면서 그것이 제3세계론을 비롯한 한국사상사 속의 자양분을 섭취하는 가운데 탈분과학문적이고 실천적인 담론으로 발전해 왔음을 강조한다. 특히 동아시아론의 계보와 현실적 의의를 꼼꼼히 정리하면서 분단체제론과 동아시아론의 내재적 관계에 집중한다. **61** 또한 백낙청은 남북연합 건설을 통한 분단체제 극복이야말로 한반도의 국가개조 작업과 국가주의 극복의 관건이며 '국가주의를 넘어선 동아시아' 건설에 핵심이 되는 근거를 제시한다. 그리고 시민참여적 국가기구 탄생을 통해 남북결합이 확보되었을 때, 중국은 자신의 대국주의를 고집하기 더 어려워지며, 양안관계나 티베트 문제에 더 창의적인 해법을 강구하지 않을 수 없게 된다. 일본의 경우 한반도 위기(특히 북한 위협)를 핑계 삼아 헌법 9조를 폐기하거나 유지하면서 사실상 강성국가로 가는 길 대신에 지역 평화와 연대에 실질적으로 기여하는 평화국가로 가도록 유도할 수 있다. 물론 한국이 분단국가 특유의 악성 국가주의 극복이라는 분단체제 극복의 단기 과제를 수행하는 일이 그런 동아시아로 가는 변혁의 추동력임을 충분히 강조한다. **62**

---

61 백영서(2011). "연동하는 동아시아, 문제로서의 한반도: 담론과 연대운동의 20년". 〈창작과비평〉, 2011년 봄호.

이렇게 분단체제론과 이중과제론이 외연을 확대하면서 내실을 다져 가는 자장 속에서 힘을 받아 동아시아담론은 정세론 차원에서는 물론이고, 문명론 차원에서도 충실해졌다고 할 수 있다. 이제 문명론 차원의 특징을 살펴볼 차례이다.

2) 동아시아적 시각과 대안문명의 모색: 소국주의와 근대의 '이중과제'

동아시아 대안체제론이 정세론과 문명론을 겸한다는 것은 이 책에서 일관되게 강조하는 문제의식이다. 탈냉전기 〈창비〉의 동아시아론이 그에 합당하려면 단순한 정세론을 넘어 문명론으로 상승하는 계기를 마땅히 머금고 있어야 한다.

최원식은 그것을 '새로운 세계형성의 원리'로 표현한다. 그는 분단체제론이 제시한 "통일 이후 한반도 사회의 이미지가 범범(泛泛)한 것이 아닌가"라고 지적하면서, 동아시아란 매개항에 대해 숙고할 것을 요청한다. "자본주의문명의 압도적 현실성을 냉정히 인정하면서 그럼에도 그를 넘어설 새로운 세계형성의 원리를 탐구하는 아시아 또는 동아시아의 일원으로서 한국인의 역할에 대한 자극이 지금 절실히 요구"되는 때이기 때문이다. **63**

62 백낙청(2011). "국가주의 극복과 한반도에서의 국가개조 작업". 〈창작과비평〉, 2011년 봄호.

63 최원식(1996). "비서구 식민지 경험과 아시아주의의 망령". 〈창작과비평〉, 1996년 봄호: 314~315.

"아직도 냉전체제가 완전히 해체되지 않은" 동아시아는 "세계사의 향방의 관건으로 작용할 가능성"이 있는 세계사적 지역이다. 그런만큼 "서구적 근대의 진정한 대안을 모색하는 작업과 간절히 맞물린 사업"이기도 한 "분단체제를 푸는 작업은 풍부한 문명적 자산을 공유해 왔음에도 파행으로 점철되었던 동아시아가 새로운 연대 속에 거듭나는 계기가 되며, 미·소 냉전 체제 이후의 새로운 시대를 여는 중요로운 단서를 제공"할 수 있으리라 기대한다. 나아가 그것은 "서구적 근대의 진정한 대안을 모색하는 작업과 간절히 맞물린 사업"이기도 하다. [64]

이로써 동아시아적 시각은 기존 문명의 대안, 달리 말해 "새로운 세계형성의 원리"를 구상하는 과제를 떠안게 된다. 최원식은 "우리 운동의 대안적 성격을 하나의 전략적 차원으로 격상해야 할 시점"에 이르렀다고 판단한다. 그리고 이 의미심장한 시대적 과제를 다음과 같이 다짐한다.

"분단체제를 푸는 우리의 작업이 민족독립을 넘어 새로운 차원의 민중세상을 열어 가는 도정에서 중대한 전진으로 기록될 것이며 분쟁으로 얼룩졌던 동아시아에 진정한 평화를 가져올 새로운 세계형성의 원리로 된다는 자각이 지금 우리 민족민주운동의 갱신에 더 없이 절실한 것 같다. "[65]

---

64 최원식(1993). 앞의 글, 219.
65 위의 글, 225.

다만 그 시점에서는 그 '원리'의 구체적인 상이 제시되지는 않았다. 그런데 역사적·사회적 조건의 변화에 대응해 진화하는 그의 동아시아론은 IMF 위기와 국민의 정부 출현을 맞은 1990년대 후반에 이르면 소국주의라는 문명론 차원의 논의를 끌어들였다.

그는 "남과 북의 발전모델에 대한 발본적 재검토"가 절실하다는 정세인식에 기반해, "민중의 고통 위에 구축된 대국주의의 꿈을 버리고 소국주의와 대국주의의 긴장을 견뎌 나가는 일의 긴절성을 자각"하자고 제안한다. 대국주의란 부국강병에 기초한 대국지향의 민족주의를 일컫는다. 그는 "소국주의와 대국주의의 내적 긴장을 견지하는 일이 밖으로는 전지구화 또는 지역화, 안으로는 지방화의 요구에 직면한 국민국가의 미묘한 지위변동에 적극적으로 대응하는 것"이라고 역설한다. **66**

그의 소국주의는 시간이 지나면서 한반도 현실(특히 한국의 위상)에 좀 더 직핍해 중형국가론과 접목한다. "소국주의의 고갱이를 중형국가론에 접목하는 작업과 함께 우리 안의 대국주의를 냉철히 의식하면서 그를 제어할 실천적 사유의 틀을 점검하는 일이 우선"이기 때문이다. 중형국가는 단순히 규모가 중간급 국가라는 뜻이 아니라 소국주의와 친화적인 복합국가론과 상통한다. 여기에는 2010년 남북정상이 최초로 합의한 통일방안에 대한 합의인 〈6·15선언〉의

66 최원식(1998). "세계체제의 바깥은 없다". 〈창작과비평〉, 1998년 여름호: 22, 27, 31.

영향이 드리워진 것으로 보인다. "느슨한 연방 또는 국가연합이 통일의 최종단계라도 무방하다는 소小한국주의를 국민적 합의 아래 안팎에 천명하는 작업이 긴절하다"고까지 주장한 대목에서 잘 드러난다. "느슨한 연방 또는 국가연합이 통일의 최종단계"로까지 설정될 수 있는지는 논란의 여지가 있지만, 어쨌든 그가 말하는 "'공빈共貧'보다는 '중용中庸' 혹은 '중도'에 친숙한 소국주의"의 취지는 명료하다. **67** 동아시아 고전세계의 '소국과민小國寡民' 사상을 지금의 현실비판에 접맥한 그의 논점은 국민국가의 적응과 극복을 위한 상상력을 촉진하는 중요한 역할을 한다. 가까운 과거로 거슬러 올라가면, 그것은 동학의 보국안민輔國安民 구호가 추구한, 근대와는 다른 세상에 대한 비전을 포함한 소국주의 사상의 흐름과 맥이 닿는다. **68**

바로 이 지점에서 소국주의 논의가 '근대적응과 근대극복의 이중과제'론과 결합될 가능성을 지니고 있음이 분명해진다.

이중과제론적인 발상은 〔앞에서 보았듯이〕〈창비〉"창간사"에서 이미 그 싹이 보였지만, 1970년대 초 민족문학론과 제3세계론에 그 핵심이 저류로서 흐르다가, 1990년대에 들어와 본격적으로 표출되

67 최원식(2009). "대국과 소국의 상호 진화". 〈창작과비평〉, 2009년 봄호: 258, 260.

68 김종철(2019). "소국주의 사상의 흐름". 《근대문명에서 생태문명으로: 에콜로지와 민주주의에 관한 에세이》, 142~143쪽. 녹색평론. 최원식은 "분단체제의 전개과정에서 실종된 대안적 운동의 전통들, 특히 동학을 새롭게 재조명할 필요가 절실하다"고 일찍이 지적한 바 있다〔최원식(1993). 앞의 글, 225〕. 그렇지만 그 후 이 주제를 천착하지는 않았다.

었다.**69** 이는 당시의 역사적 변화, 곧 사회주의체제를 대안으로 고려했던 진보학계가 현실사회주의국가들의 잇따른 붕괴로 방황하는 가운데 김영삼 문민정부(1993~1998)가 주도한 '세계화' 바람을 타고 탈근대론— 포스트모더니즘이라는 신판 근대주의—이 급격하게 부상한 새로운 지형에 〈창비〉가 유연하게 대응한 성과이다. 그 일차적 의의는, 학계의 견해가 한편으로는 근대론과 탈근대론으로 양분되고, 다른 한편으로는 민주화 달성 도정에서 중시되었던 경험과 가치들이 갑작스럽게 낡은 것으로 간주되는 상황에서, 근대다운 특성을 반드시 성취해야 하는 긍정적 가치로 보는 태도(예컨대 근대주의)나 폐기해야 하는 낡은 유산으로 보는 태도(탈근대주의)의 이분법의 덫을 넘어서는 창의적 이론으로 제출되었다는 점이다.

이 담론은 근대적응과 근대극복이라는 두 과제의 절충이나 선후 단계로 오해되기 쉽다. 그런데 이는 두 가지 과제의 병행이 아니라 '이중적인 단일 기획Modernity's Double Project'을 의미한다. 즉, 근대에 성취함 직한 특성뿐만 아니라 부정해야 할 특성도 있으므로 그 둘이 혼재하는 근대에의 '적응'은 "성취와 부정을 겸하는" 것이고, "이러한 적응 노력은 극복의 노력과 일치함으로써만 실효를 지닐 수 있는 것"이다.**70** 이러하기에 근대적응을 제대로 하기 위해서도 근대극복

---

69 이중과제론을 처음 전개한 것은 백낙청(1999). "한반도에서의 식민성 문제와 근대 한국의 이중과제". 〈창작과비평〉, 1999년 가을호〔백낙청(2021). 《근대의 이중 과제와 한반도식 나라만들기》. 창비에 수록〕.

70 백낙청(2016). "근대, 적응과 극복의 이중과제". 송호근 외. 《시민사회의 기획과

을 겸하지 않을 수 없고, 근대극복 또한 근대적응을 겸해야 온전히 수행할 수 있다.

추상 수준이 높고 (체계적 이론이라기보다) 사유의 방법이라 할 이 담론은 〈창비〉의 여러 주요 담론에 스며들어 있으나 집중 조명되지 않다가, 2008년 봄호 특집 '한반도에서의 근대와 탈근대'를 통해 중간 점검이 이뤄졌다.[71] 이를 계기로 분단체제론, 동아시아론 및 근대의 이중과제론이 공간적으로는 남한·한반도·동아시아·전지구의 차원에서, 시간적으로는 단기·중기·장기의 전망 속에서 동심원적 구조의 다층질서를 형성하게 되었다.[72] 각각의 강조점이 다르지만, 역사적 근대인 자본주의시대가 우리 삶에 발휘하는 압도적인 힘을 제대로 인식하고 극복하여 분단된 한반도의 실감에 맞게 자본주의문명의 대안을 추구한다는 점에서 서로 유기적으로 결합된다.

도전: 근대성의 검토》, 257쪽. 민음사〔백낙청(2021). 《근대의 이중과제와 한반도식 나라 만들기》, 창비에 수록〕.

[71] 특집의 성과를 바탕으로 그간의 관련 논의들을 모아 펴낸 것이 이남주 편(2009). 《이중과제론》, 창비이다.

[72] 송승철(2004). 앞의 글, 257, 261쪽.

3) 주체의 확대: 동아시아 연대운동(亞際書院)

그렇다면 동아시아론을 구현할 주체는 누구인가. 이에 대해 살펴볼 차례이다.

〈창비〉는 창간 40주년을 맞은 2006년, '운동성의 회복'을 새로운 과제로 천명하였다. **73** 그것은 〈창비〉가 21세기 들어 이미 주류문화에 진입했다는 사회 일각의 비판을 겸허히 받아들이면서 시대적 과제에 헌신하겠다는 다짐의 표현이었다. 그러나 새로운 시대가 요구하는 운동성은 과거 독재정권 시대의 민족민주운동과 다른 차원일 수밖에 없다. 복잡해진 현실에 기반한 새로운 시대의식의 비전을 찾아야 했다. '운동성의 회복'은 남한의 개혁과제, 분단체제의 극복, 동아시아 지역연대, 나아가 세계체제의 전환이라는 다층적 기여를 통한 대안적 인류문명을 전망하는 안목을 요하고, 그를 위한 단기, 중기, 장기 과제를 하나로 인식하면서도 각각을 적절히 배분하는 노련함도 갖춰야 했다.

이 벅찬 과제를 감당할 주체를 〈창비〉는 '변혁적 중도주의'라는 변혁론으로 설명한다. 분단체제의 극복을 '변혁'으로 상정하고 그를 위해 평화적이고 점진적이고 단계적인 통합의 길에 합의하고 이 합의를 실천하는 양 극단이 배제된 광범위한 세력의 연대를 일컫는다.

---

73 백영서(2006). "책머리에: 운동성 회복으로 혁신하는 창비". 〈창작과비평〉, 40주년 기념호(2006년 봄호).

이 연대가 실체화할 때 점진적인 개혁의 누적이 참된 변혁으로 이어진다.[74] 달리 말하면, '남북국가연합' 건설이라는 운동이자 프로젝트 수행의 주체는 그저 남북 주민의 중첩 혹은 총합일 수는 없고, 새로운 정치적 주체의 형성을 요구한다. 이 과정을 탐색하는 것은 곧 민족통합의 길을 모색하는 일이자 지구적·지역적 연대를 요청하는 과제이다. 이는 필연적으로 전지구적·지역적 관계의 재구성 그리고 그 주체 형성과 관련된다.

'운동성의 회복'을 구현하는 주체 형성의 새로운 국면에서 〈창비〉가 공들인 중대한 진전의 하나가 동아시아 지식인들과의 연대를 강화한 점이다. 그전부터 동아시아 비판적 지식인들의 글을 번역해 계간지에 실었고, '동아시아 비판지성' 시리즈라는 단행본을 출간[75] 하는 등 그들과의 교류 경험을 축적해 온 기반에 힘입어, 2006년 6월 '동아시아 비판적 잡지회의'를 서울에서 개최해 본격적인 출발의 도약대로 삼았다. 〈창비〉 창간 40주년 기념 국제회의를 겸한 이 회의의 주제가 '연대로서의 동아시아'였다는 사실은 그 나아갈 방향을 간결하게 말해 준다.[76]

---

74 이 과정이 분단체제론에서 말하는 '변혁적 중도주의'의 길이다. 정현곤 편(2016). 《변혁적 중도론》. 창비 참조.

75 천꽝싱, 백지운 외 역(2003). 《제국의 눈》. 창비(이하 출판정보 같음) ; 쑨거, 류준필 외 역. 《아시아라는 사유공간》; 추이즈위안, 장영석 역. 《중국은 어디로 가고 있는가》; 왕후이, 이욱연 외 역. 《새로운 아시아를 상상하다》; 사카이 나오키, 이규수 역. 《국민주의의 포이에시스》; 야마무로 신이치, 임성모 역. 《여럿이며 하나인 아시아》.

이후 이 회의는 격년제로 동아시아의 도시를 옮겨 가면서 열렸다. 2008년 타이베이에서 '화해의 조건'을 주제로, 2010년 진먼金門섬에서 '화해의 장벽의 3대 문제', 2012년 서울에서 '동아시아, 대안적 발전모델의 모색', 2013년 오키나와 나하那覇에서 '연동하는 동아시아: 진정한 지역평화를 향하여', 2015년 홍콩에서 '식민 아시아'를 주제로 총 여섯 차례 개최되었다.[77] 이 네트워크를 통해 "동아시아 각 현장과의 신선한 소통을 자양으로 삼아 〈창비〉의 동아시아론 또한 한결 성숙해질 수 있었던 것이다".[78]

〈창비〉가 이렇게 동아시아 연대사업을 활발하게 추진하는 데는 아제서원亞際書院, Inter Asia School과의 협업이 크게 도움이 되었다. 2011년 출범한 아시아 지식인 연대기구인 아제서원은 동아시아 비판적 잡지회의 구성원을 중핵으로 외연을 확장해 그간 동아시아 주요 도시의 활동거점들을 중심으로 청년 연구자 모임 등 다양한 사업을 벌였다.[79] 지금은 아제서원 안팎의 여러 사정으로 잠시 중단된

---

76 이 회의 참관기로 배영대(2006). "국제심포지엄 '동아시아의 연대와 잡지의 역할: 진보의 위기와 비판적 지식인의 진로'. 〈창작과비평〉, 2006년 가을호.

77 천꽝싱, 백지운 역(2008). "화해의 장벽: 2008 동아시아 비판적 잡지 회의 후기". 〈창작과비평〉, 2008년 가을호; 강영규(2013). "평화의 섬에서 띄우는 공생의 메시지: 제5회 동아시아 비판적 잡지 회의 참관기". 〈창작과비평〉, 2013년 가을호; 김항(2015). "입장에서 현장으로: 2015 동아시아 비판적 잡지 회의 참관기". 〈창작과비평〉, 2015년 가을호 등.

78 백지운(2016). "운동성의 회복과 동아시아 연대". 창비 50년사 편찬위원회 편. 앞의 책, 418쪽.

79 홍콩 소재 몽주재단(夢周財團)의 지원에 힘입어 활동하다가 최근 재편을 위해 잠

상태이나, 적어도 참여자 개인들의 '경험의 구체성' 속에 스며들어 재구성 중이지 싶다.[80] 이는 같은 시기에 여러 영역에서 제각기 추진된, 동아시아 공동역사교과서 간행 등 다양한 문화연대운동의 중요한 일부로 자리매김할 수 있다.

3. 동아시아 대안체제론의 사상사적 위치

이제 〈창비〉의 동아시아론, 좀 더 정확하게 말해 동아시아 대안체제론이 동시대 한국의 사상지형에서 어떻게 자리매김하는지 짚어볼 차례이다. 그 성과를 압축적으로 요약한 다음 인용문을 창구로 삼아 찬찬히 검토하겠다.

> 요컨대 창비그룹의 동아시아론은 문제제기, 텍스트 발굴과 공유, 방법론의 제시, 국제적 지적 네트워크의 구축, 다른 나라에의 발신으로 전개되어 왔다. 이 일련의 활동에 의한 성과는 한국뿐만 아니라 동아시아 지역의 시점에서 봐도 높이 평가되어야 할 것이다.[81]

정적으로 활동의 사실상 휴지기에 들어갔다.

80 송가배는 참여자의 개인화된 기억과 감정에 기반해 그 내실을 다져 왔다고 증언한다. 연세대 국학연구원 주최. 〈東方學志〉 200집 기념 심포지엄 "동방학을 다시 묻다"(2022. 6. 17.) 에서의 송가배 토론문.

81 姜東局(2013). "韓國のアジア主義における斷絶と連續". 松浦正孝. 《アジア

이처럼 평가받을 수 있는 이유는 어디에 있을까. "〈창비〉발 동아시아론이 한국 지식계에서 논의를 낳고 활기를 불어넣은 것은 기존의 이론, 특히 서양의 이론틀을 차용하지 않고도 이곳의 현실과 역사를 파악하는 시각을 마련할 수 있다는 기대를 자극했기 때문"이란 설명이 흥미롭다. 요컨대 "창비적이라 함은 주체의 역사적 경험과 현실적 조건에 근거해 원리성을 발굴해 내려는 지적 의지와 실천을 의미"한다는 것이다.[82]

그런데 〈창비〉의 동아시아론을 한국 사상의 지형도에 놓고 보면, 1990년대 이래 한국사회에서 확산된 동아시아담론의 한 갈래일 뿐이다. 특히 김대중 정부(1998~2003)의 '동아시아 공동체', 곧 '아세안+3(한중일)'에 대한 관심, 노무현 정부(2003~2008)의 '동북아시대' 구상이 추동하여 인문사회과학의 거의 모든 분야가 2000년대 초부터 동아시아담론에 개입하였다고 해도 과언이 아니다. 따라서 그 동아시아담론의 여러 유형은 보는 관점에 따라 조금씩 명명법이 다를 것은 당연하다. 예를 들면, 경제공동체담론, 지역패권주의담론, 동아시아 아이덴티티담론, 대안체제담론으로 분류하는 견해가 있는데, 여기서 창비담론은 대안체제담론으로 규정된다.[83] 이와 달리 유교자본주의론, 정치경제적 지역통합론, 탈근대적 문명론, 비판

主義は何を語るのか: 記憶・權力・價値》, 134쪽. ミネルァ書房.

82 윤여일(2016). 앞의 글, 590쪽.

83 박승우(2008). "동아시아 지역주의의 담론과 오리엔탈리즘". 〈동아연구〉, 제54호.

적 지역주의로 분류하는 견해에 따르면, 〈창비〉의 동아시아론은 '비판적 지역주의'에 해당한다. 비판적 지역주의는 한반도 변혁이론에서 출발해 "부단히 자기갱신을 추구"하므로 앞의 세 유형의 동아시아론에 비하여 한층 더 '한국적'인 문제의식을 보여 준다고 평가되었다. 그리고 "1990년대 후반 이래 동아시아 지역 내 비판적 지식인들과의 활발한 소통 속에 부단히 자기사유를 갱신하면서 동아시아의 비판적 지역주의로 확대, 심화되어 왔다"는 점도 간과되지 않았다(이와 달리 대안체제론으로 분류한 견해는 프롤로그 참조). **84**

그 특이성을 좀 더 구체적으로 확인하여 사상사에 위치 짓기 위해, 이미 앞에서 동아시아 대안체제론 계보상의 다른 자원들에 대해 적용했듯이 세 가지 기준에서 따져 보겠다.

먼저 중국이란 매개항이 어떤 의미를 갖는가이다.

냉전기에 일찍이 〈창비〉는 계간지에 게재된 리영희의 중국 관련 번역 글들과 그의 단행본 《전환시대의 논리》(1974)의 간행 등을 통해 냉전질서에 도전했다. '개혁모델로서의 중국' 이미지를 제공함으로써 냉전의식에 균열을 일으켰기에, 냉전적 시각, 특히 '천한 중국' 인식에 (마치 '조건반사'처럼) 길들여진 당시 독자에겐 그 정도만으로도 세계관의 전환('코페르니쿠스적 전환')을 겪는 충격을 주었다. 리영희에게 중국은 냉전기 우상에 도전하고 진실에 다가가는 방법이

---

84 임우경(2007). "비판적 지역주의로서 한국 동아시아론의 전개". 〈中國現代文學〉, 第40號: 39.

자, 박정희 정권의 급속한 경제성장이 초래한 한국사회의 병든 구조를 성찰하는 거울이었다. 이 문필활동으로 필화를 겪었는데, 그는 자신의 작업에 대해 "이제는 중국에 대한 정확하고 균형 잡힌 과학적 인식능력을 배양하는 것이 국가와 민족의 안전 및 번영을 보장하는 중요한 길"이라고 확신했다. [85]

탈냉전기에 들어와서도 '중국요인'은 여전히 〈창비〉에 중요한 의미를 가졌다. 한중수교(1992년)라는 정세 변화가 동아시아담론 생산에 영향을 미친 것이 그 단적인 증거이다. 이를 계기로 한국인은 분단된 한반도 남쪽의 '반국半國적' 상상력을 벗어나 중국을 비롯한 동아시아 지역과 접속할 수 있었던 것이다. 또한 동아시아적 시각은 중국을 동아시아란 지역주의의 틀 속에서 파악함으로써 상대화·역사화하는 안목을 키워 주었다.

탈냉전기에는 1970년대처럼 '개혁모델로서의 중국'이 아니라, 한반도 정세에 유력한 행위자로 (재)부상한 '세력균형의 축'이자 동아시아 민간연대의 주요한 동반자로 인식되었다. 그리고 중국은 '하나이자 여럿'인 존재로 파악되어, 중국대륙뿐만 아니라 대만과 홍콩의 첨예한 쟁점이 동아시아적 시각에서 논의되었다. 중국 안팎(동남아 포함)의 중국어권 비판적 지식인들과의 연대가 추구되고, 그들의 글이 계간지(와 단행본)에 실렸다. 그뿐만 아니라 중국이 급속히 고도

---

85 리영희(1978). "상고이유서". 백영서·최영묵 편(2020). 《생각하고 저항하는 이를 위하여: 리영희선집》, 311쪽. 창비.

성장하면서 대국으로 굴기하자, 탈냉전기 세계체제의 지형 변화와 한국의 발전모델을 성찰하는 자극물로서도 민감하게 주목되었다.[86]

그러나 중국 내부의 담론지형의 변화와 더불어 (홍콩·대만의 현안 문제를 포함한) 동아시아 및 세계 자본주의의 변화에 대해 더 가까이 밀착하여 주시하지 못한 것이 아닌지 추궁될 수 있다. 〈창비〉가 동아시아론의 새로운 단계로 도약하기 위해서는 중국문제에 정면 대응하면서 우리 문제, 혹은 동아시아 문제로 연결 지어 사고해야 하는데 이러한 노력이 부족하다는 지적도 나왔다.[87] 그 핵심 논점은 자본주의적 세계체제의 극복에 중국이 어떤 역할을 할 수 있을지 냉철하게 평가하고 전망하는 일일 터이다.[88]

---

86 주요한 관련 글들을 열거하면, 이남주(2012). "중국의 변화를 어떻게 볼 것인가: 한중수교 20주년을 맞이하여". 〈창작과비평〉, 2012년 가을호; 쑨꺼·백영서 (2013). "비대칭적 한중관계와 동아시아 연대". 〈창작과비평〉, 2013년 여름호; 이남주(2015). "자본주의 세계체제 속의 중국 '사회주의', 수사인가 가능성인가". 〈창작과비평〉, 2015년 봄호; 데이비드 하비·백낙청(2016). "자본은 어떻게 작동하며 세계와 중국은 어디로 가는가". 〈창작과비평〉, 2016년 가을호; 이남주·허자오톈(2019). "중국혁명, 역사인가 현재인가". 〈창작과비평〉, 2019년 가을호; 이남주(2021). "미중 전략경쟁, 어디로 가나". 〈창작과비평〉, 2021년 봄호 등이 있다.

87 이정훈(2014). 앞의 글.

88 2000년대 후반부터 동아시아대안론이 곧 중국대안론으로 기우는 경향을 지적하는 비판도 있다. 이우창(2017). "'서구 근대'의 위기와 한국 동아시아담론의 기이한 여정: 민족문학론에서 반민주주의론까지, 1989-2017". 〈코기토〉, 제83집. 그가 나를 포함한 〈창비〉 동인을 직접 겨냥한 것은 아니지만, 이 책에 서술된 중국의 상대화라는 일관된 관점은 그에 대한 해명이 될 수 있을 것이다.

이와 관련해, 중국이란 문제를 우리가 새로운 사유를 이끌어 내는 동력으로 삼자는 이남주(〈창작과비평〉현 주간)의 제안은 중요한 논점을 제공한다. 중국은 개혁개방 이후 자본주의 세계체제와 그 정치적 구성물인 국가 간 체제의 일원이란 조건에 제약되는 동시에 그것을 활용하는 길을 걸어 왔고 앞으로도 일정 기간 그럴 수밖에 없다. 이 점을 중시한다면, 미국과 경쟁적 상호의존 관계를 유지할 수밖에 없기에 적어도 단기적으로는 현존 세계질서를 바꾸는 강대국이 되지 않을 것 같다. 중장기적으로는 미국과 중국 사이의 치열해가는 경쟁이 적당한 선에서 타협하여 세계를 함께 주도하는 팍스 차이메리카Pax Chimerica의 시대가 될지, 유동성과 불확실성이 높아질 것으로 예상되는 이른바 G0질서가 다가올지, 아니면 중국이 미국이 주도하는 국제질서가 초래한 혼란을 걷어 내고 구미식 자본주의 모델의 대안이 될 수 있을지 논란 중에 있다. 그런데 중국과 미국의 경쟁을 긴 시간대에 놓고, 지구가 직면한 기후위기나 세계체제의 구조적 변동이란 시각에서 보면 다른 전망도 가능하다. 기후위기를 가중시키는 자본주의 세계체제가 막다른 곳에 도달하여 벌어질 수 있는 세계사적으로 특이한 사태에 우리는 예민하게 주목해야 한다(이에 대해서는 에필로그에서 다시 언급할 것이다).

그리고 그 과정에서 현존 사회주의국가인 중국이 축적한 경험을 비판적으로 검토하는 작업은 우리 사유를 가다듬는 데 중요한 의미를 갖지 않을 수 없다. 이런 관점은 분단체제에 규정받는 중견국인 한국이 대안적 발전전략을 모색하는 변혁론과 긴밀히 연관된 것임은 두말할 필요도 없다. 오늘날 중국의 변화가 갖는 의미를 지구적 차원에서 파악하되, 한반도 현실과 연관시키려는 일관된 노력은 〈창비〉의 중국인식의 현주소를 잘 보여 준다.[89]

그 다음으로 세계-지역-한국, 또는 제국주의-지역주의-민족주의라는 삼층적 공간 구조에 대한 인식이다.

이와 관련해, 〈창비〉의 동아시아론은 제국주의에 대립하는 민족주의와 아시아주의의 결합의 역동성을 보여 준다고 평가한 견해가 주목할 만하다. 오랫동안 제국주의와 아시아주의의 결합에 대항하는 민족주의라는 인식 구조가 한국 논의를 주도해 왔는데, 이로부터 새로운 단계로 이행한 것이라는 의미이다.[90] 이러한 〈창비〉의 삼층구조 인식에서는 20세기 초 안중근과 〈개벽〉지의 그것을 계승하면서도 변화된 맥락에 대응한 특이성이 두드러진다.

구체적으로 더 설명하면, 〈창비〉에서 세계란 자본주의 세계체제이자 세계문명이다. 일찍부터 민족적 관점과 세계적 시야를 하나로

---

89 각주 86에 소개된 이남주의 일련의 글들 참조. 이런 시각에 대해 중국의 부상이 세계 자본주의의 위기를 가중시키고 있는지, 아니면 새로운 대안을 만들어 가고 있는지 애매한 '유예적 입장'이라는 비판도 있다〔강진아 (2014). "G2시대의 중국 사회주의". 〈역사비평〉, 2014년 봄호: 314〕. 이와 달리 "유예적이거나 애매한 태도"는 "미래를 쉽게 예단할 수 없는 지금 중국 현실의 복합성 탓"이고, "오히려 중국 현실에 대한 균형 잡힌 시각의 소산일 수 있다"고 보는 견해도 있다. 이욱연 (2014). "G2시대 중국 지식인의 중국재발견과 한국 인문 중국학의 과제". 〈중국학논총〉, 제43집. 특히 424쪽.

90 姜東局 (2013). 앞의 글, 138쪽.

결합한 문제의식을 견지했고, 제3세계조차 하나의 세계로 이끄는 동력으로 인식했다는 점은 이미 앞에서 확인한 대로이다. 그런데 사회주의권 국가들의 대거 붕괴로 자본주의의 승리와 정당성이 구가되는 세계사의 새로운 단계에서 들어서자 〈창비〉는 세계사적 관점에 더 예민하게 주의를 기울였다. 월러스틴의 세계체제론을 수용해 근대와 그 한계에 대한 명확한 개념 규정을 내림으로써 우리가 여전히 '역사적 자본주의체제'에 살고 있음을 부각했다. **91** 이는 오늘의 세계를 영구한 것이 아니라 발전과 구조적 위기의 순환사이클을 보이는 역사적 체제로서의 자본주의의 작동 과정으로 정확히 인식하게 하는 데 기여했다. 동시에 그것을 정당화하는 자본주의문명을 극복하고 '새로운 전지구적 문명'을 대안으로 모색하는 일을 중심과제로 삼는 정세론이자 문명론의 기초가 되었다.

이러한 세계인식을 바탕에 두었기에 동아시아도 세계체제와 한국 (한반도) 사이의 매개항으로 인식되는 것은 당연하다. 그런데 여기서 일본제국이 과거에 제창한 대동아공영권처럼 제국주의와 결합한 아시아주의의 악령을 견결히 거부한다. 그것은 자본주의 세계체제의 상위권으로 진출하는 사다리로서 영미와 경쟁하는 이념이자 정

---

91 그러한 〈창비〉의 관심은 《역사적 자본주의/자본주의문명》〔이매뉴얼 월러스틴, 나종일·백영경 역(1993). 창작과비평사〕 출간으로 시작해, 백낙청의 "분단체제의 인식을 위하여"(〈창작과비평〉, 1992년 겨울호), 창비 30주년 기념 국제학술대회 발표문 "새로운 전지구적 문명을 향하여"(〈창작과비평〉, 1996년 여름호) 등에서 잘 드러난다.

책에 지나지 않았다. 그런 만큼 제국주의와 결합한 아시아주의에 반발하는 민족주의가 우리 사상사의 주류 담론이 된 것도 무리는 아니다. 그러나 동아시아 대안체제론은 안중근 이래의 계보를 이으면서, 세계체제 너머를 지향하는 비판적 지역주의이다. 그 특징은 제3세계적 시각을 계승한 정세론은 물론이고 문명론에도 내재되어 있다. 따라서 대안문명을 모색하면서 동아시아의 문명적 자산을 적극 활용하더라도 동-서양 이분법에 갇혀 그 우열 논의를 되풀이하거나 동아시아의 전통문명을 그대로 대안문명으로 가져올 리가 없다.[92] 문명론이 정세론과 표리관계에 있을 뿐만 아니라 자본주의체제의 극복을 위한 사상적 모색이기 때문이다. 이 점은 근대의 '이중과제' 론을 주창하는 〈창비〉의 문제의식으로도 충분히 설명된다. 근대성을 주요 논제로 삼는 중요한 이유가, 구미중심주의를 극복하기 위해 그와 다른 근대성(이른바 다원적 근대성)을 구상하는 손쉬운 해결책을 찾지 않고, 역사적 근대인 자본주의시대가 우리 삶에 발휘한 압도적인 규정력을 제대로 인식하고 극복하기 위해서이다. 한마디로 말해, 세계와 한국을 잇는 매개항인 동아시아는 지리적으로 고정된

---

92 딱히 창비담론을 겨냥한 것은 아니나, 동아시아 대안문명론이 동-서양 이분법의 우열 논의에 충실하다는 점에서 오리엔탈리즘을 크게 벗어나지 못하다고 비판하면서, 동서문명의 대화를 그 대안으로 제시한 견해가 있다. 그럴 때 서구 근대의 많은 성취까지 포용하는 보편성을 구현할 수 있을 것이라고 한다. 박상수(2019). "한국의 동아시아론, 어디서 와서 어디로 가고 있나". 〈내일을 여는 역사〉, 제 77호: 91~92. 사실 이 점이야말로 이제까지 〈창비〉가 걸어온 길이다.

실체가 아니라 대안모델을 찾기 위한 실천과제이다. 또한 그 과제에 참여하는 국내외 비판적 지식인의 연대의 장이기도 하다.

그 다음으로 삼층구조를 구성하는 또 하나의 층위인 민족주의의 문제도 검토하지 않을 수 없다. 〈창비〉의 동아시아론의 파급력이 커지면서 그에 대한 비판도 뒤따랐다. 무엇보다 먼저 나온 것은 '한국 중심주의'라느니 아니면 '확대된 민족주의'라는 혐의이다. 이런 유의 비판에 대해 '외재적 비판'에 지나지 않는다고 꼬집는 견해는 정곡을 찌른 것이다. 즉, '확대된 민족주의'라는 비판은 유럽의 기준에 입각해 무자각인 채로 한국의 동아시아론을 읽은 편향의 소산이라고 논파된다. 제국주의와 아시아주의 및 민족주의의 상관관계가 우리 사상사에서 보여 준 복합성을 부분적으로 파악하여 지역주의와 민족주의의 밀착에만 눈길을 준 결과라고 비판을 받는다. **93**

이 견해에 힘입어 좀 더 적극적으로 해명하면, 〈창비〉는 탈민족주의 풍조 속에서 민족주의를 구현하면서 그를 넘어서는 이중작업을 감행해 온 편이다. 이에 대해서는 앞의 최원식에 대한 서술 부분에서 이미 설명되었으니, 어느 정도 해명되었지 싶다.

그런데 '한국 중심주의'이란 혐의에서 온전히 벗어나기 위해서는 아직 남은 관문이 있다. 즉, 한국/한반도가 동아시아와 맺는 관계가 병렬적 형태가 아니라 '상호내재적 형태'인지를 보여 줘야 한다는

---

93 동아시아론을 '확대된 내셔널리즘'으로 비판한 대표적인 논자인 임지현의 논의가 공허한 것이라고 지적하는 姜東局(2013). 앞의 글, 139~140쪽.

요구에도 제대로 답해야 한다. 구체적으로 말해, "대만, 홍콩, 오키나와 등의 정치체들을 남북한 복합국가에 포함"하는지 좀 더 정교하게 설명할 수 있어야 한다. **94** 복합국가란 분단체제론에서 말하는 통일이 단순히 하나의 민족이 하나의 국가로 (재)결합한다는 뜻이 아니라 '과정으로서의 통일'이란 논점의 핵심이다. 달리 말해, 남북국가연합(곧 복합국가의 한 형태)의 단계를 중간에 설정하면서 최종 목표는 그 과정에서 결정되도록 열어 놓은 공간을 가리킨다. 민족주의에 대한 태도가 그렇듯이, 국민국가의 적응과 극복을 동시 수행하는 과정을 말한다. 이에 대해서는 이 책 제2부에서 좀 더 상세히 논의할 터이나, 여기서는 한반도의 복합국가 구상을 동아시아적 시각에서 재인식하는 것은 현존하는 동아시아의 위계적 질서를 인정하는 동시에 재구성하여 변혁의 계기를 확보하는 일이며, 더 나아가 세계체제 변혁의 가능성도 품게 된다는 점만을 미리 말해 둔다.

이제 세 번째 기준인 변혁운동 차원이 남았다. '대안체제'가 극복해야 할 대상인 (냉전질서의 한반도적 잔존물인) 분단체제(더 나아가 세계체제)의 변혁에 어떤 식으로 간여하는가이다.

1970~1980년대의 한국 민주화운동에서 〈창비〉가 문인·지식인들의 연결망으로서 재야세력의 구심점이 되었고, 민족민중문화운동을 주도했다는 사실은 이미 앞에서 살펴보았다. 그런데 1987년 6

---

94 류준필(2015). "분단체제론과 동아시아론". 백영서·김명인 편. 《민족문학론에서 동아시아론까지》, 292~293쪽. 창비.

월항쟁으로 형성된 '87년체제'와 탈냉전 시기에 들어와 변화된 국내외 정세는 과거 독재정권 시대의 민족민주운동과는 다른 차원의 운동성을 요구했다. 이 복잡해진 현실에서 〈창비〉가 예전처럼 변혁운동의 구심력을 갖기란 어려운 일이 되었다. 그럼에도 〈창비〉는 '한결같되 날로 새로운法古創新' 〈창비〉의 정신으로 '운동성'의 회복을 추구했고, 그 방향은 '변혁적 중도론'에 기반한 문화운동의 활성화였다. 이는 (앞 86, 180~181쪽에서 설명했듯이) 분단체제 극복운동의 남쪽의 실천방안으로 제기된 개념으로서, 단순한 중간세력의 연대가 아니라 분단체제 극복이란 변혁에 기여하는 좌우 양극단 그 어느 쪽에도 치우치지 않는 운동론이다.

물론 주요한 운동방식은 그전과 마찬가지로 문화운동이다. (특히 정세분석과 대안체제를 위한 담론의 개발과 확산에 방점이 있다.) 그런데 87년체제 형성 이후, 특히 민주 정부들이 들어선 기간에 제도와 운동을 넘나드는 활동방식도 구사되었다. 창비담론에 입각해 정책적 대안 ─ 남북관계, 한반도경제론, 교육문제 등 ─ 을 제시한 것이 그 일환이다. **95**

---

95 백영서 외(2005).《동아시아의 지역질서: 제국을 넘어 공동체로》. 창비; 김석철·김왕배 외(2004).《21세기의 한반도 구상》. 창비; 한반도사회경제연구회(2007).《한반도경제론: 새로운 발전모델을 찾아서》. 창비. 또한 창비 병설기구로 싱크탱크인 세교연구소가 2006년 설립됐다. 좀 뒤에 나온 책으로 백낙청 외(2015).《백낙청이 대전환의 길을 묻다: 큰 적공을 위한 전문가 7인 인터뷰》. 창비 등도 같은 경향의 산물인 셈이다. 이러한 일련의 활동에 대해 이정훈은 "동아시아론을 하나의 일관된 지적 '프로젝트'로서 견지하고 발전시켜 온 〈창작과 비평〉의

그럼에도 불구하고 〈창비〉의 동아시아담론에는 그와 연관된 정책적 논의가 적다는 것이 한계라고 혹 지적될지도 모르겠으나,**96** 이보다는 문화운동에 역점을 두어 왔던 만큼 동아시아의 생활세계와 밀착해야 하는데 정말 그러한지 묻는 질문에 더 진지하게 대면해야 할 것이다. 한국이 역동적인 민주주의 구현으로 활기찬 문화(이른바 'K-문화')를 생산하고 있음은 잘 알려진 대로이다. 그런데 "동아시아 문화를 일상적으로 체험하고, 그런 가운데 동아시아적 감각을 훈련하고, 동아시아적 감성과 정서를 키우는"**97** 작업에 〈창비〉가 얼마나 기여하고 있는지 궁금해 할 수 있다. 〈창비〉가 동아시아문학에 관심을 지속적으로 가져 왔기에 그 과제에 결코 소홀한 것은 아니다.**98** 그렇더라도 일상생활 속에서 이미 형성되고 있는 동아시아 지역 연대의 가능성과 추동력을 간과하지나 않았는지 앞으로 좀 더 챙겨 볼 필요가 있다.**99**

최근 행보에서 보이는 미묘한 '중심이동'은 현실에 깊이 개입하려는 실천적 노력과 내셔널리즘 및 국가로의 '귀환' 혹은 '경도' 사이의 미묘한 갈림길에 서 있"다고 지적했다. 이정훈(2007). "비판적 지식담론의 자기비판과 동아시아론". 〈중국현대문학〉, 제41호: 9.

96 고성빈(2007). "한국과 중국의 '동아시아담론': 상호연관성과 쟁점의 비교 및 평가". 〈국제지역연구〉, 제16권 3호: 62.

97 이욱연(2007). "동아시아 공동체 문화담론에 대한 비판적 고찰". 〈동아연구〉, 제52집: 25. 그는 동아시아 공동체의 문화적 체험장으로서 한국의 문화공간을 재편하는 것이 필요하다고 역설한다.

98 진은영(2012). "동아시아문학의 토포스와 아토포스: 상하이 토론회를 참가하고". 〈창작과비평〉, 2012년 여름호; 백지운(2013). "세계문학 속의 중국문학: 모옌이라는 난제". 〈창작과비평〉, 2013년 겨울호 등.

한편, 〈창비〉의 동아시아담론이 동아시아 생활세계에 밀착하고 있는지 묻는 일이 단순히 동아시아 대중문화의 교류에 대해 지속적으로 관심 갖기를 요구하는 것이라면 핵심을 빗나간 비판이다. 동아시아 대중문화 상품을 함께 소비하는 동아시아인들의 경험세계를 통해 끊임없이 매개되고 재구축되는 그들의 정체성 및 감수성을 분석하는 작업에 〈창비〉가 주력하지 않은 점은 인정하지만,**100** 그것은 대안문명을 구상하고 실천하는 데 이 작업만으로는 부족하다고 판단한 결과임을 강조하고 싶다.

대안문명을 구상하고 실천하기 위해서는 삶과 생명에 대한 국경을 넘나드는 배려를 통해 형성되는 인격적inter-personal 관계가 일상에

---

99 이 점에서 〈창비〉의 동아시아론이 현실과 괴리되어 있다는 지적은 일찍이 임우경이 제기했다〔임우경(2007). 앞의 글, 40〕. 그 밖에 〈창비〉의 동아시아론에 '아래로부터의 연대'의 시각이 뚜렷하지 않다는 비판도 있다. 자본주의 맥락에서 동아시아 국가의 발전과 협력의 한계를 비교적 소홀히 다루다 보니 결과적으로 급진적·계급적 해결 전망을 충분히 고려하지 않는다는 것이다〔박노자(2007). 《우리가 몰랐던 동아시아》, 13쪽. 한겨레출판사〕. 이런 비판에 대해, 동아시아 국가 간의 통합과 연동되어 개별 국가의 내부 개혁이 진행되는, 국민국가 안팎에서의 쌍방향적 작용과정에 주목하는 것이 필요하다고 나는 대응했다. 좀 더 상세한 반박은 백영서(2013). 앞의 책, 70~73쪽. 창비. 이를 "국가와 시민 간의 공치를 모색"한 "시민참여형 동아시아론"이라고 짚어 낸 입장도 참고할 만하다. 이병수(2016). "한반도 통일과 동아시아 지역연대". 〈통일인문학〉, 제65집: 41~42쪽.

100 조영한·조영헌(2020). 《옐로우 퍼시픽: 다중적 근대성과 동아시아》, 254쪽. 서울대학교출판문화원. 이 책에 대한 논평은 백영서(2020). "옐로우 퍼시픽이란 시각의 득실: 핵심현장에서 말 걸기". 〈아시아리뷰〉, 제10권 2호.

서 경험되고 실천되는, 친밀한 공간이 형성되어야 하며, 이러한 공간이 형성되도록 동아시아 생활세계의 변화를 이끌어 내야 한다. 이는 현존 자본주의체제와 성장주의의 한계에 대해서 더 적극적으로 사유하지 않고서는 공허한 요구가 될 것이다. 그런데 역설적으로 팬데믹 사태로 생태위기와 기후위기에 대한 감수성이 한껏 민감해진 지금이야말로 그 과제에 개입하기 좋은 때이다. 생태적 재난과 위기의 이면에는 현대 인간사회의 구조적 추동력인 자본주의라는 커다란 주제가 직·간접적으로 도사리고 있다고 보기 때문이다.

이런 문제의식을 체제전환운동의 연료로 삼아 나아가고자 한다면, 개인의 '체질'화된 몸과 사회의 '체질'을 바꾸는 것이 바로 변혁(이나 혁명)이라는 문제의식을 품고 있어야 한다.[101] 이 방향은 1920년대 〈개벽〉지가 일찍이 제창한 개인수양과 사회개혁을 겸하는 변혁운동의 자산을 잇는 것이기도 하다. (세상이 통째로 바뀐다는 뜻인) '개벽'에 값하는 개인들의 마음공부를 내포하는 문명의 대전환을 강조한 문제의식을 일상적으로 공유하고 실천으로 이끄는 방안에 더욱 더 힘쓰지 않으면 안 된다.[102] 이 일이야말로 동아시아 대안체제

---

101 한기욱(2018). "주체의 변화와 촛불혁명". 〈창작과비평〉, 2018년 겨울호. 특히 20~21. 헌법(constitution)이라는 단어가 영어로 개인의 '체질'이자 사회의 '체질'(헌법)이라는 뜻을 동시에 갖고 있다고 한다.

102 백낙청(2021). "기후위기와 근대의 이중과제". 〈창작과비평〉, 2021년 봄호: 298〔백낙청(2021). 《근대의 이중과제와 한반도식 나라 만들기》. 창비에 수록〕. 그는 볼셰비키 혁명의 정신적 가치는 근대 특유의 세속주의와 그에 따른 '영성' 개념을 배제한 것이므로 대안문명이 될 수 없다고 본다.

론이 앞으로 감당해야 할 방향이 아닐까 한다. 이 논의가 한반도라는 핵심현장에서 분단체제 변혁운동에 부응하는 남쪽의 국가개조 작업과 결합하면서 누증적으로 현실적 파급력을 가질 것이다.

지금까지 〈창비〉가 발신한 동아시아 대안체제론의 성과와 과제를 세 가지 기준에서 점검해 보았다. 특히 혁신의 방향을 타진하기 위해서였다. 그런데 앞으로도 〈창비〉가 동아시아담론을 주요한 깃발로 내세울지는 지켜볼 일이다. 창비담론은 편집진(과 독자)의 집단지성의 산물이자 공동영역Commons으로서 변화하는 상황에 끊임없이 대응한다는 점에서 현재진행 중이기 때문이다. 그 귀추가 어찌되었든 동아시아담론이 사라질 리는 없고 주요 담론들에 스며들어 공共진화할 것은 분명하다.

이제는 장을 바꾸어 〈창비〉 동아시아담론의 주창자의 하나인 나 개인의 지적 작업에 대한 미시적 분석에 들어가려고 한다. 이 미시세계에의 접근은 내가 직접 감당할 수 있는 범위 안에서 동아시아담론을 혁신할 수 있는 (불)가능성을 가늠하는 일이기도 하다.

2

동아시아담론이
갈 길

미시적 분석

5

동아시아, '지적 실험'에서 '실천과제'로

내가 생산하고 발신한 동아시아담론의 미시세계로 들어가는 제 2부를 열면서, 먼저 나 자신에게 동아시아란 그간 무엇이었고, 지금 무엇인가를 묻게 된다.

이 물음에 답하기 위해 개인의 지적 편력과 직접 관련된 에피소드 몇 가지를 소개해 보고 싶다. 주로 동아시아 지식인 간의 교류, 연대운동에 참여한 개인 경험이 그때그때의 구조적 조건의 변화와 맞물리면서 나의 사유의 변천에 어떤 영향을 미쳤는지를 짧게 다루는 데에 그칠 것이다.

1970년대 초, 대학교에 막 들어간 나의 사고는 '반국적半國的 시각'에 갇혀 있었다. 1971년부터 미중화해가 시작되어 냉전질서의 균열이 생기고 '전환시대'에 대한 인식이 싹텄지만, 동아시아 냉전의 중심인 한반도에 분단체제가 여전히 강력하게 작동하며 우리의 사고와 몸을 지배했기 때문에 동아시아 지역을 하나의 단위로 사유하기

는커녕 한반도 전체를 상상하는 것조차 불가능했다. 나의 상상력은 분단된 반쪽의 국가 — 불완전한(또는 기형畸形의) 국가 — 에 갇혀 있었고, 그런 시각에서 사물을 바라보는 데서 벗어날 수 없었다.

그런 대학 시절 이미륵이란 재독 한인작가가 쓴 《압록강은 흐른다》란 자전소설을 읽고 '반국적 시각'의 왜소함을 절감한 적이 있다. 일본제국주의가 지배하던 1919년 10대의 나이로 3·1운동에 참여한 작가는 그로 인한 일제의 탄압을 피해 독일로 망명해 그곳에 정주해야 했다. 그가 독일에 이르는 여정은 내게 확 트인 지리적 상상력을 자극했다. 그는 당시의 서울인 경성京城역에서 기차를 타고 압록강을 건너 유라시아Eurasia 대륙을 횡단해 독일에 도착한 것이다. 한반도의 분단체제가 흔들리고 있지만 남북교류가 이어지다 끊어지다를 반복하는 오늘날이기에 아직도 서울에서 기차를 타고 압록강을 건너 대륙을 횡단해 유럽으로 가는 여행이 불가능한 현실임을 떠올리면, 당시 20대 청년인 나에게 그의 여정이 얼마나 충격적이었을지 상상될 것이다.

그토록 엄혹한 시절이 지나 1987년 이후 한국에서는 한창 민주화가 진행되어 87년체제가 자리 잡고, 1989년을 지나면서 한국 바깥에서는 냉전체제가 무너지는 변화가 발생했다. 이같이 한국의 안팎에서 중첩되어 격변이 한창 일어난 1990년 여름, 나 개인은 미국 하버드-옌칭 연구소Harvard-Yenching Institute의 초청을 받아 방문연구원으로 일 년 남짓 케임브리지에 머물렀다. 그때 처음 외국에 나가 본 것인데, 그곳에서 미국을 비롯한 여러 나라의 학자들과 어울리면서 한국인 중국 연구자로서의 정체성에 대해 깊이 생각하게 되었다. 중국사 전공자로서 중국사 자체에만 관심 갖도록 엄격한 학문수련을 받은 나는 그곳에서 만난 외국인들이 한국 역사와 현실에 대해 묻고는 해 당혹스러웠다. 하긴 그때가 1989년 봄, 중국인의 민주화운동인 천안문사건을 막 겪은 뒤라 중국인 망명자들도 꽤 많이 미국에 온 시절인 만큼 이해 못 할 반응도 아니었다. 어쨌든 그런 일이 하나의 계기가 되어 중국사를 연구하더라도 역사와 현실 속 한국인의 경험에 기반하되 그 안에 들어와 있는 일본까지 연결하는 '동아시아적 시각'에서 접근해야 한다는 필요성을 더욱더 절감하였다.[1]

그러다가 귀국해 보니 한국은 (적성국이던) 중국 등 동아시아로 이미 뻗어 나가고 있었고 한국으로 중국 조선족을 비롯한 동남아 노동자들이 유입되기 시작했다. 말하자면 이전과 같은 '반국적 시각'이 아니라, 동아시아 속의 한국과 한국 속의 동아시아를 동시에 바라보는 확대된 지리적 상상력이 필요한 시대가 되었다. 나의 개인적

1　그런 문제의식을 귀국 후 처음 표현한 글이 "韓國에서의 중국현대사연구의 의미: 東아시아적 시각의 모색을 위한 성찰"〔《中國現代史研究會會報》, 창간호(1993. 12.)〕이다〔백영서(2000). 《동아시아의 귀환》. 창작과비평사에 수록〕. 이와 관련된 나의 좀 더 상세한 설명은 다음 인터뷰 참조. 백영서(2011). "방법으로서의 동아시아". 김항・이혜령 편. 《인터뷰-한국인문학지각변동》. 그린비; 白永瑞・趙慶喜監譯(2016). 《共生への道と核心現場: 實踐課題としての東アジア》. 東京: 法政大學出版部 권말에 실린 中島隆博. "解說と對談　白永瑞:同時代の證言者"; 이 대담의 중문판은 中島隆博(2017). "將生命力賦與縫隔:白永瑞 訪談錄". 〈思想〉, 37기. 臺北: 聯經出版社.

각성은 행복하게도 이 같은 시대적 변화와 상응하였던 셈이다. 바로 이런 시세時勢의 의미를 읽어 내기 위해 동아시아란 지역을 하나의 단위로 사고하기 시작하는 이른바 '동아시아담론'이 한국 논단에서 대두되었다. 좀 과장해 말하자면 한국 지식인사회가 '동아시아'를 새로 '발견' — 이 책의 문제의식에 따르면 안중근의 '동양평화론' 이래의 동아시아담론이 '귀환' — 한 것이나 다름없었다. 그리고 (앞에서 확인했듯이) 〈창비〉가 그 논의의 중심에 있었다.

1990년대 초부터 나의 지적 관심은 중국현대사에서 동아시아로 확대되었고, 중국문제도 동아시아적 시각에서 다시 보는 변화, 곧 동아시아담론으로 모아졌다.[2] 이는 단순한 학술적 성과물만이 아니고 대학의 안과 밖에서 활동한 경험이 녹아 있다. 바꿔 말하면, 사회의제를 학술의제로 전환해 연구를 수행하고 그 성과를 통해 다시 사회의제와 씨름하려는 자세에서 비롯된 것이다. 이런 문제의식을 나중에 '사회인문학'이란 기치로 표현하고 동료 연구자들과 협업 활동을 전개한 적도 있다.[3] 뿐만 아니라 동아시아 여러 곳을 직접 견문하고 연대활동을 수행하는 작업에서 동아시아적 시각의 현실적 의의를 확인하고 확산하는 일에도 힘써 왔다. 이런 지적 편력이 기

---

2 그 본격적 시도가 백영서(1994). "중국 인권문제를 보는 시각". 〈창작과비평〉, 1994년 가을호.

3 백영서(2014). 《사회인문학의길: 제도로서의 학문, 운동으로서의 학문》. 창비; 연세대국학연구원 인문한국사업단(2018). 《사회인문학 백서: 10년의 궤적과 전망》. 새물결.

본적으로 〈창작과비평〉의 자장 속에서 이뤄진 것임은 두말할 나위 없다. **4**

나 자신의 동아시아담론의 성과를 돌아보려는 지금, 몇 개 열쇠말로 그 골격을 정리해 보려고 한다.

먼저 동아시아다. 내가 동아시아담론을 설명할 때마다 가장 자주 부닥치는 질문이 바로 이것이다. 동아시아란 무엇이고 그 범위는 어디인가. 내가 보기에 지역개념은 지리적으로 고정된 것이 아니다. 동아시아는 그 지역을 사고하는 인식 주체의 실천과제에 따라 달리 구성된다. 그렇다고 해서 단순한 문화적 '창안물'이란 뜻도 아니다. 이 지역을 역사적 실체로서 간주하게 만드는 근거가 있다. 지역개념은 공통의 문화유산 또는 역사적으로 지속되어 온 일정한 지역적 교류나 공통의 경험세계가 재구성되는 과정과 다름없다. 그래서 나는 그간 동아시아를 말할 때 그 지리적 범위가 어디까지인가를 묻는 질문에 대해 먼저 어떤 방향이랄까 과제를 설정하면 그에 따라 범위가 정해질 터라고 되풀이 설명해 왔다. 그럴 때 그 지역개념의 구체성이 제대로 드러난다. 이런 관점을 잘 보여 주는 이전 졸저의 한 대목을 여기에 옮겨 보겠다. "동아시아를 어떤 고정적 실체로도 간주하지 않고 항상 자기성찰 속에서 유동하는 것으로 파악하는 사고와 그

---

4 창비에서의 내 역할에 대해서는 이지영 (2016). "백영서 인터뷰: 제도와 운동을 넘나드는 지식인". 창비 50년사 편찬위원회 엮음. 《한결같되 날로 새롭게: 창비 50년사 1966~2015》, 366~376쪽. 창비.

에 입각한 실천의 과정"이 중요하다. 동아시아인이 "이런 태도를 몸에 익힘으로써 자기 속의 동아시아와 동아시아 속의 자기를 돌아보는 성찰적 주체가 성찰될 것으로 기대한다".5

두 번째 열쇠말은 '지적 실험으로서의 동아시아'이다. 사실, 나는 '동아시아'란 개념을 동북아와 동남아를 포괄하는 넓은 의미로 쓰되, 그것이 지리적으로 고정된 실체가 아니란 뜻에서 '지적 실험으로서의 동아시아'라는 용어를 1999년에 제시했다.6 그 후 동아시아의 동료들 — 특히 아제서원의 구성원들(182~183쪽 참조) — 사이에서 이 용어가 공유자산처럼 활용되다가, 널리 확산된 '방법으로서의 아시아'와 호응한 문제의식임을 곧 알게 되어 힘을 얻었다. '방법으로서의 아시아'란 중국이나 아시아를 고정적 실체로 보지 않고 하나의 방편으로 삼아 세계를 새롭게 보려는 비판적 사유방식을 가리킨다.7 이는 제법 소통의 범위가 넓고 확장성이 큰 개념이다. 그런데 이것은 〈창비〉가 줄곧 견지해 온 사유방식과도 통한다는 점을 새삼 강조하고 싶다. 민족문학이나 제3세계를 실체적으로 규정하는 사

---

5 백영서(2000). 앞의 책, 50~51쪽.
6 백영서(1999). "중국에 '아시아'가 있는가"에서 처음 제기했다. 이 글은 백영서 (2000). 《동아시아의 귀환》에 수록.
7 타케우치 요시미(竹內好)의 구상에서 기원했고, 미조구치 유조(溝口雄三)의 '방법으로서의 중국'이란 개념을 거쳐 널리 활용되었다. 그 하나가 Kuan-Hsing Chen(2010). *Asia As Method: Toward Deimperialization.* Duke University Press이다. 그 후 더 확장되어 '방법으로서의 홍콩', '방법으로서의 오키나와' 등도 나타났다.

유가 초래하는 고착화 위험을 거부하는 태도, 달리 말해 대상을 고정된 실체로 파악하는 것을 거부하고 역사적·사회적 조건에 대응하는 산물로 보는 '탈실체화된' 사유방식이 그렇지 않은가(163~164쪽 참조).

그러나 그 '지적 실험'이란 어휘가 매력적이라는 반응도 있었지만, **8** 다른 한편으로 자칫 지적 유희처럼 오해되기 쉽고 실천적 차원에서의 추동력을 간과하게 만들지도 모른다는 주변의 조언도 들었다. 그래서 이전의 문제의식을 바탕에 두되 새로움을 드러내기 위해 '실천과제로서의 동아시아'(또는 프로젝트로서의 동아시아)로 바꿔 활용하게 되었다. 이는, 지역은 지리적으로 고정된 것이 아니라 역사적·사회적 맥락에서 구성된 것으로 인식하고, 어떤 지역을 호명하는 주체가 수행하는 실천과제에 따라 그 범위가 달라질 수 있다는 의미이다. 따라서 한반도를 포함한 이웃 지역을 동아시아라 명명할 때는 지리적 범위에 어디가 속할 것인가를 묻기보다는 어떤 실천과제를 설정하고 그에 상응한 지역에 어디를 포괄하려고 하는지를 명

---

8 무라타 유지로(村田雄二郎)는 나의 제안을 '지적 실험의 장소'로서 미래에의 투기(投企)로 읽었다. 그리고 다케우치 요시미의 '방법으로서의 아시아'를 상기시키면서도, 거기에는 냉전시대 사고의 산물이었던 다케우치 논의와 다른 부분도 있다고 보았다. 무라타 유지로(2005. 2. 25.). "해양 아시아론과 일본의 민족주의". 성균관대학 '동아시아 문화의 연구·교육 방법' 발표문. 그의 논점은 나의 다음 두 글에 바탕한 것이다. 白永瑞·文珍瑛譯(2001. 7.). "東アジア論: 韓國から見たアジア". 〈神奈川大學評論〉, 제39호; 白永瑞(1999). "世紀之交再思東亞. 〈讀書〉, 1999년 8월호.

확히 하는 일이 중요하다.

　이 '실천과제로서의 동아시아'를 좀 더 다듬고, 동아시아의 역사와 현실에 적용하는 작업을 진행하는 과정에서 또 다른 열쇠말로 '이중적 주변'과 '핵심현장' 그리고 '복합국가'라는 개념을 제기하였다. 이 세 개념은 그간 나라 안팎에서 다소간 주목받았다. 이제부터는 이들 개념을 중심으로 나의 동아시아담론의 궤적, 그리고 그간의 성과와 앞으로의 과제를 짚어 보겠다.

6

연동하는 동아시아의
이중적 주변과 핵심현장

1. 이중적 주변의 시각이란?

1999년 중국의 저명한 교양 월간지 〈뚜슈讀書〉 등에 글을 발표해 중국인에게 과연 주변 아시아 국가들에 대한 '수평적 시각'이 있는지 물은 적이 있다.[1] 사실 이 물음은 직접적으로 중국인을 향한 것이었지만, 우리 한국인을 포함한 아시아인 전체에게도 해당되는, 성찰을 촉구하기 위한 것이기도 했다. 바로 이런 문제의식을 좀 더 구체화하는 과정에서 내가 제기한 것이 '이중적 주변의 시각'이다.

이 발상이 촉발된 계기는 2001년 안식년을 맞아 타이베이臺北와 나고야名古屋에 반년씩 체류한 경험이다. 중국의 일부이기도 하고 중

---

[1] 白永瑞(1999). "世紀之交再思東亞". 〈讀書〉; "在中國有亞洲嗎?: 韓國人的視角". 〈東方文化〉, 2000년 4기.

국이 아니기도 한 복잡한 정체성을 가진 대만인, 그리고 한때 식민지였던 대만을 보는 후발 제국주의를 거친 일본인, 그 두 사회의 착종된 시각을 잇달아 접촉하면서, 서구 중심의 세계사 전개에서 비주체화의 길을 강요당한 동아시아라는 주변의 눈과 동아시아 내부의 위계질서에서 억눌린 주변의 눈을 아우르는 겹눈이 필요하다는 문제의식에 눈을 떴다. 중심-주변 관계에 대한 인식이자 그 극복을 위한 실천을 동시에 의미하는 이 핵심어는 나의 동아시아론을 구현할 성찰적 주체가 갖춰야 할 중요한 요건이기도 하다.

이 발상을 처음 문장으로 공개한 것은 "주변에서 동아시아를 본다는 것"(2004)[2]에서였다. 나는 그 전에 발표한 문장에서 '지적 실험으로서의 동아시아'란 견해를 제출하면서 그것이 지닌 동아시아 현실을 보는 데 기여하는 유용성을 지적하며 동아시아의 주변적 주체들로부터 중국과 일본을 다시 보게 한다고 강조한 바 있다.[3] 그때 주변적 주체로 상정했던 것은 "(각 국민국가 안의 소수민족을 당연히 포함한) 여러 민족과 지역들"이었다. 그렇게 보려 한 것은 동아시아 내부의 중심과 주변으로 구성된 지배적 위계질서의 억압적 기능과 그로 인해 억눌린 다양한 주체의 역사적 가능성을 드러내기 위함이었다. 그리고 주변에서도 '중심'적 사고를 할 수 있기에 그것을 명사가 아

2 정문길·최원식·백영서·전형준 편(2004). 《주변에서 본 동아시아》. 문학과지성사의 프롤로그인 졸고 "주변에서 동아시아를 본다는 것".

3 백영서(2000). "중국에 '아시아'가 있는가: 한국인의 시각". 《동아시아의 귀환: 중국의 근대성을 묻는다》. 창작과비평사에 수록.

닌 형용사적 의미로 읽기를 바랐다. **4** 그런데 점차 그것만으로는 충분하지 않다고 판단했다. 동아시아 바깥으로 눈을 돌려 동아시아가 서구 중심의 세계사에서 주변적 위치를 차지한다는 것을 동시에 보는 데에 소홀했던 것이다. 우리들의 사고를 제한해 온 것은 구미를 중심으로 하는 역사지도이다. 이제 우리에게 필요한 것은, 동아시아 안과 밖의 '이중적 주변의 눈'으로 새로운 지도를 그리는 작업이라는 데 생각이 모였다.

그 주요 내용을 발췌해 길지만 인용해 보겠다.

중심-주변은 지리적 결정론과는 관계가 없다. 주변이란 어디까지나 시각과 관련된 것이고, 지리적으로 어디에 위치한다는 것과 필연적인 대응관계가 있는 것은 아니다. 어디가 중앙이고 어디가 주변인가는 어디까지나 상대적인 것이다.

이처럼 주변-중심이 단순한 지리적 위치를 의미하지 않고 상대적인 시각에 따라 변한다는 관점에서 한 걸음 더 나아가, 그것을 가치론적인 차원에서 중심-주변 개념으로 파악하고 중앙과 주변은 무한한 연쇄관계 또는 무한 억압이양抑壓移讓의 관계를 갖는 것으로 생각해 보는 것도 가능하다. **5** 이 입장에서 보면, 중앙의 중앙에 있는 측은 극히 소수

---

4 위의 책, 64~65쪽.
5 이 발상은 일본 체류 중 읽은 石田雄(1981). 《周邊から'の思考》. 田畑書店. 序에서 암시받았다.

이고, 대부분은 주변에 있으면서도 한층 더 주변적인 부분에 대해서는 중앙의 위치에 있게 되는 식으로 양자의 관계는 무한한 연쇄고리를 만들어 간다. 여기서 중요한 것은 그 사이의 어느 편에 위치하는가 하는 객관적인 조건보다는 중앙의 사고방식을 의심 없이 받아들여 자신보다 한층 더 주변적인 부분을 차별하고 억압하며 그러한 억압이양을 의식하지 않는 '중앙으로부터의' 시각을 접수하는가, 아니면 자신이 주변에 있고 중앙으로부터 차별당함을 문제 삼고 동시에 자신이 한층 더 주변적 부분을 차별하고 억압한다는 사실을 자각하여 중앙의 문제됨을 다시 묻는 자세를 취하는가의 선택이다. 중앙과 주변의 관계에서 차별과 억압이 무한 연쇄를 이루고 있고, 그 속에서 자신의 위치를 발견하고 중앙과 주변으로부터의 시각을 확립하는 것은 그 연쇄가 무한인 이상 무한의 노력을 필요로 한다. 주변의 시각을 갖는다는 것은 지배관계에 대한 영원한 도전이요 투쟁이다. **6**

그렇다면 중심의 지배에 저항하는 주변의 위치에 발 딛되 주변을 특권화하는 위험에서 벗어나는 길은 무엇일까. 그 같은 문제는 주변-중심 관계를 탈역사화한 데서 발생하기 쉽다. 따라서 주변이 무엇인가를 역사적 맥락에 놓고 파악하는 데서 해결의 실마리가 주어질 것으로 기대했다. 다음 인용문 역시 좀 길지만 이 점을 잘 간추려 설명하니 읽어 보자.

---

6 백영서 외 편(2004). "주변에서 동아시아를 본다는 것". 앞의 책, 17~18쪽.

여기서 근대세계를 주변과 중심의 관계로 해명하는 세계체제론을 의식하지 않을 수 없다. 이에 따르면, '중심부'와 '주변부'라는 두 국가군으로 구성된 세계체제에서는 양자 사이의 세계적 분업체계와 불평등 교환체계 속에서 중심부의 주변부에 대한 팽창과 침투로 불균등발전이 야기된다.[7] 세계체제의 시각이 국민국가의 경험을 세계체제의 변화 과정에 위치시킴으로써 근대세계에 대한 우리의 이해를 도와주는 것은 분명하다. 그런데 필자는 이 이론의 분석적 개념을 동아시아 근대세계를 설명하는 데 필요한 만큼은 원용하겠지만, 기본적으로 이에 얽매이지 않고 '중심-소중심-주변'의 삼층구조라는 일종의 상징적 비유를 통해 동아시아 역사세계를 재구성하고자 한다. 이로써 근대 자본주의 세계에서 거슬러 올라가 전통시대 동아시아의 지역체계인 중화세계까지 포함한 동아시아 역사세계를 설명할 수 있는 것은 물론이고, 동아시아 근대세계의 국민국가 형성 과정에서 국가 간의 경계를 구획하는 국경과 국민 통합(과 배제)이 중시됨에 따라 주변적 존재로 무시되어 온 국가의 틈새에 위치한, 무수한 '국가 형태를 지니지 않은' 사회

---

7 세계체제론 가운데 '반(半) 주변부'는 중심부와 주변부로 양극화된 세계체제의 정치적 불안정을 완화하는 정치적 역할을 담당하지만, 또한 정치적 변혁의 가능성도 안고 있다. Wallerstein, I. (1979). *The Capitalist World-economy*, pp. 95~118, Cambridge University Press; 나종일(1992). 《세계사를 보는 시각과 방법》, 81~186쪽. 창작과비평사 참조. 나는 이 개념을 통해 주변에서 중심-주변 관계를 변화시키는 동력의 역사적 근거를 찾을 수 있을 것으로 기대한다. 특히 반 주변부인 한국의 독특한 역할을 설명할 수 있으리라고 보지만, 처음 제기했을 때는 제대로 활용하지 못했다.

가 만들어 낸 다양한 역사를 되살리는 데도 기여할 것으로 기대한다. **8**

나의 '이중적 주변'이란 시각은 발표된 이후 일정한 반향을 거두었
다. 예를 하나 들면, 한 중국 지식인의 관심을 오키나와와 대만의
진면으로 이끌고, 그 속에서 "역사 속에 약동하는 요소들이" 뒤엉키
는 상황을 직시하게 자극했다. **9** 또한 주변 국가 안에 또 다른 중심-
주변 관계가 존재하니 '삼중주변'이 더 적합하다든가, 주변의 특권
화, 결국 한국 중심주의가 아니냐는 — 어찌 보면 쉽게 예상되는 —
비판도 더러 있었다. 전자에 대해서는 이중적 주변의 '이중'이란 딱
두 종의 주변으로 고정하려는 뜻은 아니고, 억압의 무한이양에 주목
한 것이었으니, 사실상 n중 주변이라 해도 무방하다고 답변하고는
했다. 후자는 국내는 물론이고 중국 같은 곳에서도 제기된 비판이었
다. 이에 대해 분단된 한반도(의 남쪽)라는 장소의 기운을 받으면서
이 경험에서 출발하는 것은 자연스러운 것이고, 이곳과 구조적 동일
성을 가진 다른 지역과의 연계 — 이 발상은 나중에 '연동하는 동아
시아'**10**로 표현되었다 — 를 중시하므로 특권화 충동은 적절히 제어

---

8 백영서(2004). 앞의 글, 19~20쪽.

9 쑨거, 김민정 역(2018). 《왜 동아시아인가》, 19쪽. 글항아리.

10 내가 말하는 '연동'은 일단 야마무로 신이치(山室信一)가 말한 '연쇄'와 구별하기
위해 택한 단어다. 재일학자 조경달의 비판에 따르면, 아시아에서 사상의 연쇄는
'일본이 주체이고 아시아는 객체'다〔久留島浩・趙景達編(2008). 《アジアの國民
國家構想》, 2~3쪽. 東京: 青木書店〕. 이와 달리 연동은 서로 깊이 연관된 동아
시아가 다방향으로 상호작용하는 공간(곧 구조)을 서술하는 동시에 주체적인 연대

될 것으로 보인다고 해명했다. 더욱이 한반도를 단순한 주변으로 보지 않고 역사 속에서 중국 같은 중심에 대해서는 주변이지만 여진/대마 같은 주변에 대해서는 소중심이었음을 확인하면서, 그 사이에 작동하는 억압이양의 구조에 대한 영원한 도전을 촉구하는 깨어 있는 문제의식을 견지하려 했다.[11] 언뜻 보면, 중심과 주변이라는 표현법은 단순하다. 그러나 거기에 "역사적·공간적 위계구조가 담겨 있기 때문에 실천적이 된다".[12] 이것은 나의 의도를 잘 간파한 일본 지식인의 발언이다.

그런데 이런 해명만으로는 충분치 않다는 생각이 들어 좀 더 적극적으로 대응하기 위해 궁구하던 차, '핵심현장'이라는 개념을 제기하기에 이르렀다.

활동을 가리키는 용어다.

[11] 백영서(2017). "中華與去中華的文化政治: 重看'小中華'". 張崑將編. 〈東亞視域中的'中華'意識〉. 臺北: 國立臺灣大學人文社會高等研究院. 고맙게도 이 점을 간파해 준 연구자도 있다. 유용태(2014). "사회인문학적 동아시아론의 진전: 백영서, 《핵심현장에서 동아시아를 다시 묻다》". 〈중국근현대사연구〉, 제61집: 185.

[12] 池上喜彦(2017). "東アジア論壇に向けて: 共生への道と核心現場が誘う世界". *Review of Asian and Pacific Studies*, 제42호. Center for Asian and Pacific Studies, 成蹊大學; 이케가미 요시히코(2019). "동아시아 논단으로의 초대: 《공생의 길과 핵심 현장》이 이끄는 세계". 〈사이間SAI〉, 제27호: 277. 그런데 한국사 속에 있는 '피해자성을 내포한 가해자성'을 내가 얼마나 직시했는지는 돌아보게 된다. 이에 대해서는 이 책 268쪽에서 다시 다뤄진다.

2. 핵심현장, 왜 제기했나?

'핵심현장'은 '이중적 주변의 시각'을 요구하는 곳이자 그것이 가장 적절히 적용되는 대상이다. 이 개념이야말로 내가 2000년대 들어서 중국 대륙과 일본 본섬의 여러 곳은 물론이고 대만·홍콩·오키나와·싱가포르 등지로 관심을 넓혀 직접 현지를 드나들며 그곳 지식인들과 대화를 나누면서 얻은 수확이라 하겠다.

특히 오키나와와의 인연이 중요한 의미를 갖는다. 예컨대 2010년 5월 오키나와 후텐마에普天間 미군기지를 오키나와 현외縣外로 이전하겠다는 공약을 일본 정부가 뒤집는 발표를 한 직후 그에 반대하는 현지 주민의 시위현장에서 나는 한반도 남북화해의 동아시아적 의미를 절감하지 않을 수 없었다. 당시 정권교체를 이룩해 일본 안팎에서 비상한 주목을 받던 민주당 하토야마 유키오鳩山由紀夫 총리가 공약 번복의 명분으로 내세운 것이 북한과 중국을 대상으로 한 '억지력 유지'인데 바로 그 직전에 한반도에서 발생한 천안함天安艦 사건 (2010년 3월)에 그 근거를 두었다. 그때 나는 이명박 정부 아래서 한반도 평화와 화해를 위한 추진력을 잃어 오키나와 주민에게 부담을 준 데에 대해 한반도 주민의 일원으로서 자책했는데, 오키나와 활동가는 오히려 미군기지를 내보내지 못해 한반도 분단 해소에 장애가 된다고 미안해했다. '연동하는 동아시아'가 실감되는 순간이었고, 이렇게 서로 연관된 장소야말로 '핵심현장'이 아닌가 하는 생각이 들었다. 또한 2011년 일본 토호쿠東北 지방에서 발생한 3·11재난, 그리고 반복되는 동아시아 내부의 영토분쟁을 지켜보면서 서울과 오키나와(의 나하那覇)에서 열린 두 차례의 동아시아 비판적 잡지회의 기간에 참석자들은 이 지역에 사는 주민들의 일상생활이 서로 연동된 문제임을 서로 확인할 수 있었다(이 책 182쪽 참조). **13** 사실 그 연동에는 부정적 의미의 악순환과 긍정적 의미의 선순환이 모두 포함된다.

이 개념을 처음 발표한 것은 오키나와에서 열린 2013년 동아시아 비판적 잡지회의 석상에서였다. **14** 따지고 보면, 우리가 살고 있는 삶의 현장 어디나 핵심현장이 될 수 있다. 이는 "어디를 가나 주인이 된다면 서 있는 곳마다 그대로가 모두 참된 것이 된다隨處作主 立處皆眞"**15**는 불가의 가르침이 깨우치는 바이다. 그러나 내가 말하는 핵심현장은 그곳이 역사 속에서 시공간의 모순과 갈등이 응축된 장소라는 사실을 제대로 인식하고 그 극복의 실천자세를 견지할 때 비로소 발견되는 곳이다. 말하자면 핵심현장의 객관적 조건과 주체적 조건을 역사적 맥락에서 역설한 것이다. 이전 저서에서 관련된 대목을 인용해 보겠다.

핵심현장은 바로 이 복합적이고 중층적인 시공간에 대한 인식을 요구

---

13 오키나와 활동가들의 반응이 그 점을 잘 보여 준다. 이에 대해서는 〈けーし風〉 (2011.3.). "座談會 東アジア批判的雜誌會議參加報告". 제 70호.
14 그 내용은 백영서(2013). 《핵심현장에서 동아시아를 다시 묻다》의 "프롤로그".
15 임제선사(臨濟禪師)의 가르침이다. 《鎭州臨濟慧照禪師語錄》.

하는 곳이자 그것이 가장 잘 적용되는 적절한 대상이다. 그것은 쑨거孫歌가 말하는 역사의 '관절점關節點'과도 통한다. 시공간의 모순이 응축된 곳, 그것이 핵심현장이다. 오키나와 이외에 분단체제하의 한반도, 대만 등이 (그간 내가 주목해 온) 핵심현장에 속한다. 중화제국-일본제국-미제국으로 이어지는 중심축의 이동에 의해 위계 지어진 동아시아 질서의 역사적 모순이 응축되었고, 식민과 냉전의 중첩된 영향 아래 공간적으로 크게 분열되어 갈등이 응축된 장소이다. 그처럼 시공간의 모순과 갈등이 서로 연동되어 악순환하고 있으므로 그것을 해결해 갈수록 평화의 동아시아를 위한 선순환의 촉매로서의 파급력은 그만큼 더 커질 것이다. 가번 맥코맥Gavan McCormack이 적절히 표현했듯이 핵심현장은 "일본의 제국주의와 미국의 냉전헤게모니 시대를 극복할 수 있는지를 가늠할 리트머스 시험지와도 같다." 이 같은 의미가 있기에 핵심현장은 특정 지역을 특권화하는 것이 아니다. 우리가 살고 있는 삶의 현장 어디나 핵심현장이 될 수 있다. 단, 그곳이 시공간의 모순과 갈등이 응축된 사실을 제대로 인식하고 그 극복의 실천자세를 견지할 때 비로소 핵심현장으로 발견되는 것이다. 그리고 그곳의 응축된 모순과 갈등으로 인한 일상생활의 고통이 남다른 만큼 그 해결 과정에서 체득한 깨달음에 따라 우리 각자의 삶에 대한 태도도 변화될 것이 분명하다. 그것이 바로 핵심현장에서부터 파급될 것으로 기대된다. **16**

---

16 백영서(2013). 앞의 책, 17~18쪽.

내가 이 개념을 구상한 계기는 연대운동 차원에서 자주 다닌 대만과 오키나와 지식인들의 경험과 한반도의 경험이 연동된 것으로 이해되어서였다. 이 작업을 통해 나의 동아시아담론을 한국 안팎에서 쉽게 한반도 중심주의라고 비판하는 일에 대해 대응할 수 있을 것으로 기대했다. 그러면서 그 과정에서 중시한 것은 핵심현장에서 살면서 투쟁하는 사람들의 고통을 공유 ─ 공생의 조건으로 공고共苦를 강조했다 ─ 하는 자세에 대한 성찰이었다.

그런데 이 용어가 매력적인 표현이기 때문에 자칫 구호나 수사로 남용될 수 있다는 우려도 주변에서 들었다. 사실 한자어인 '현장'이란 말은 단순히 글자 풀이하면 '현재現'와 '장소場'를 가리킨다. 같은 한자를 쓰는 일본의 '겐바現場'와 중국의 '시엔창現場' 그리고 한국의 '현장'의 발음이 서로 다르고 어감도 똑같지는 않지만, 공통점은 아마도 아직 해결되지 않은 중요한 문제나 사건이 한창 벌어지고 있는 생생한 공간space에 대해 신호를 보내는 현실감의 분위기이지 싶다. 이 때문에 현장의 '현'은 시간상 즉각적으로 나타나는 물질적이고 정동적인 '현재성present-ness'을 의미한다는 해석도 가능해진다. **17**

내가 고려한 '핵심현장'에서의 '현장'은 그러한 행위가 일어난 장소site가 단순한 위치location를 넘어 미래 세대의 기대지평이 응축된 곳

---

17 Park, S. (2019). "Situating the Space of Labour: Activisim, Work, and Urban Regeneration". Song, J & Hae, L. eds., *On the Margins of Urban South Korea: Core Location as Method and Praxis*, p. 181. Toronto: University of Toronto Press.

이다. 뿐만 아니라 여기에 한국에서 사용된 용례의 경험이 녹아 있다. 1970년대 전후 한국에서 사용되기 시작한 '현장'은 여러 층위의 의미를 갖는다. 첫째, 현실과의 관계를 묻는 현실성이다. 그 당시 "현장에 들어간다"라는 말이 학생운동권에서 의미 깊게 사용된 적이 있다. 공장이나 농촌 현장에 들어가 노동하는 민중의 삶의 현실과 일체가 되어 생활하고 민중운동을 조직하겠다는 결단의 표현이었다.[18] 이는 곧 현장의 두 번째 의미의 층위, 즉 운동성을 가리킨다. 셋째 층위는 경험성이다. 주체의 체험과 구체적인 사례를 중시하는 것이다. "현장성이 부족하다는 것은 자기의 경험을 감추거나 자신의 경험을 믿지 않는다는 것"을 의미하기도 한다.[19] 넷째는 토착성이다. '현장' 혹은 '현장성'은 서구와 비서구의 간극을 좁히려는 시도 속에서 활용되었다. 토착적 현실을 고려한 지식생산에 대한 요청이 '현장' 혹은 '현장성'에 대한 강조로 이어졌다.

그런데 이렇게 여러 층위의 의미를 가진 현장에 대한 이해는 자칫하면 다원론적 사고방식의 함정에 빠질 위험이 있다. 단지 현장의 기준점을 늘리고 다원화하는 데에만 집중한다면, 그것에 작동하는 구조적인 위계질서와 역사적인 폭력을 간과할 수도 있다는 뜻이다. 사고의 평면성을 넘어선 원근법적 사유가 필요하다. 그래서 나는 현

---

18 이남희, 이경희 역 (2015). 《민중 만들기: 한국의 민주화운동과 재현의 정치학》. 후마니타스.

19 황현산·문강형준·신형철 대담 (2016). "현장의 사상가는 늘 명랑하다". 〈문학동네〉, 2016년 봄호: 533.

장을 '핵심'이란 어휘와 결합시켰다. 앞의 인용문에 제시되어 있듯
이 **핵심**현장은 동아시아 근현대사의 시공간의 모순과 갈등이 연동
되면서 응축된 곳, 달리 말하면 세계체제의 약한 고리이고, 그곳에
서의 주체의 형성과 연대를 의미한다.

3. 핵심현장에 관한 다양한 반응

이 개념이 제기된 이후 다양한 반응이 나왔다. 그중 일부만 소개해
보겠다.

재일학자 오세종吳世宗은 핵심현장이란 발상이 "인식의 틀이자 비
교의 틀"이요, "방법"이라고 풀이한다. 그리고 그것을 통해 지역의
고유성을 포착하고, 나아가 그것을 형식화함으로써 각 현장의 공통
성을 찾고 그 확산은 보편화의 길을 가는 것으로 파악한다.[20]

그 밖에 영어권에서 핵심현장은 연구의 현장이면서, "방법으로서
의 아시아"가 제기하는 여러 문제를 비롯해 다양한 문제의식에 대해

---

[20] 제 115차 세교포럼, "미국의 재균형 전략과 동아시아 핵심현장: 오키나와, 강정
그리고 성주"(서울: 2016년 9월 23일)에서의 오세종(일본 류큐대학 교수) 토론
문. 그 밖에 대만의 대학원 수업 중 졸저 중문판을 읽었는데 수강생들이 비교적 실
감을 크게 느낀 것은 핵심현장이라는 증언도 있다. 장 쿤장(2018). "대만과 유학
의 시각에서 본 백영서의 동아시아론". 박경석 편. 《연동하는 동아시아를 보는
눈》, 109쪽. 창비.

고민하기 위한 창구로서 의미부여한 견해도 나왔다. 즉, '핵심현장'은 첸광싱 등이 제창한 '방법으로서의 아시아'의 문제의식을 계승하되, 분석과 비교의 단위를 국가에서 현장으로 재조정함으로써 그 한계를 넘어설 수 있는 방안을 제시한 것으로 본다. [21]

학계의 반향을 넘어서면, 핵심현장이란 용어의 매력은 그곳에서 투쟁하는 사람들의 역할과 의미를 제대로 존중하는 태도로 간주된다. 오키나와의 원로 아라사키 모리테루新崎盛暉는 "핵심현장에서 계속 투쟁하고 있는 사람들에게 많은 힌트와 용기를 줄 수 있는" 것으로 보며 크게 환영하는 편이었다. [22]

한편, 핵심현장이라는 용어, 특히 '핵심'에 이미 중심성이 담긴 게 아닌가 하는 비판도 간혹 제기되었다. 중심center이 아닌 핵심core locality 또는 location이라고 나 자신은 강조하지만, 탈중심의 담론이 주도하는 현재 지식계 상황에서 이런 비판은 나올 법한 것이고, 곧바로 한반도 중심주의로 비화되기도 한다. 이에 대해 분단된 한반도에 처한 지리위치가 나에게 중국을 비롯한 다른 나라의 학자들과 구별되는 시각과 감수성을 부여하고 중요한 관점의 연원이 됨을 간파하고, 그 덕에 한반도와 구조적 동일성을 가진 대만과 오키나와의 역사와 현실에 대한 방관자적 이해를 초월한다고 지적한, 정곡을 찌른

21 Song, J. & Hae, L. eds. (2019). 앞의 책, 특히 "Introduction".

22 〈沖縄タイムス〉 2016년 9월 10일 자에 실린 졸저(《共生への道と核心現場: 實踐課題としての東アジア》. 東京: 法政大學出版部. 2016) 에 대한 아라사키 모리테루의 서평.

견해도 나왔다. 23 마찬가지로 지역횡단적trans-local 발상으로서 오키나와, 금문도를 비롯한 대만, 그리고 더 넓은 저항정치의 공간으로 확장 가능한 것으로 내 문제의식을 이해해 주는 시각도 있다. 24 특히 (앞에서 거론한) 오세종이 눈 밝게 알아보았듯이, 핵심현장은 그에 내재하는 보편성을 확보해 주는 특정한 역사적 계기이고 보편성 추구로 이어질 가능성이 있다(이에 대해서는 이 장 말미에서 다시 더 설명된다).

더 나아가 나의 '핵심현장'은 동아시아의 역사적·현재적 경험이 축적된 곳이고 이러한 억압과 폭력에서 벗어나려는 저항적 활동과 연대의 비전을 담고 있다는 강점에 착안해, 그로부터 더 나아갈 방향을 찾는 시도도 나왔다. 동아시아의 저항적 활동과 연대의 양상을 '주변화'와 '소수자화'의 접점 속에서 조망함으로써 젠더·계급·지역 등 좀 더 다층적으로 교차하는 관계 속에서 파악하고 실천하는 계기를 찾자는 제안이다. 특히 동아시아론을 기반으로 저항의 장소나 연대를 이야기할 때, '여성'의 위치는 충분히 부각되기 어려운 점이 있으니, 주변화와 소수자화라는 접점 속에서 핵심현장의 통찰을 좀 더 밀고 나가면 새로운 질문을 이끌어 내고 그에 따라 대답을 찾을 수 있다고 기대한다. 이 안목은 풍부한 시사를 제공한다(이에 대

---

23 王前(2018). "何謂從周邊看中國:以宮崎市定和白永瑞爲例". 許紀霖·劉擎 主編. 《知識分子論叢》, 第15輯: 315. 上海: 江蘇人民出版社.
24 Hae, L. (2019). "Against the Construction State: Korean Pro-greenbelt Activism as Method". Song, J. & Hae, L. eds., 앞의 책, p. 67.

해서는 바로 아래 다시 논의될 것이다). **25**

본래 '핵심현장'이란 발상을 제기한 것은 무슨 '이론'을 만들기 위해서가 아니라 동아시아의 갈등과 모순을 극복하는 데 도움이 될 '통찰'이면 족하다는 생각에서였다. 이에 대해 "아주 잘 다듬어진, 개념이라기보다는 거의 이론에 가까운 단어"라는 고평도 있었지만, **26** 나의 본래 뜻은 지금도 여전하다. 그런데 지식생산 과정에서 비서구권, 이를테면 한국에 대한 연구로부터는 국가횡단적transnational 분석이 나올 수 없다는 전제 아래 비판하는 영어권 학계의 주류 시선과 한국학 연구자들이 고투하는 과정에서 "관계적이고 국가횡단적인 틀을 사용해 다시 다듬을 필요"를 느끼던 차, 본인의 '핵심현장'을 접하고 이를 통해 여러 저항들이 지역을 넘어 서로 연결될 수 있는 보편적인 공통의 장을 확인하게 되었다는 이야기를 들으면서 보람을 느꼈다. **27**

이러한 다양한 반향에 힘입어, 지금부터 핵심현장이란 발상을 심화시킬 방향을 모색할 의욕을 품게 되었다. 이제 구상 중인 일부의 단상을 다음에 소개하려고 한다.

---

25 2020 HK+ 중앙대 접경인문학 연구단 RCCZ 제 5회 해외저자초청 북토크(서울 중앙대, 2020년 11월 27일)에서의 신지영의 Song, J. & Hae, L. eds, 앞의 책에 대한 토론문.

26 이케가미 요시히코(2019). 앞의 글, 277.

27 Song, J. & Hae, L. eds., "Afterword". 앞의 책, pp. 189~190.

4. 핵심현장이 감당할 과제

1) 지역연구의 새로운 방향과 그 너머

먼저 '핵심현장'이 지역연구의 새로운 길을 찾는 노력과 상통하는 면을 더 궁구해 볼 필요를 느낀다.

   테사 모리스-스즈키Tessa Morris-Suzuki가 제기한 '액체화된 지역연구'는 나의 핵심현장과 통한다.**28** 그에게 지역이란 고정된 (특히 국민국가적) 경계 안에 한정된 것이 아니라, 분수fountain처럼 끊임없는 행동과 운동에 의해서만 형태를 가진다. 또한 분수처럼 운동이 방향을 바꾸거나 멈추면 근본적으로 형태가 바뀔 수도 있고 사라질 수도 있다. 이와 함께 그가 착안한 소용돌이vortex는 다양한 흐름이 만나는 장소이고 사회문화적 상호작용의 소용돌이이며 미래를 바꿀 수 있는 전략적 요처要處이다. 이것이야말로 핵심현장이 역사와 현실 속에서 작동하는 양태이다. '액체화된 지역'은 핵심현장의 다른 이름이 아닐까.**29**

---

28 Morris-Suzuki, T. (2019). "Liquid Area Studies: Northeast Asia in Motion as Viewed from Mount Geumgang". *Positions*, Vol. 27 no. 1.

29 그 밖에 일본어의 '겐바'에 착안해 공해 지역을 연구하기 위한 새로운 방법을 제안하면서 '겐바'는 단순한 위치(location)를 넘어 미래 세대가 고려해야 할 결과들의 폭포를 제공한다고 본 관점도 시사하는 바 크다. Onaga, L. & Wu, Harry Yi-Jui. (2018). "Articulating Genba: Particularities of Exposure and Its Study in Asia". *Positions*, Vol. 26 no. 1.

여기서 핵심현장이 특정한 장소topos에 뿌리내린, 토지의 기억과 결합된 사상자원이되 그 장소를 훌쩍 벗어나 비장소atopos를 함축하고 있음을 확인해 둘 필요가 있다. 이는 지리적 범위이되 그 범위를 넘어 "자기가 발 딛고 사는 땅에 새겨진 상처와 기억을 타인과 더불어 공감共感/공고共苦할 수 있는 장"을 열고자 하는 것이다. **30**

이 점을 더 풍성하게 살리려면, 앞으로 핵심현장은 '이중적 주변'이란 발상과 더욱더 유기적으로 결합될 필요가 있다. 이렇게 말하면, 중국이 이미 '중심'이 되었고, 중견형 선진국이라 할 만한 한국도 '주변'이랄 수 없는 변화가 생겼으니 주변의 시각의 근거가 더 이상 없지 아니한가라고 반문할지도 모른다. 그러나 그럴수록 대안적 발전을 모색하기 위한 계기로서 필요하고, 더욱이 (위에서 보았듯이), '이중의 주변'의 '주변'이 단순히 물리적·지리적 공간만을 의미하지는 않는다. 이중의 주변은 '주변화'와 '소수자화'라는 두 현상 (atopos)과 접속함으로써 새로워질 수 있다. 여기서 동아시아론의 주변 인식이 민족문제(특히 ethnicity)를 중심으로 형성되다 보니, 2015년 이후 출현하기 시작한 혐오 현상과 소수자minority — 여성·퀴어·난민·장애인·비인간 등 — 문제를 적극적으로 성찰하고 비판하는 활력이 떨어진 한계를 드러냈다는 지적이 매섭게 들린다. **31**

---

30 김항(2015). "입장에서 현장으로". 〈창작과비평〉, 2015년 가을호: 552.

31 연세대 국학연구원 주최, 〈東方學志〉 200집 기념 심포지엄 "동방학을 다시 묻다"(2022. 6. 17)에서 발표된 신지영, "동아시아론과 마이너리티: 감정기억의 재정의를 통한 다중쟁점정치의 회복".

아시아를 관통하는 식민주의·냉전·탈냉전 시기 자본주의의 지정학적 질서 속에서 그 주변부로 밀려난 공간과 주체들의 세계체제 속의 위치를 꿰뚫어 보고 그들과 공감하며 연대하는 과제를 좀 더 적극 감당해야 할 때이다. 이렇게 담론이 재구성되는 과정에서 서구화된 학문 체계 속에서 주변화된 여러 지역의 토착적 관점을 끌어안는 쪽으로 좀 더 확장될 수 있다.

2) 다양한 사상자원과의 접속

핵심현장 개념의 설득력을 키우기 위해 동아시아 안팎의 사상자원으로부터 자양분을 끌어내는 일도 긴요하다. 이 만만치 않은 작업은 계속 궁구해야 할 터이기에, 우선은 현재 떠오른 단상을 몇 개 소개하면서 그 방향을 더듬어 보는 수밖에 없겠다.

먼저 조선 후기 실학자 박지원의 '제際'의 철학이다. '제'는 때로는 일정한 거리間, 때로는 양자의 경계선中, 또 때로는 양자가 일체和가 되는 것을 의미한다. 또한 사물物과 주체我가 혼용되는 지점이자, 도道와 기器가 부즉불리不卽不離한 지점이기도 하다.32 이는 경계의 중첩이나 횡단, 또는 (바로 다음 오키나와 서술 대목에 나오듯이) '장소'와 '비장소'의 혼재에 대해 깊이 사고하는 인식의 기반이 될 수 있기에 핵심현장 개념의 깊이를 더해 줄 수 있을 터이다. 이처럼 동아시

---

32 정일남(2001). "박제가의 제의 시론". 〈한문학연구〉, 제 28호.

아의 고전사상과 종교원리에서 가져올 자원은 샘처럼 많을 것이 분명한데, 어떤 맥락에서 활용할 것인가가 요체이다.

유학의 인仁을 통해 핵심현장을 설명하는 방식도 그런 사례이다. 일상생활 중의 모순과 분규를 발견하는 과정에서 '핵심현장'을 발견하고, 이러한 모순과 갈등을 극복하려는 태도를 가짐으로써 이끌어 낸 공생과 공고共苦의 삶을 일종의 인의 생활철학으로 읽는 견해가 있다. 이에 따르면, 나의 핵심현장 구상은 유가의 인학仁學에서 "가장 유감없이 발휘된다". 이를 "자기의 마음으로 남의 마음을 헤아리는" 장심비심將心比心의 주체철학이라 일컬으며, 이로부터 '새로운 보편성'을 불러일으킬 수 있을 것으로 기대한다. 33

동아시아의 고전세계만이 아니라 현실세계에서도 가져올 자원을 만날 수 있다. 오키나와에서 발신하는 사상과 문명론적 지향도 값진 자원이다. 오키나와라는 토지의 기억과 결합된 사상자원이면서도 그 장소를 넘어선 자원이란 가치를 함축한다. 여기에 섬 공동체로서 오랜 기간 지켜 온 오키나와 특유의 공동체 의식과 감정 ― '수평축의 발상', 곧 '동심원'처럼 수평으로 퍼져 나가는 '타자의 확장'으로서 인간관계를 파악하는 힘 ― 34이 녹아 있다.

좀 더 구체적인 예로 '공화사회' 구상, 곧 카와마치 신이치川滿信一

---

33 장 쿤장(2018). 앞의 글, 106쪽.
34 岡本惠德(1970). "水平軸の發想: 沖繩の共同體意識". 谷川健一編. 《叢書 わが沖繩 第六卷 沖繩の思想》. 東京: 木耳社.

가 제안한 〈오키나와 공화사회헌법〉을 들어 보겠다. 그 내용은 제 8
조에 나오는 '상징적인 센터영역', 즉 국가라면 영토겠지만 공화사
회이기에 대략적인 공간범위를 가리키기 위한 기표로 사용된 그 어
휘에 잘 드러난다. 또한, 공화사회의 인민이 될 자격이 그 센터영역
내의 거주자에 한하지 않고, "이 헌법의 기본이념에 찬동하고 이를
준수할 의지가 있는 자" 누구에게나 열려 있다는 조문(11조)에도 그
지향이 분명히 밝혀져 있다. **35** '다가와야 할' 공화사회는 국민국가
화하는 것이 아니라 국가횡단적인 인민의 네트워크에 대한 상상력
이다. **36** 바로 그렇기 때문에 오키나와가 단순히 '새로운 장소 내지
변화된 장소'가 아니라 우리가 장소와 주체 사이의 관계를 새롭게 사
유할 수 있게 하는 '비장소'인 것이다. 〈오키나와 공화사회헌법〉 제
1장 제 1조에서 공화사회의 개방적 구성원에게 요구하는 조건이 '자
비의 원리'이듯이, 카와마치는 불교와 같은 동아시아의 사상자원을
보편적 이념으로 끌어올리는 작업 — 어떤 곳에서는 '종교적 원리화'
로 말할 때도 있다 — 이 오키나와에서 수행되기를 기대한다. **37**

이 같은 오키나와의 사상자원은 동아시아 지식인에게 국민국가라
는 단위에 갇히지 않는 감각과 새로운 정치형식의 상상을 촉진하기

---

35 〈오키나와 공화사회헌법〉은 川滿信一, 이지원 역(2014). 《오키나와에서 말한
다》. 이담에 수록된 것을 참조.

36 〈圖書新聞〉(2014. 11. 1.). 新城旭夫/丸川哲史 對談. "世界史沖繩".

37 川滿信一·仲里效編(2014). 《琉球共和社會憲法潛在力》, 66쪽. 東京: 未來
社.

에 핵심현장 개념을 정련하는 데 값진 도움이 될 것이다.

3) 실제 역사와 현재 상황 분석에의 적용력 높이기

핵심현장은 무엇보다 실제 역사와 현재 상황을 분석하는 데 요구되는 적용력을 좀 더 높여야 한다. 특정 현장에 어떤 모순이 유난히 집중되어 있고 그들 모순과 싸우는 주체가 얼마나 현저하게 형성되어 있는가를 구체적으로 분석해 냄으로써 비로소 '핵심현장'으로서의 자격을 갖추었음을 판정할 근거가 생길 것이다.

오키나와라는 사례는 기존 연구 결과만으로도 핵심현장임이 뒷받침된다. 먼저 외부 세력들의 잇따른 점령지배가 복합적 중압으로 작동하는 초시대적 맥락에서 성립된 오키나와의 역사는 핵심현장의 객관적 조건을 갖추었음을 웅변한다.

오키나와 주민의 운명을 결정지은 중요 사태가 모두 외부 권력기구에 의한 위로부터의 일방적인 주도로 이뤄졌다는, 이른바 세 차례의 '처분' 과정을 살펴보자. 원래 독립국인 류큐琉球왕국은 1609년 사츠마번薩摩藩의 침공을 받은 이후 일본의 막번제幕藩制국가 안의 '이국異國'으로서 중국과의 조공관계도 함께 유지하였다. 이처럼 일본과 중국 사이에서 이중적 조공관계를 맺으면서 독립을 유지한 류큐왕국이 지배하던 오키나와가 메이지유신을 성공시킨 일본 정부에 의해 강제 복속당해 지방 행정단위인 현縣으로 재편되었다. 이것이 첫 번째 류큐 처분이다. 두 번째 류큐 처분은 제2차 세계대전 종결 직후 오키나와가 명목상으로는 일본 영토이나 사실상 일본으로부터 분리되어 미국 법이 시행되는 미군 통치(이른바 '시정권') 아래 놓인 것을 말한다. 그러다가 1972년 오키나와가 일본 본토로 복귀되었으나, 주민들의 의지와 관계없이 미군기지가 그대로 유지되는 구조적 차별은 존속되었다. 이것이 세 번째 류큐 처분이다.

이와 같이 외부권력들에 의해 위로부터 가해진 복합적 중압의 역사, 특히 2차, 3차 '처분'의 역사에 저항하는 오키나와 주민운동(주로 일본본토로의 복귀운동과 미군기지 반대운동)도 끈질기게 지속되었다. 이 운동은 오키나와가 핵심현장의 주체적 조건도 충족함을 의미한다. 그들의 실천과 사상 모색은 일본 안팎에서 비상한 주목을 받고 있다.

최근에, 두 번째 처분을 겪은 오키나와가 핵심현장임을, 즉 거기에 냉전기 모순이 유난히 집중되어 있고 그 모순과 끈질기게 싸워 온 주체가 형성되었다는 사실을 실증적으로 뒷받침한 연구성과를 만났다. 38 이 책은 '핵심현장'으로서 자격의 하나인 객관적 조건을 '태평양의 쐐기돌'(일본어로 '要石')이란 표현을 통해 간명하게 드러낸다. 오키나와 기지가 태평양 차원에서 냉전질서를 긴밀하게 유지해 온 핵심적 역할을 '쐐기'로 비유한 것이다.

---

38 成田千尋(2020). 《沖縄返還と東アジア冷戦体制: 琉球/沖縄の歸屬・基地問題の変容》. 京都: 人文書院. 나리타 지히로, 임경화 역(2022). 《오키나와 반환과 동아시아 냉전 체제》. 소명출판.

그 필자인 나리타 지히로가 설득력 있게 논증하듯이, 오키나와 반환을 둘러싼 미일 정부 간의 협상 결과 오키나와의 많은 주민이 요구해 온, '기지 없는 평화로운 오키나와'는 실현되지 못한 채, 오히려 냉전체제를 유지하는 기능으로서 오키나와 반환이 실현되었다. 이렇게 귀결된 데에는, 반환 협상 과정에서 안전보장상의 불안을 안고 있는 한국 정부와 중화민국 정부에 의한 압박, 그리고 일본의 군사대국화에 대한 중국 정부의 우려가 무시 못 할 요인으로 작용했다. 계속 가중된 기지 부담을 강요당한 오키나와 사람들의 희생에 한국(과 대만)이 연루되어 있다는 사실을 깨닫게 한다.

이런 사실만 보면, 오키나와 주민의 소망은 줄곧 무시당한 패배의 역사로 읽힐 수 있다. 하지만, 반환 후에도 끈질기게 계속되어 온 반기지 평화운동을 주목할 필요가 있다. 1972년에 일본으로 '복귀'한 이후에도 미군기지가 여전히 존재하는 가운데 '구조적 차별', 즉 일본 영토의 0.6%에 불과한 오키나와에 주일 미군기지의 75%를 밀어 넣어 본토의 부담을 전가하는 차별정책에 시달리고 있기에 주민운동은 계속되고 있는 것이다. [39]

그리하여 오키나와 주민들의 미군기지 반대운동이 미국 헤게모니에 균열을 일으켜 왔고, 이 지역에 잔존하는 냉전질서를 뒤흔들며, 장기적으로는 세계체제를 변혁할 가능성을 품게 된다. 오키나와가

---

[39] 아라사키 모리테루, 백영서 외 역(2013). 《오끼나와, 구조적 차별과 저항의 현장》. 창비.

232

태평양 차원에서 냉전질서를 단단히 결합하는 '쐐기' 역할을 해오며 동아시아의 악순환에 일조했지만, 쐐기는 큰 돌 같은 것을 쪼개는 데도 쓰이는 법이니 동아시아 평화로 이끄는 선순환의 촉매도 될 수 있다는 사실을 우리는 잊어서는 안 된다.

지금까지 오키나와만을 시야에 넣었으나, 핵심현장의 적용 사례는 좀 더 확대될 수 있다. 양안관계에 제약받는 대만은 물론이고, 홍콩, 그리고 한반도와 중국·일본·러시아의 관심이 중첩되는 (옌지延吉를 포함한) 중국 둥베이東北 지역, **40** 좀 더 멀리 동남아도 있다. 한반도 안에서도 1945년 이후 지금까지 동아시아 군사기지의 연동성과 기능적 상호보완성이란 점에서 오키나와의 등가물인 제주도 또한 핵심현장이 되기 족하다. 핵심현장들의 연계, 내 식 표현으로는 '연동하는 동아시아'도 시야에 넣어 봄 직하다.

더 나아가 특정한 장소topos를 벗어나 비장소atopos인 지역횡단적 trans-local 이주자나 여러 유형의 사회운동을 "다중적 주변과 저항정치의 장소"라는 의미에서 핵심현장의 사례로 삼을 수도 있겠다. **41** 그러나 핵심현장의 경계 넓히기가 그 대상을 다원화하는 데에만 몰두하다 보면, 그 개념이 본래 의도한 바, 지구적 자본주의의 구조적

---

40 둥베이 지역을 '다변적 변경'(multilateral local)으로 개념화하여 국가횡단적 지역으로서 갖는 중요성을 분석한 쑹녠선, 이지영 외 역(2022). 《두만강 국경 쟁탈전 1881-1919》. 너머북스 참조.

41 Song, J. & Hae, L. eds., 앞의 책에는 인천 화교, 베트남 결혼이주자, 그린벨트 지키기 운동, 반빈곤 운동 등을 핵심현장으로 분석한 글들이 실려 있다.

인 위계질서와 역사적인 폭력의 응축된 모순으로부터 멀어질 위험
이 있음을 다시 한 번 강조해 둔다.

4) 지식생산 과정에 대한 성찰과 대안적 보편

핵심현장은 근대 동아시아 역사의 폭력이 응축된 장소라는 의미에
서는 지도상의 객관적 지명일 수 있다. 하지만 거주민의 주체적인
자각과 실천이 없으면 그 장소는 핵심현장으로 구성될 수 없다. 이
를 위해서는 자기가 발 딛고 사는 땅에 새겨진 상처와 기억을 타인
과 함께할 수 있는 장을 열어야 한다. 즉, 장(場)을 점거하는 입장
의 패러다임이 아니라, 장(場)을 열어 드러내는(現) '현장'의 패러
다임이 요청되는 것이라 할 수 있다. **42**

　이 주체의 형성을 정동affect의 시각에서 조명하면서, 운동에서의
성찰과 연대의 관계로 관심을 확장한 견해는 핵심현장을 좀 더 정교
하게 다듬는 데 힘을 보태 준다. 이 관점에서 보면, 핵심현장은 곧
'성찰의 현장locations of reflexivity'이고, 성찰이 이끄는 연대는 정동적 행
동affective activism으로 활기를 띤다. 이는 아시아의 반빈곤공동체운동
의 사례 분석을 통해 비판적 성찰의 현장으로서의 아시아 빈곤공동
체의 가능성을 모색한 결과로 획득한 통찰이기에 일깨우는 바가 크
다. "성찰의 현장은 연대에 대한 새로운 사고를 촉발하여 직접적이

---

42 김항(2015). 앞의 글, 552.

고 즉각적인 행동만이 아니라 정동의 유대로 유지될 터인 행동의 약
속을 수반한다."**43**

바로 여기서 "자기 자신이 속한 곳에 대한 성찰을 통해 동아시아
핵심현장인 다른 곳의 고뇌에 공감한 경험과 공감할 수 있는 방법"
을 찾을 수 있다. "핵심현장이 다른 하나의 핵심현장과 만날 때 늘
생길 수밖에 없는 '맹목'(보이지 않는 지점)을 비추는 인식론적 기반
을 구성"할 지평이 열리기 때문이다. **44**

이렇게 볼 때, 성찰이란 자신을 반성할 뿐만 아니라 외부 사태를
두루 꿰뚫어 보는 것을 뜻한다. 이 방법을 토대로 핵심현장이란 구
체성 속에서 보편적 사유를 길어 올려 자신의 시대에 적용해 보자.

최근 동아시아에서 '구미 중심적 보편주의'를 극복할 수 있는 새로
운 대안을 찾는 움직임이 (특히 중국에서) 활발하다. 일례를 들면,
한 중국 철학자가 제기한 '수평적 보편성'이 있다. 구미의 보편성 논
의는 다분히 상승이라는 고도의 추상 작용을 중시하는 경향이 짙은
데, 그것은 현실 문제를 은폐할 뿐 해결하는 것이 아니라고 비판하
면서, 상승이 아닌 수평을 통해 도달하는 보편성을 제기한다. **45** 문
제가 발생한 곳에 머물면서 서로 다른 관점들과 소통하는 것, 곧 동

43 Cho, M. (2019). "'Locations of Reflexivity': South Korean Community
Activism and Its Affective Promise for 'Solidarity'". Song, J. & Hae, L.
eds., 앞의 책, p. 134.
44 각주 25의 신지영 토론문.
45 陳嘉映主編(2013). 《普遍性種種》(修訂版). 北京: 華夏出版社.

同이 아닌 통通을 강조하는 그의 견해를 듣다 보면, 내가 이전에 말한 '소통적 보편성'도 떠오른다. 소통을 가능케 하는 보편적 요소가 개체 안에 있고 그래서 개체 간의 소통 과정에서 생기는 공감과 상상력의 탄력에 힘입어 보편성을 확보할 수 있음을 강조한 것이다. 그런데 어떤 수식어를 붙여 재구성하려 들더라도 보편성이라는 용어를 쓰는 한 구미식 사유 틀에서 벗어날 수 없다면 발상을 전환해 우리에게 익숙한 '도' 개념을 재활성화하는 것은 어떨까. 이는 근원적 진리, 곧 우리가 끊임없이 물으며 걸어가야 할 길이다. 인간이 멋대로 만드는 도로나 통로도 아니지만 동시에 '길을 닦는' 인간의 실천과 별도로 존재하지 않는, 사유와 실천이 융합된 '길道'이다. **46** 핵심현장에서 대안체제의 길을 찾는 것이야말로 새로운 보편성, 아니 근원적 진리로 향한 오래된 새 '길'을 가는 것이 아닐까. 여기서 19세기 말 이래 한반도에서 이어져 온 개벽의 길, 곧 만민평등에 입각한 개인수양과 사회개혁을 동시 추구하는 대안문명의 비전이 새로운 의미로 떠오른다.

내가 스스로 단련하면서 가다듬는 핵심현장 개념의 심화 과정은 현재진행 중이다. 이는 같은 곳을 향해 걷는 사람들과 함께하면 더 수월해질 길이다.

---

46 좀 더 상세한 논의는 백영서 (2015). "핵심현장에서 다시 보는 '새로운 보편'". 백영서·김명인 엮음. 《민족문학론에서 동아시아론까지》, 372~374, 420쪽. 창비; 백낙청 (2021). 《근대의 이중과제와 한반도식 나라만들기》, 48~49쪽, 창비를 참조.

7

주권의 재구성과 복합국가론

1. 왜 복합국가론인가?

6장에 이어서 이번에는 내 동아시아론을 관통하는 또 하나의 열쇠말인 복합국가에 대해서 이야기할 차례이다.[1]

앞에서 이미 설명했듯이, 분단된 한반도는 동아시아를 악순환시킬 수도 선순환시킬 수도 있는, 연동하는 동아시아에 속한 핵심현장의 하나이다. 이곳은 나의 삶의 현장이요, 지역 인식의 역사적 맥락과 장소적 감각이 형성되는 터전이기도 하다. 그런데 동아시아담론, 특히 동아시아 공동체를 논의할 때의 약점의 하나가 북한을 간과하는 것이란 지적이 있다. 동아시아담론은 한가운데에 구멍이 난 도넛

---

1 이 장은 백영서(2021). "남북연합과 동아시아 협력". 백영서 외. 《한반도 평화번영론의 새구상》. 정책기획위원회에서 발췌하고 부분적으로 수정한 것이다.

과 같다는 비판까지 여러 학술모임에서 들은 적이 있다. 이때 그 구멍에 해당하는 것이 북한문제이다. 나는 그간 정면으로 북한문제를 다뤄 오지는 않았지만, '한반도적 시각'을 견지함으로써 그것을 포괄하려고 애썼다. '복합국가'는 동아시아담론을 (분단된 한반도라는) 현실에 밀착하려는 노력을 담은 핵심어이다.

1999년 발표한 글에서 국민국가를 넘어서기 위해 '국민국가의 안과 밖'을 넘나드는 시각을 제기하면서, 20세기 동아시아사를 국민국가가 수행해 온 '해방과 억압의 이중역할'에 주목했다. 지구적 규모에서 위세를 떨치는 자본주의가 조성한 복잡한 현실에 온전하게 대응하기 위해서는 '근대의 이중과제'론, 즉 근대적응과 근대극복을 이중적인 단일과제로 동시에 추진하려는 안목이 요구된다. 나는 추상의 정도가 높은 이 개념을 구체적 역사에 적용하기 위한 매개로 누구나 실감하는 국민국가의 '이중역할'에 착안한 것이다. 그리고 국가 간의 결합 양상이자 국민국가의 자기 전환 양상을 보여 주는 복합국가론은 바로 그 '이중과제'가 현실적합성이 있음을 보여 준다.

이 문제의식 역시 창비담론의 자장 속에서 숙성된 것임은 두말할 필요도 없다. 내 기여라면 동아시아로의 확장일 터이다. 이 개념은 한반도의 남북 측이 통일에 대해 좀 더 창의적으로 사고하고 실천하는 과정에서 그 모습이 드러날, 매우 현장성이 강한 발상이다. 그렇기 때문에 국민국가로의 이행경로가 서로 다른 동아시아 여러 나라의 사례에 간단히 적용될 수는 없다.2 동아시아에서 국민국가 내지 국가 간 체제inter-state system를 상대화하는 탈근대담론이 주도하는 것이 오늘의 추세이나, 다른 한편에서는 대만 독립론이나 오키나와 독립론처럼 국민국가(내지 민족주의), 곧 근대지향도 만만치 않은 역설적 상황이 벌어지고 있다. 한편, 한반도에서는 분단체제 극복운동을 통해 남북이 재통합하는 과정에서 '남북연합형 복합국가'가 점차 가시화되나, 동아시아의 다른 곳에서는 제각기 국민국가의 형성경로에 대응해 '이중과제'를 수행하는 과정에서 다른 유형의 복합국가의 (불)가능성이 그 모습을 드러내고 있다. 실제로 한반도에서 발신한 복합국가론은 다른 핵심현장에서 수행되는 주민들의 자치운동과 이미 서로 참조하는 관계를 맺고 있지 않은가. 이런 의미에서 동아시아는 구조적으로 연관되어 행위주체 간 운동뿐만 아니라 사상과 제도 영역에서 상호참조하는 '연동하는 동아시아'임이 분명하다.

그렇다면 복합국가란 무엇인가. 이에 대해 설명하고 넘어가자.

복합국가compound state란 우리가 아는 일반적 의미의 국가, 곧 단일(형) 국가unitary state에 대응하는 어휘로서 그 사전적 의미는 두 개 이상 국가의 결합체로 간주되는 국가 형태이다. 세계사에서 이미 출현한 사례로는 대등한 결합관계를 갖는 연방federation과 국가연합confederation/union, 그리고 지배종속적 결합관계인 종주국/보호국 등이 있다. 각각은 결합의 수준과 방식에 따라 차이를 보인다. 이러한

---

2 그러나 한반도 주민들이 서로의 국가주권을 인정하면서도 점진적으로 재통합하여 단일형 국가가 아니라 한층 더 인간다운 삶을 구현할 새로운 국가를 건설하려는 의지의 표현인 복합국가를 우리가 구상하고 실천할 때 국민국가의 역할을 보는 우리의 시야는 그만큼 더 넓게 트인다.

(단일국가가 아닌) 여러 종류의 국가 형태는 물론이고 현재 한반도에서 새롭게 실험되고 있는 결합 양상도 포괄하는 커다란 우산 같은 개념이 복합국가이다. 이렇게 가장 외연이 넓은 개념으로 잡을 때 결합하는 국가들이 그 과정에서 여러 형태 간에 전환하는 역동성을 파악할 수 있을 뿐만 아니라, 단일 국민국가의 모델에 집착함이 없이 미해결 상태의 주권문제를 창의적으로 해결하는 시야를 확보할 수 있을 것으로 기대한다. 3

그런데 이 같은 사전적 뜻풀이보다는 그것이 (다음 절에서 보게 되듯이) 한국사회의 통일·민주화운동 과정에서 창안된 실천적이고 실험적인 의제란 사실이 한층 더 중요하다. 그렇다 보니 한국 문맥에서 제기된 실용성이 강한 동시에 의도적인 애매성도 묻어 있다. 그 하부 개념인 국가연합의 한 형태인 남북연합4의 거버넌스 운영은

---

3 국가 간 결합체인 복합국가에 대한 국내 논의로는 하영선의 (탈근대적) '지식기반 복합국가'라든가, 박명규의 '연성복합통일론'에 기반한 '복합적 정치공동체' 등이 있다. 전자는 전 지구적 자본주의의 현 단계의 단기적 적응에 치중한 나머지 중·장기적 근대극복의 지향이 약하고, 후자는 분단체제론의 보완적 성격이 짙어 내 구상과 겹치기도 하나 원론적 논의에 그친 감이 든다. 이에 대한 좀 더 상세한 비평은 백영서(2013). 《핵심현장에서 동아시아를 다시 묻다: 공생사회를 위한 실천과제》, 75~76쪽. 창비.

4 남북연합은 기본적으로 국가연합적 속성과 더불어 특수관계의 성격을 갖는 한반도식 복합국가의 독특한 사례로서 그 안에 이미 여러 단계나 과정을 품을 수 있다. 남북한 정부는 대내적으로는 〈남북기본합의서〉에 규정된 '통일지향의 잠정적 특수관계'라는 입장을 유지한 결과, 한국 정부도 남북연합을 '국가연합'으로 명시하지 못하고 있다. 이남주는 이 점이 남북연합의 의미와 역할에 대한 구체적인 논의를 적극적으로 전개하지 못하게 만든 원인의 하나라고 본다(이무철 외(2019). 《남북

밀고 당기기의 장기화 위험마저 안고 있어 국가연합이 "모든 갈등을 해소하는 마스터키"가 아니라는 지적도 있듯이,⁵ 복합국가라 해서 어느 사회에서나 다 좋은 것은 아니다. 단일국가에 비해 불안정성을 초래할 수도 있는 만큼 그것이 제기되고 실천되는 역사적 맥락과 장소적 감각이 우선적으로 고려되어야 한다.

이런 한계를 감안하더라도 분단된 한반도에서 "이미 그 건설작업이 진행 중"인 복합국가는 복수의 정치공동체가 결합하는 제도 형식이면서 동시에 평화적 공생과 다원적 자율성 및 탈집중화의 가치(곧 연합주의)를 구현하는 길이다.⁶ 이 길을 갈 때, 남한의 연합제와 북한의 (낮은 단계) 연방제를 하나의 연속적 과정의 일부로 이해하는 사유방식을 촉진하는 등⁷ 구체적인 이점이 있다는 것을 나는 부각하

연합연구: 이론적 논의와 해외사례를 중심으로》, 209쪽. 통일연구원). 그런데 백낙청은 〈남북기본합의서〉에 이렇게 규정함으로써 "이미 국가연합 형태의 단초를 열어 놓은 형국"이라고 적극 평가한다(백낙청(1998). 《흔들리는 분단체제》, 28쪽. 창비). 그렇다면 국가연합이 한반도에서의 통합의 최종단계인가. 그보다는 점진적이고 단계적인 과정에서 민중의 참여를 최대한 넓히는 창의적 정치적 공동체가 건설될 것으로 열어 두자는 것이 나를 포함한 남북연합론자의 입장이다.

5 이무철 외(2019). 위의 책, 171, 173쪽.

6 남북연합이 '진행 중'이라는 주장은 백낙청(2018). "어떤 남북연합을 만들 것인가". 〈창작과비평〉, 2018년 가을호: 17. 그리고 연합주의(confederalism)에 대한 깊은 논의는 이동기(2021). "남북연합론의 재구성과 새로운 공동체". 앞의 《한반도 평화번영론의 새구상》 참조.

7 일반적으로 국가연합에서 주권은 연합체가 아닌 이를 구성하는 각 국가가 가지며 결합방식은 조약에 의한 것인 데 비해, 연방의 경우 연방 정부가 주권을 가지며 결합방식은 헌법에 의한 것이다. 이처럼 국가연합보다 연방이 결합 수준이 더 높고, 연방보다 더 결합 수준이 높아지면 단일국가로 전환한다. 단일국가 이전의 국가결

고 싶다(그 구체적 세목은 다음 절 말미에 다시 정리될 것이다).

2. 복합국가론의 계보: 천관우와 백낙청

1) 복합국가의 제기: 통일과 민주의 결합

'복합국가'라는 용어는 1972년 〈7·4남북공동성명〉 직후 천관우千
寬宇에 의해 제기되었다. 8 그 뜻은 "두 개의 정부가 하나로 되어 경우
에 따라서는 통일 정부로서의 역할을 하고 또 어떤 경우에는 각개의
독립된 정부 역할을 하는 국가"를 의미한다. 9

이 발상은 당시 상황과 긴밀히 관련되어 있다. 북한과의 통합 논
의가 엄격히 금지된 냉전상황이지만 남북 정부 사이에 분단 이후 최
초로 통일과 관련해 합의된 역사적인 〈7·4남북공동성명〉에 고무
된 그가 남한 내부에서 통일을 강조하는 노선과 자유민주주의 노선
의 분열, 곧 자유냐 통일이냐의 딜레마를 극복하고, 올바른 통일의

합의 모든 것을 아우르는 것이 과정이자 운동인 복합국가이다. 북한의 연방제 안
은 변화를 겪어 왔는데, 현재 채택하고 있는 것은 '낮은 단계의 연방제'안이다.

8　천관우(1972a). "민족통일을 위한 나의 제언". 〈창조〉, 1972년 9월호; 천관우
(1972b). "민족통일의식의 구조". 〈다리〉, 1972년 9월호; 좌담 "민족통일의 구상
(1)". 〈씨올의 소리〉, 1972년 8월호의 천관우 발언 등이 비슷한 내용이나 약간씩
변주를 보이고 있다.

9　천관우(1972b). 위의 글, 116.

방향을 모색하기 위한 '처방'으로 제안한 것이다. 남북한이 각 체제를 유지하되 "뭔가 하나의 국가로서의 덩어리를 형성"하고 점차 대화와 교류를 거쳐 "단일국가"로 나가자고 과감하게 주장하면서 제출한 것이 이 복합국가론이다. 세계사에 이미 존재한 복합국가의 여러 형태 — 예컨대 미국 초기의 13개 주 연합이나 19세기 독일연방과 같은 이른바 국가연합confederation, 미국과 (당시) 소련의 연방제federation, 북한이 그 무렵 내세운 통일방안인 연방제 등 — 는 한반도에 적용되기 어려운 상황이므로 한민족에게는 과감한 발상이 필요하다고 보았다. "우리가 앞으로 구상하는 복합국가는 그야말로 한민족의 어떤 적극적인 역량에 의해서, 창조적인 역량에 의해서 새로이 정말 역사상 처음 나타나는 그러한 의견의 복합국가여야 할 것"이라고 전망했다. 10 소극적으로 북한의 통일방안을 피하기 위해서 애매한 용어를 활용했다기보다, 민주와 자유의 가치를 지키고 민족민주 세력을 규합하여 통일에 기여한다는 적극적인 의미에서 제안된 것이다. 이는 이념과 체제를 달리하는 남북한이 복합적 과정을 거쳐 "차츰차츰 단계를 밟아 단일국가"로 통합될 수 있다는 상상력을 발휘한 것이었다. 11 이렇듯 복합국가론은 처음부터 시민사회의 절실한 실천의지에서 나온 창의적인 구상이다.

그의 구상에 담긴 네 가지 특징이 주목된다. 당시 재야진영에서

---

10 좌담 "민족통일의 구상(1)". 〈씨올의 소리〉, 1972년 8월호: 44의 천관우 발언.
11 천관우(1972b). 앞의 글, 116.

민주와 통일 노선이 분리된 형편이었는데, 첫째, 통일의 필요성을 강조하면서, 둘째, 통일을 민주주의(곧 내부 개혁과 연계)와 결합하고, 셋째, 그 동태적이고 단계적인 과정에 참여하는 시민의 능동적 역할을 강조한 점이 돋보인다. 특히 시민의 참여는 당시 남쪽 정부가 남북문제 논의를 통치권 차원에서 제한하는 바람에 묶여 있었는데, 천관우는 이에 반발하면서 "평소에 국민들로 하여금 본심에서 통일문제를 걱정하고 토론할 수 있는 그러한 자세가 기본문제"라고 역설하였다. 끝으로 복합국가는 세계사상 전례 없는 창의적 과제일 터임을 전망했다.[12]

그러나 당시 한국사회에서 이 논의가 제대로 확산되지 못했다. 북한이 1973년부터 과도적 고려연방제를 주장하였기 때문에 국가연합, 연방제에 대한 논의를 계속 이어간다는 것은 특히 1972년 10월 선포된 유신체제의 경직된 분위기 속에서 결코 녹록한 일이 아니었다.[13] 그런데 여기서 복합국가의 제안에 대해 천관우 자신도 "누구나 얼른 착안할 수 있었던 대안"인데, "공개해서 거론을 하지 않았을 뿐인 방안"이라고 밝혔듯이,[14] 일정하게 공감하는 분위기가 있었다는 사실을 주목할 필요가 있다. 예컨대 장준하의 구상도 주목할 만

12 위의 글, 118.
13 홍석률(2021). "학계의 통일담론 : 분단문제 해결, 통일, 평화의 관계설정을 중심으로". 강원택 외. 《분단 이후 제기된 통일담론에 대한 정리와 성찰》, 221쪽. 통일부 통일교육원.
14 천관우(1972a). 앞의 글, 30.

하다. 그는 '양분체제', '분단체제', '복합국가' 또는 체제적 의미의 '복합사회' 등 복합국가와 관련된 다양한 어휘를 구사하였다. 15 정치 가로서 비록 명료한 개념규정 없이 사용하였지만 문제의식의 지향 은 짙게 느낄 수 있다.

이 구상이 근 20년이 지나 백낙청의 분단체제론의 구성요소로서 자리 잡게 되면서 시민사회 차원에서의 한층 더 실천적인 성격이 강 화되고 정교해졌다.

2)분단체제와 복합국가

백낙청은 87년체제가 출범한 민주화의 시기에 대응해 새로운 정세 의 분석에 기반한 변혁론으로서 분단체제론을 1990년대 초부터 줄 곧 주창해 왔다. 그 일환으로 되살아난 것이 복합국가 구상이다. 그 는 "분단체제 극복의 방편으로 채택되는 연방 또는 연합체제가 '국 가' 개념 자체의 상당한 수정을 동반하는 새로운 복합국가 형태의 창 출"이 아니고는 곤란하다고 지적했다. 16 이 복합국가 구상은 이어지

---

15 장준하(1972). "민족주의자의 길". 〈씨올의 소리〉, 1972년 9월호: 57, 63. 그런 데 (장준하나) 천관우의 복합국가 구상은 무시되고 그 후 강만길이 제기한 '분단시 대'란 문제의식이 우리 사회에서 더 폭넓게 공유되었다. 이는 분단시대론이 분단상 황을 사는 일반인에게 현실적합성이 더 큰 것으로 보여서였다고 홍석률은 설명한 다.

16 백낙청(1994). "분단체제의 인식을 위하여". 《분단체제 변혁의 공부길》, 35쪽. 창작과비평사.

는 여러 논자들과의 논쟁을 거치면서 점점 더 명료해진다. 그것은 앞에서 언급했듯이 온갖 종류의 국가 형태를 포용하는 가장 외연이 넓은 개념으로서 "주권문제를 단일 국민국가 모델에 집착함이 없이 창의적으로 해결하자는 극히 포괄적이고 원론적인 제안"17이다. "남북주민의 서로 다른 역사적 경험과 현실을 포용하면서 시민들에 대한 국가의 강제력을 획기적으로 제약하는 새로운 형태의 복합국가 건설"18이 요청되었다.

이러한 그의 논의에는 천관우의 구상에 담긴 네 가지 특징이 (다음에서 좀 더 상세하게 설명되듯이) 그대로 나타난다. 물론 시대의 변화에 대응한 새로운 특징도 덧붙여진다.

그 하나가 '민주적이고 자주적인 다민족multi-ethnic 복합국가'에 대한 구상이다. 즉, "통일 한반도의 새로운 복합국가는 동시에 다민족국가로서의 기틀을 잡아야"19 하고, "다민족사회를 향해 개방된 복합국가가 민중의 이익에 더욱 충실한 국가 형태"20가 될 것으로 기대한다.

이와 더불어 복합국가의 하부 형태로서 제도적 성격이 비교적 또렷한 국가연합이나 연방제에 대해 좀 더 비중을 두기 시작한다. 복

---

17 백낙청(1998). "김영호 씨의 분단체제론 비판에 관하여". 《흔들리는 분단체제》, 204쪽. 창작과비평사.
18 위의 책, 193쪽.
19 위의 책, 194~195쪽.
20 백낙청(2006). 《한반도식 통일, 현재진행형》, 83쪽. 창비.

합국가보다 남북연합 개념에 치중하게 된 계기는 2000년 남북정상의 합의로 공포된 〈6·15공동선언〉의 발표를 비롯한 남북화해의 진전으로 보인다.

그의 남북(국가)연합론21은 〈6·15선언〉(제2항)에서 두 정상이 통일을 하기는 하나 서둘러 하지 않는다는 원칙적으로 합의한 내용 ─ 국가연합 또는 낮은 단계의 연방제 합의 ─ 에 근거하되 그 뒤 정세 변화에 대응하면서 심화 확대된 것이다. 그 골자는 통일 개념에 대한 새로운 해석에 있다. 즉, 1945년에 건설되었어야 할 '하나의 민족, 하나의 국가'라는 차원의 단일한 통일 국가를 만들자는 것이 아니라 점진적이고 단계적으로 평화통일을 이룩하자는 것이다. 이것이 바로 2000년 〈6·15선언〉의 정신에 부합하는 것임은 물론이다. 그의 통일론은 점진적 통일 작업과 남북 각각의 개혁 작업이 동시에 이뤄지는 '과정으로서의 통일'이라고도 바꿔 말할 수 있다. 그 과정에 시민들도 적극 참여해 분단체제가 조성한 온갖 적폐를 청산하는 개혁을 수행하면서, 한반도 주민의 삶의 질을 개선하는 좀 더 평화롭고 인간다운 체제를 한반도에서 수립하려는 실천적 자세가 요구된다. 한마디로 점진적·단계적·평화적 통일과정과 시민참여의 중요성을 강조한다. 국가연합의 틀을 준수하면서 남북이 서로의 체제를 존중하고 독자적으로 자신의 단점을 줄이고 장점을 키워 나

---

21 백낙청은 국가연합을 가리켜 "비교적 느슨한 형태의 복합국가"라고 말한다. 백낙청(1998). 앞의 책, 27쪽.

가는, 세계사에서 유례없는 새로운 개혁 실험이 전망된다.

그가 염두에 둔 과정으로서의 통일의 1단계 목표가 바로 남북연합이다. '낮은 단계의 국가연합'을 만들어 가는 단계가 1단계라고 한다면, 이 단계가 완성되는 기준은 우선 북한에 대한 경제제재가 해제되어야 하고, 북미 화해와 종전선언 정도까지는 나아가야 할 것이다.[22] 물론 남북 교류 및 협력 축적이 어느 정도 이뤄졌을 때 남북연합을 선포할 것인가에 대한 정부 차원의 판단도 뒤따라야 한다. 그는 2018년 시점에서 지금 이미 남북연합의 "건설작업이 진행 중"이라고 주장한다. 즉, 2007년 10·4남북정상회담으로 시작되었고, 이명박·박근혜 정부의 10년간 중단 역행 끝에 2018년 〈판문점선언〉으로 재개되어 이제 '불가역적인 단계'로 들어섰다는 것이다.[23]

그런데 지금도 진화 중인 분단체제론의 주요 구성요소인 남북연합에 중점을 둔 그의 복합국가 구상에서 음미할 대목은 이 통치기구가 한반도에 세워지더라도 "현실적으로 국민국가의 틀을 아주 벗어날 가능성은 적다"는 점이다. 이는 "'미래의 복합적 정치공동체'가 한반도에 — 적어도 한반도를 일차적 관할구역으로 삼고 — 세워지

---

22 백낙청이 설정한 '낮은 단계의 국가연합'은 영어로 표기하면 "an association of korean states" 또는 "a low-stage commonwealth"이다. 그는 전자를 더 선호하는데 그 이유는 유럽공동체보다도 낮은 국가결합체인 아세안을 염두에 두고 있기 때문이라고 한다. Paik, N. (2018. 12. 1.). "South Korea's Candlelight Revolution and the Future of the Korean Peninsula". *The Asia-Pacific Journal: Japan Focus*, Vol. 16 no. 3: 9.

23 백낙청 (2018). 앞의 글, 18~20.

는 것일 때, 그것이 국가연합이든 연방국가이든, 또 동아시아 지역 연합의 일원이든 아니든, 국민국가와 전혀 별개의 성격을 지닌 어떤 형태가 가능하단 말인가"[24]라고 반문할 정도로 강조된다.

이 점은 그가 한반도 문제를 그 자체로 고립시켜 보는 것이 아니라 지구적으로 작동하는 세계체제와 연결시켜 보는 사유에서 연유한다.[25] 세계자본주의체제의 하부 단위로서 분단체제와 그 하부의 남북한 각각의 체제라는 세 차원의 상호연관을 중시하고, 자본주의 세계경제의 정치적 구성물에 해당하는 국가 간 체제가 미치는 규정성을 간과하지 않는다.

그러니 통일의 결과로 한반도에서 만들어지는 국가가 현실적으로 근대 국민국가의 틀을 아주 벗어날 가능성은 없어 보인다. 그러나 홍석률이 적절히 논평하듯이, 통일된 국가는 단일한 국민국가라기보다는 훨씬 복합적인 요소를 내포하고 있는 복합국가가 될 것이며, "여기서 '복합'이라는 측면은 단지 이질적인 체제를 그 안에 내포하고 있다는 의미뿐만 아니라 과정상의 복합성을 또한 의미하기도 한다".[26] 내 식으로 말하면 국민국가의 적응과 극복 과정이 전개될 것인바, 이는 그 자체로 세계자본주의체제로부터 이탈할 수는 없지만 그것을 장기적으로 변혁하는 촉매가 될 터이다.

---

24 백낙청(2006). 앞의 책, 178~179쪽.
25 홍석률은 "학계의 통일담론: 분단문제 해결, 통일, 평화의 관계설정을 중심으로", 231에서 이 특징을 많은 논자들이 간과한다고 지적한다.
26 위의 글, 234.

3. 복합국가로의 확장과 동아시아

나는 1990년대 말부터 백낙청의 구상을 원용하면서 동아시아에 확대 적용을 시도한 이래 복합국가 구상을 내 동아시아론의 주요 구성요소로, 또한 동아시아담론을 한반도의 분단현실에 밀착시키는 핵심어로 삼아 왔다.27

나는 민간에서 제기된 복합국가가 온갖 종류의 국가 형태를 포용하는 포괄적인 구상인 동시에 국가 간의 결합양상이자 국민국가의 자기전환의 양상을 겸한 새로운 국가기구 창안 작업임을 강조하는 편이다. 이는 국민국가의 강제성을 획기적으로 제약하면서 해방적 기능을 활성화하는 새로운 국가의 구상과 실천, 곧 국민국가의 적응과 극복의 이중과제의 동시 수행을 말한다. 이로써 국가주의 프레임을 넘어설 가능성이 열린다. 이 점을 주권문제를 중심으로 잠시 점검해 보겠다.

중화세계의 외부경계 바깥에 존재한 한국은 19세기 후반 청의 조공체제에 묶여 있는 동시에 다른 국가들과는 근대적 조약관계를 맺는 이중적 국제질서兩截體制 속에서 주권의 복잡성을 일찍이 경험했고, 식민지 시기에는 주권의 상실을 경험하면서 주권회복의 중요성

---

27 복합국가에 대한 본격적인 논의는 백영서(2013). 앞의 책 참조. 이 용어를 동아시아에 적용한 첫 시도는 백영서(2000). "중국에 '아시아'가 있는가?: 한국인의 시각".《동아시아의 귀환》. 창작과비평사이다.

을 깨달았다. 냉전기에는 한반도가 분단체제에 놓이게 된 탓으로 주권의 결손이 역력했고, 그 남쪽만 놓고 보면 대한민국은 미국 중심의 비공식적 제국 속에서 (군사주권도 없이) '구멍 난 주권'을 경험하였다. 그러다가 남북한이 상호교류와 협력을 강화하는 과정에서 주권에 대한 유연한 사고의 일례인 '복합국가'론이 제기되었다. 한반도의 통일에 대한 좀 더 창의적인 사고와 실천이 요구되는 시대정신에 부응한 것이라 하겠다.

남북연합 단계에서 나타나는 주권의 재구성은 이미 '공동시민권' 개념의 형태로 시도된 바 있다. 즉, 양국의 국민이면서 동시에 남북연합의 구성원이라는 이중적 정체성의 법적 표현인 공동시민권은 각각의 국가적 시민권보다는 낮지만 외국인의 법적 지위와 권리보다는 높은 것인데 이를 어떻게 보장할 것인가가 문제시된다.[28] 나는 자크 데리다의 '주권의 partage'(分有이자 共有: 이 둘을 아우르는 한국어 어휘는 '나눔')에 기대어 주권의 지고성 내지 분할불가능성에 도전하면서, 동일한 영역에서 복수의 주권이 겹치는 체제를 인민주권 개념을 도입해 '다가올 민주주의'의 가능성으로서 기대하고, 동아시아에서의 공생사회를 구상해 본 바 있다.[29]

---

28 남북의 헌법과 관련된 법률 규정들을 시민사회적 논의 수준과 결합시켜 가면서 그 내용을 구성할 수 있다는 견해가 있다. 이무철 외(2019). 《남북연합 연구: 이론적 논의와 해외사례를 중심으로》, 220~222쪽.

29 좀 더 설명하면, 인민이 "인민주권에 기초하는 한 통치주체가 여럿이 될 수 있으니 주와 연방처럼 국가주권을 분할하거나 한층 더 작은 규모의 지역주권을 구상할 수

이런 입장이 한편으로는 국민국가에 '포섭'될지도 모른다는 우려를 낳고, 30 다른 한편으로는 여전히 이 지역에서 중요한 '국민국가의 존재를 간과한' 것으로 비판받을 수 있다. 31 그러나 내가 말하는 복합국가는 국민국가에의 적응과 극복의 이중과제를 동시에 수행하는 과정이자 운동을 뜻한다. 탈국가화가 아니라 '국가주의를 극복하는 단기적인 국가개혁'32 작업을 통해 복합국가에 도달하는 것이니 그만큼 현실적인 방안이다. 시민사회 내 통일 논의가, 주류와 비주류, 국가중심성과 반국가지향 등의 구분이 작동하면서 충분한 소통이 이뤄지지 않은 현상을 극복할 수 있는 하나의 계기가 될 수 있다. 33

또한 복합국가는 분단통일 문제와 개개인의 일상이나 삶의 질의

도 있으며, 국가를 넘어선 연대까지도 가능하다". 백영서(2013). "프롤로그". 앞의 책, 22~23쪽. 여기서 인민주권의 가능성과 불가능성은 늘 염두에 둬야 한다. 그런데 주권을 인민주권으로 생각한다는 것은 국가주권을 비판하면서 본질적으로 주권 개념을 논쟁적인 것으로서 파악하는 태도를 의미한다. 鵜飼健史(2013). 《人民主權について》. 東京: 法政大學出版局.

30 정선태(2014). "동아시아담론, 배반과 상처의 기억을 넘어서". 〈문학동네〉, 2004년 여름호: 415.

31 장인성(2005). "한국의 동아시아론과 동아시아 정체성". 〈세계정치〉, 제26집 2호: 17. 그리고 최장집 역시 국민국가의 역할이 여전히 중요한 현실을 과소평가한 탈민족주의라고 비판한다. "동아시아 공동체의 이념적 기초". 〈아세아연구〉, 제118호: 106~107.

32 이에 대한 좀 더 상세한 논의는 백낙청(2011). "국가주의 극복과 한반도에서의 국가개조 작업". 〈창작과비평〉, 2011년 봄호를 참조.

33 이무철 외(2019). 앞의 책, 233쪽.

연관 문제에 현실에 밀착해 접근할 수 있게 하는 주제이기도 하다. 우리가 현재 직면한 남한사회의 극심한 경쟁과 갈등 같은 사회문제는 분단체제를 매개로 자본주의 일반의 현상이 더욱 저열한 형태로 나타나는 구조적인 문제이기 때문이다. 그런데 이 구상이 우리의 일상생활에 깊숙이 스며들기 위해서는 일상적 삶의 방식을 틀 짓는 문명론적 차원의 비전을 품어야 한다는 점을 강조하고 싶다. 그 비전이 없으면 분단체제에 길들여진 일상성을 극복하고 복합국가를 향한 과정과 운동에 지속성과 추진력을 담보하기 어렵다. 그러니 그것을 구체화하는 과정에서 우리에게 주어진 어떤 자원이든 마다할 리 없지만 특히 (우리 삶 속에 아직 녹아 있는) 동아시아의 문명적 자산은 당연히 활용되어야 한다.

여기서 (앞의 4장에서 거론한) 소국주의小國主義에 눈길을 돌려 보자. 나는 복합국가론이 '소국주의와 친화적인' 것임을 지적하고 소국주의 유산이 한국은 물론 일본과 중국에서도 출현했다가 굴절되고 만 역사적 경과를 분석한 바 있다.[34] 소국주의를 한국에서 처음 환기시킨 최원식은 이 구상을 "소국주의의 고갱이를 중형국가론에 접목하는 작업"으로 연결시키면서, 소국주의를 통해 "우리 안의 대국주의를 냉철히 의식하면서 그를 제어할 실천적 사유의 틀들을 점검"하자고 제안했다(상세한 내용은 4장을 참조 바람).[35] 이는 복합국

---

34 백영서(2000). 앞의 책, 24~31쪽.
35 최원식(2009). "대국과 소국의 상호진화". 《제국 이후의 동아시아》, 29, 54쪽.

가가 국가 간 체제 속에서 부국강병 위주의 발전주의에 휘둘리지 않
게 하는 해독제로서 중견국가 한국으로 하여금 대안적 발전모델을
제시하는 식으로 가치 생산의 역량을 촉진할 것으로 기대된다.

　이에 덧붙여 소국사상과 친화적인 동학사상, 특히 개벽사상이란
자원에 관심 가져 보자고 제안하고 싶다. "생태한반도를 구현할 우
리의 철학"인 동학사상은 남북이 공유할 수 있는 드문 사상자원으로
서 "남북 간의 여성 및 생태론자들의 연대를 이끌어 낼 수 있"을 것으
로 기대해 봄 직하다는 주장이 이미 나왔다.**36** 더 나아가 개인들의
마음공부를 내포한 문명의 대전환을 이뤄 낼 자원(후천개벽)이 거기
에 담겨 있음도 주목할 만하다.**37** 이와 더불어 유불선의 통합을 시
도한 동학의 개벽사상을 계승하면서도 기독교와 현대과학까지 포괄
하고자 한 원불교에 농축된 자원을 새롭게 해석할 가치가 있다. 특
히 해방 직후 민주주의의 사상적 기반으로 '민'의 참된 자각과 훈련
의 바른 길을 강조하고 좌우합작을 통한 통일국가의 건설을 추구한
'중도'의 건국론이 제기된 것은 남북연합형 복합국가의 문명론적 비
전을 발효시키는 자원임이 분명하다.**38**

창비.

36 이나미(2021). "여성 및 생태 분야의 통일담론 회고와 성찰". 앞에 나온 《분단 이
후 제기된 통일담론에 대한 정리와 성찰》, 370~371쪽.

37 백낙청(2021). "기후위기와 이중과제". 〈창작과비평〉, 2021년 봄호. 특히 299 참
조.

38 위의 글, 특히 297~299; 백낙청(2016). "통일사상으로서의 송정산의 건국론".
박윤철 엮음. 《문명의 대전환과 후천개벽: 백낙청의 원불교 공부》. 모시는 사람

이 밖에도 우리의 접속을 기다리는 것이 더 있을 수 있겠다. 그런데 다양한 가용자원을 활용해 삶의 방식을 혁신하게 돕는 대안적 문명론 차원의 비전까지 겸비한 복합국가 구상과 실천이 일상화되기 위해서는 일상생활의 이해관계가 걸린 쟁점을 감당할 수 있어야 한다. 우리 사회의 뜨거운 쟁점으로 차별(과 혐오) 문제를 꼽을 수 있지 싶다. 차별이 구조적인 문제인 이상 다양한 차별이 서로 연관될 것은 두말할 필요도 없다. 그 상호작용이 사실은 분단이라는 규범 아래 수행되고 있는 실천이라는 점을 간파할 수 있어야 한다. 분단이라는 비정상적인 사회구조를 정상적인 것으로 인지하게 조장하는 분단효과가 우리 인식체계를 심하게 왜곡해 왔기에 한국 시민이 분단에 상대적으로 무관심해지는 추세이다. 그런데 우리가 현재 직면한 남한사회의 극심한 경쟁과 갈등 같은 사회문제가 결국 분단을 배태한 세계자본주의체제의 착취구조가 작동함으로써 가능해진 것이기에 남한사회의 사회문제는 여느 국가의 것과는 다른 양상으로 전개된다.[39] 곧, 매사를 신자유주의의 탓으로 다 돌릴 수 없고 분단체제를 매개로 자본주의 일반의 현상이 더욱 저열한 형태로 나타난다는 점을 간파해야 한다. 혐오와 차별은 그 대표적 현상이다. 달리 말하면 "연대 없는 평등주의"를 조장하는 '분단체제의 에토스'에 우리가 들려 있기 때문에 그런 폐해의 상당 부분을 겪고 있는 것이

들.

39 김성경(2019). 《갈라진 마음들: 분단의 사회심리학》, 18, 21쪽. 창비.

다.40

　이런 맥락에서 보면, 우리 사회에 만연한 사회적 약자인 소수자에 대한 혐오현상은 북한혐오와 밀접한 관련이 있음이 밝히 드러난다. 북한에 대한 혐오 역시 한국인들이 과거보다 더 심각한 "생존 위협(정확히 말하자면 사회적 생명에 대한 위협)에 시달리고 있기 때문"이다. 북한에 대한 공포 및 불안감과 신자유주의적 경제주의가 결합하면서 북한(사람)에 대한 혐오감정은 점점 확산된다. 한국사회의 혐오현상과 북한에 대한 혐오라는 "이 두 가지는 똑같이 심해지거나 똑같이 약해지는 비례관계"를 갖고 있다는 발언은 이 점을 짚은 것이다.41 게다가 최근에는 한반도 평화프로세스의 진행으로 분단체제가 동요하는 한편 미중 간 패권경쟁이 격화되면서 변형된 색깔론 — 빨갱이라는 프레임을 덮어씌워 상대방을 공격하는 이분법적 사고방식이나 흑백논리 — 으로서 반중정서가 확산되고 있다.42

　한국전쟁이나 분단상황을 경험하지 못한 청년세대조차 '분단적

40　분단체제의 제약이 인지적 수준뿐만 아니라 심미적 수준이나 가치 같은 규범적 수준에도 관철될 수 있다고 판단하고, "사회적 연대의 해체와 파괴적 평준화의 결과로 주어진" '연대 없는 평등주의'를 분석한 김종엽(2014). "'사회를 말하는 사회'와 분단체제론". 〈창작과비평〉, 2014년 가을호를 참조.

41　김태형(2019). 《혐오주의》, 179~180쪽. 열린책들.

42　사스, 메르스 등 이전의 감염병 사례와 달리 코로나19가 유독 반중정서를 불러일으킨 것은 보수와 진보 간의 이념적 갈등이 맞물려 있기 때문인 것이란 분석이 참고된다. 김수경(2020). "감염병, 이념, 제노포비아 '코로나19'의 정치화와 반중(反中) 현상". 〈다문화와 평화〉, 제14권 1호.

마음'에 사로잡혀 집단 간의 갈등이나 혐오에 쉽게 휘말려 들고, 사회 내 다양성에 대한 소극적 태도를 견지하기도 한다. 이렇듯 "마음에 깊게 배태된 분단은 쉽사리 사라지지 않고, 때로는 가시적인 영역에서 혹은 사회 깊숙한 속에서 비가시적인 힘으로 작동하고 있다".[43] 그러니 통일에 대해서도 부정적 인식을 갖게 된다. 그 근원은 우리 사회가 이미 안고 있는 병폐들이고 이것이 통일에 대한 우리의 부정적인 인식을 야기한다.[44] 그런데 이를 치유하고 연대의 마음을 갖는 일은 자신의 그 같은 결핍을 직시하는 데서 출발해야 마땅하나, 일상생활에서 개개인의 작은 실천만으로는 어렵다.

일상적 실천이면서 전 지구적 보편성을 아울러 지닌 일상생활의 개혁이 공공의 쟁점과 결합함으로써 국가개혁으로 이어져 분단된 한반도에서의 복합국가 형성에 기여하는 일이 중요하다. 여기서 장기적인 문명전환이란 목표를 현실 속에서 추구해 갈 중·단기 전략을 갖춰야 한다는 점을 강조하고 싶다. 특히 장기와 단기 과제를 연결시키는 중기 과제로서의 복합국가라는 매개항을 누락시킬 때 불가피하게 관념화하는 오류에 빠지기 쉽고 추동력이 약해짐을 간과해서는 안 된다.[45]

---

[43] 김성경(2019). 앞의 책, 34쪽. 혐오감정을 표출하는 청년들의 배후 심리에 불안과 공포가 있는데, 그 공포의 원천이 '외부의 적'인 북한이라는 분석을 참조. 김학준(2022). 《보통 일베들의 시대》. 오월의 봄.

[44] 백지운. "열린 한반도 공동체: 삶-정치, 그리고 환대의 공동체". 앞의 《한반도 평화번영론의 새구상》 참조.

4. 복합국가론의 의의와 동아시아담론의 과제

이제까지의 논의를 정리하자면, 한반도에서 발신하는 복합국가론은 우리의 시야를 열어 주는 다음과 같은 이점이 있다.

첫째, 한반도적 시각을 가질 수 있다. 특히 남한의 연합제와 북한의 (낮은 단계) 연방제를 하나의 연속적 과정의 일부로 이해하는 사유방식을 촉진한다.

둘째, (남북연합형) 복합국가에 대해 실용적 접근이 가능해진다. 민족동질성과 문화공통성 아니면 민족주의에 호소하는 통일국가 건설이나 한반도 양국체제론에 얽매여 남북 간 협력관계 발전의 역동성을 놓치는 오류를 동시에 극복하고, 남북 간 협력관계 발전의 과제와 전망을 아우르는 인식틀을 공유할 수 있다. 남북연합이 남과 북의 평화공존과 화해협력의 안정적 제도적 장치이기 때문이다.**46**

셋째, 국가주의 프레임을 넘어설 가능성이 열린다. 시민사회 안의 통일 논의에 국가중심성과 반국가지향 등의 이분법이 작동하면서 충분한 소통이 이뤄지지 않은 경향을 극복할 길이 엿보인다. 예컨대 갈등 해결을 위해 복수의 주권(또는 공동시민권)처럼 주권 논의의 창의적 활성화가 허용된다. 말하자면 국민국가에 적응하면서 그것을 극복하는 이중과제가 동시에 수행될 가능성을 기대할 수 있다.

---

45 백영서(2013). 앞의 책, 55쪽.
46 이동기(2021). 앞의 글 참조.

넷째, 한반도에서 구상되고 실천되는 남북연합의 개별성과 보편성이 시야에 들어온다. 동아시아 근현대사의 모순이 집약된 '핵심현장'의 하나인 분단된 한반도에서의 평화프로세스는 '세계체제의 약한 고리'를 깨는 작업이다. 한반도 주민의 이러한 노력과 경험이 동아시아, 더 나아가 세계에 공유자산이 되기 족하다. 그러기 위해서는 한반도의 국가연합이 갖는 개별성과 동시에 그 안에 있는 보편성을 읽어 내는 일이 중요하다고 본다.

이런 의의를 앞으로 제대로 살리려면 좀 더 다듬어야 할 부분이 많겠으나, 한반도의 복합국가 기획을 동아시아적 시각으로 재인식하는 과제는 지금 잠시라도 검토하고 넘어가지 않을 수 없다. 이 말은 "통일의 과정이 창의적이기 위해서는 서로 규모와 위계가 다른 질서가 중첩되어 있는 동아시아 속에서" 위치 짓는 문제를 의미한다. 좀 더 구체적으로 말하면, 중국이 대표하는 동아시아라는 상위 단위와 홍콩, 대만 등 중국적 질서의 하위 단위를 이중적으로 인식하는 작업이다. 즉, 현존하는 동아시아의 위계질서를 인정하면서도 재구성하는 실천과제를 복합국가론이 수행해야 하는 것이다. **47**

한반도에서는 분단체제 극복운동을 통해 남북이 재통합하는 과정에서 '남북연합형 복합국가'가 가시화되나, 동아시아의 다른 곳에서는 제각기 국민국가의 형성경로에 대응해 '이중과제'를 수행하는 과

---

47 류준필(2015). "분단체제론과 동아시아론". 백영서·김명인 편.《민족문학론에서 동아시아론까지》, 287쪽. 창비에서 제기한 동아시아론 과제에 응답해 보았다.

정에서 다른 유형의 복합국가가 그 모습을 드러내고 있다. 서로 유형은 달리하면서도 복합국가의 양상이 겹치는 까닭이다. 복합국가는 한반도만이 아닌, 이미 동아시아적 차원의 의제라 하겠다. 과연 그러한지 확인하기 위해 남북연합형 복합국가와 비대칭적 관계를 갖는 중국의 '제국형 복합국가', 이어서 대만과 오키나와의 '내파형 복합국가'에 대해 살펴봐야 한다. 이것이 유형별 나열에 그치지 않고, 한반도의 국가연합이 갖는 개별성과 동시에 그 안에 있는 보편성을 읽어 내는 작업이기도 함은 두말할 필요도 없다. 그에 대해서는 따로 논의한 바 있으므로 이 자리에서 길게 설명하지 않겠다. **48** 단지 이 책 독자의 이해를 돕기 위해 최소한의 설명을 덧붙여 볼까 한다.

중국이 대국으로 부상하면서 중국 특색의 국가체계가 재조명받고 있다. 국민국가 패러다임과 (문명)제국 패러다임을 융합하는 새로운 해석의 조류가 국내외에서 확산 중이다. 이에 비해, '제국형 복합국가'는 '제국'과 '국민국가'의 중첩 또는 양자 사이의 장력張力을 직시하는 최근 시각에서 한 걸음 더 나아간 것이다. 또한 '내파형 복합국가'는 국가 간 체제에 속한 국민국가의 틀 안에 있는 대만과 오

---

48 백영서. "남북연합과 동아시아". 앞의 《한반도 평화번영론의 새구상》 참조. 내가 앞에서 제시한 세 유형의 용어가 다소간 낯설다면, 한국의 경우 남북한의 '정치연합형' 복합국가, 중국의 경우 중화문화에 기반한 '문화연합형' 복합국가, 대만과 오키나와의 경우 시민공동체의 횡적 연대를 기반으로 하는 '사회연합형' 복합국가로 규정할 수도 있겠다. 이는 김동노 교수의 지적을 수용한 것이다.

키나와가 각각 그것을 극복하려는 역할을 감당하기 위해 반국가적 지향을 취하는 아포리아(난제)에 공감하면서, '내파'와 '복합국가'라는 형용모순적인 용어들을 결합함으로써 그에 의미 부여한 것이다.

그런데 이 작업이 중국이 대국으로 부상한 새로운 국면의 인식에 어떤 효과가 있을까. 어려운 질문이지만 이 책에서 중국이란 매개항을 중시해 온 만큼 동아시아 대안체제론이라면 피해 갈 수 없는 문제이다.

이미 중국 안팎에서 '국민국가의 옷을 입은 제국'이니 '제국형 국민국가' 아니면 '제국과 국민국가를 겸한' 것이라는 발상이 제기된 바 있다. 중국을 제국형 복합국가로 인식한다면, 이로부터 한 걸음 더 나아가 중국이란 국민국가가 지닌 복합성을 좀 더 적극 인정하는 동시에 복합국가성과 제국성 사이에 존재하는 긴장을 단단히 중시하면서 양자 간의 전환 가능성을 역동적으로 파악하는 데 민감해질 수 있다. 좀 더 세목화해서 정리해 보자.

먼저 중국이란 중심과 그 주변 이웃 사회 또는 국가들 사이의 비대칭적 균형 관계에서 더 나아가 주변의 주체성을 고려하는 역동적 균형 관계를 적극적으로 사고할 수 있다. 예를 들면 홍콩에서 시행되고 있는 '일국양제' 정책에서 지금 '양제'가 약화되고 '일국'이 강화되는 추세로 보이나, 그를 둘러싼 갈등 자체가 중국의 내부경계內境이자 '구멍 난 주권'을 보여 줌으로써 중국의 단일형 국가로서의 성격을 흔들고 있으니 복합국가의 성격을 오히려 반증해 주는 셈이다. 또한 대만도 (적어도 중·단기적으로는) 홍콩 이상의 독자성을 확보하여 양안공치(共治: 양안 거버넌스) 모델을 구현할 수 있을지 여부는 — 공식적인 국가의 틀이야 여하튼 — 중국이 (단일형 국가성이 두드러지는) 제국으로 치달을지 아니면 실질적인 복합국가로 나아갈지 시험하는 역할을 할 공산이 크다.

그 다음으로 제국담론이 국가를 위주로 한다면 제국형 복합국가 구상은 민간사회의 역할을 중시하면서 국가와 사회의 관계, 달리 말하면 중국이란 국가의 내부 운영원리에 비판적으로 접근할 수 있다는 이점이 있다. 이 지점에서 한반도의 복합국가론이 본래 시민참여형 통일론이고 그 과정에 대응해 남북한 각각의 국가 내부 개혁을 중시하는 발상임을 상기해 보자. 이 시각에서 다시 볼 때, 중국사회의 통합 방안으로 19세기 말과 20세기 초 제기된 바 있는 연방주의에 해당하는 구상과 직능대표제에 기반한 민주주의 이념과 실천 경험의 가치가 되살아난다.**49** 그뿐만 아니라 오늘의 중국에서도 '반₊ 연방주의' 내지 '신복합제국가'가 사실상 시행되고 있어 단일형 국가를 표방하는 헌법 이념과 괴리가 있다는 지적도 있다.**50** 비록 이런 흐름이 국가의 단일성(또는 중앙 집중성)을 완화 내지 견제하는 데

49 백영서(2000). 앞의 책, 80~83쪽; 유용태(2011). 《직업대표제: 근대중국의 민주유산》. 서울대출판부. 그 밖에 종족(宗族)·촌락·길드 등 중간단체의 역할에 대해서는 岸本美緒(2006). "中國中間團體論の系譜". 岸本美緒 責任編輯. 《帝國'日本の學知' 第3卷: 東洋學の磁場》, 東京: 岩波書店 참조.

50 劉迪(2009). 《近代中國における連邦主義思想》, 152, 154, 162쪽. 東京: 成文堂.

중점이 있다 보니51 중국의 단일 국가성을 결과적으로 오히려 강화하거나 정당화하는 제국론52이 아닌가 하는 의문이 들 수 있다. 바꿔 말해 '제국형 복합국가' 내부의 제국성과 복합국가성 간의 첨예한 긴장을 찾아보기 어렵고 오히려 제국적 성격이 강화되기 십상이지 않는가라는 뜻이다. 여기서 20세기 초 중국에 맑스주의를 전파한 리다자오李大釗가 제기한 문제의식, 곧 국가의 자기개조(곧 자치와 민주)와 연방을 결합한 구상을 비판의 준거로 삼아 그것을 재검토해 볼 필요가 있다. 53 한반도의 남북연합형 복합국가(가 기반한 원리인 연방주의)는 단순히 통치 거버넌스 차원의 중앙정부 개혁문제에 한정되지 않고, 국가 간의 결합 양상이자 국민국가의 자기전환 양상을

---

51 정융녠(鄭永年)은 단일형 국민국가 안의 중앙과 지방의 관계 문제를 연방제의 방법으로 해결할 수 있는데, 실제상 중국은 장기간 '행위연방제'의 방법을 실시해 왔다고 본다. '행위연방제'(behavioural federalism)는 서방에서와 같은 헌법이나 법리상의 연방이 아니라, 구체적인 조작 혹은 정책설계와 집행행위상의 연방을 뜻한다(鄭永年(2020. 7. 28.). "疫情與中國治理制度". 〈聯合早報〉). 사실상의 연방제인 행위연방제가 길게 보면 법리상 연방이 되어 정치변화를 가져올 기초가 될 것으로 그는 전망한다. Zheng, Y. (2007). "China's De Facto Federalism". He, B., Galligan, B., & Inoguchi, T. ed., *Federalism in Asia*. Cheltenham: Edward Elgar Publishing Limited.

52 공산당이 정치개혁의 목표로 내건 이른바 '치리(治理)의 현대화'가 그 증거이다. 이때 제국의 치리 원리가 활용된다. 즉, 전제권력이 강력한 중앙집권적인 동원력을 장악하여 안정을 유지하면서, 동시에 지방/행정에 자율적인 권한을 부여하여 효율적인 통치 효과를 거두기 위해 절묘한 균형점을 찾는 각종 통치제도를 조직화해 온 역사 경험이 되살아난다. 장윤미(2020). "신시대 중국정치의 전변(轉變): 연속과 단절". 〈철학과 현실〉, 제125호.

53 백지운(2013). "민족국가의 개조와 아시아". 〈亞細亞研究〉, 제56권 4호

겸한 새로운 국가기구 창안 작업이라는 발상은, 바로 리다자오의 문제의식과 통한다는 것은 새삼 지적할 필요도 없다. 이를 중국이 수용해 제국성보다 복합국가의 측면을 좀 더 강화할 때 다양한 주체의 참여와 자치를 보장하는 유연한 거버넌스가 자리 잡을 것은 분명하다. 그 관건은, 천하나 왕도처럼 관용에 호소하다 보니 정치공동체의 응집에 별로 도움이 안 되는 유교 관념에 기대는 것[54]이 아니라, (인민) 주권의 재구성 — 공동주권 또는 복수의 주권 같은 주권의 '나눔'을 제도화하는 과제 — 을 기반으로 국민국가의 자기전환을 이룰 수 있느냐이다.[55] 그 목표가 중화민족의 단일형 국민국가가 아닌 복합국가로서의 유연성을 활성화하는 데 맞춰져야 그 전환의 추동력이 가속될 것이다.

또한, 제국형 복합국가는 문명론의 차원에서도 새로운 시각을 촉진한다. 목하 중국에서 활발한 문명담론은 서구문명에 대비된 중화문명이라는 우월의식 강한 문명의 이분법적 대립구도에 휘둘리고 있을 뿐만 아니라, 현실 국가권력의 정당화의 도구로 — 학술 차원에서는 중국혁명에 문명적 설명을 덧붙이는 '신 혁명사' 논의 또는

---

54 崇明(2015). "民族國家, 天下與普遍主義".《知識分子論叢》. 上海: 上海人民出版社.

55 중국 비판적 지식인들은 각기의 이념적 지향이 어떠하든 이 주제를 소홀한 점에서는 매한가지이다. 신좌파인 왕후이가 인민주권에 대한 분석하는 데 결함이 있다는 비판은 이종민(2017).《중국 사상과 대안 근대성》, 188쪽. 현암사. 자유주의파인 쉬지린(許紀霖)도 주권에 대한 관심이 약하다는 비판은 백영서(2015). "핵심 현장에서 다시 보는 '새로운 보편'". 백영서·김명인 편. 앞의 책, 376, 377쪽.

(국민국가가 아닌) 문명국가론에서부터 중국 어디서나 눈에 띄는 표
어인 '사회주의 핵심가치' 같은 일상세계에까지 다양한 영역에 걸쳐
— 이용되거나, 아니면 사회관리 비용을 낮추는 높은 수준의 정책으
로 주목되는 경향이 있다. **56** 그러나 본디 문명은 세상을 인간다운
삶으로 가꾸는 것(곧 인문화)을 의미한다. 그렇다면 성장제일주의와
이를 추동하는 (자본주의 세계경제체제의 정치적 구성물에 해당하는) 국
가 간 체제의 일원인 중국이라는 국가의 역할에 대한 비판적 안목은
필요요건이 아닐 수 없다. 그리고 이는 중국과 세계의 관계를 '세계
주의적 시각'에서 인식해 온 중국의 사상적 유산을 되살리면서**57** 현
실세계의 '민간중국'이라는 밑으로부터의 시각과**58** 결합될 때만 피
부감각으로 일상생활에서 문명론이 공감되어 현실 변혁의 요구를
일깨울 수 있다.

이상에서 보았듯이, 복합국가론은 중국을 동아시아적 맥락에서
상대화하고 그들이 역사와 현실을 예외주의적인 것으로 정당화하는
담론을 비판적으로 인식하는 효과를 가져온다. 그런데 이에 그치지

---

56 장웨이웨이, 성균중국연구소 역(2018).《중국은 문명형 국가다》, 236쪽. 지식공
작소.

57 Wang, B. (2022). *China in the World Culture, Politics, and World Vision.*
Durham & London: Duke University Press. 특히 서문 참조.

58 당과 국가의 힘이 워낙 강하다 보니 '중국'을 '중국 국가'와 등치시키는 습관이 평범
한 중국인은 물론이고 중국 밖에서도 익숙하다. 그런 익숙함을 깨기 위해, '민'이
일상생활에서 어떤 국가를 만나고 어떻게 만나는가를 묻는 작업의 성과로 조문영
편(2020).《민간중국: 21세기 중국인의 조각보》. 책과함께. 특히 11쪽.

않고, 더 나아가 한반도를 포함한 동아시아에 미치는 효과도 중요하다.

한반도의 남북연합형 복합국가 자체가 (협력과 통합 수준을 평화적이고 점진적으로 높여 가는) 과정이므로 이 과정이 북한의 변화를 촉진하고 더 나아가 동아시아 여러 사회에서 국민국가의 중심성을 (많든 적든) 완화하고 재편하거나 다양한 자치권운동의 진화를 촉진하는 효과를 가져올 것을 예상할 수 있다.[59] 이는 한반도에서 동아시아 이웃 사회로까지 파급되는 영향이다. 그런데 좀 더 깊이 들어가면 그들의 변화로부터도 한반도가 영향 받는 쌍방향의 연동작용임을 알아차릴 수 있다. 대만과 오키나와의 자치운동은 복합국가의 형성을 촉진하면서 '동아시아 분단구조'의 극복을 촉진할 수 있다. 예를 들면, 2010년에 일본 정부가 오키나와의 미군기지 현외 이전 방침을 뒤집은 명분이 한반도의 위기상황(천안함 사건)이었듯이, 한반도 평화프로세스의 진전은 오키나와인의 미군기지 반대운동에 유리한 조건을 제공할 수 있을 것이 분명하다. 그리고 이를 동력으로 삼

---

[59] 복합국가가 동아시아 평화에 선순환적 파급을 가져올 것임을 간명하게 지적한 백낙청의 문장을 인용해 보자. "남북한이 느슨하고 개방적인 복합국가 형태를 선택하는 것이 곧 '동아시아연합'으로 이어지거나 중국 또는 일본의 연방국가화를 유도할 공산은 작더라도, 예컨대 티베트나 신장 또는 오키나와가 훨씬 충실한 자치권을 갖는 지역으로 진화하는 해법을 촉발할 수 있다. 또한 중국 본토와 대만도 명목상 홍콩식 '1국2제'를 채택하면서 내용은 남북연합에 근접한 타결책을 찾아내는 데 일조할지도 모른다." 백낙청 (2010). "'동아시아 공동체' 구상과 한반도". 〈역사비평〉, 제92호: 242.

아 오키나와 주민의 자치운동이 일본(과의 분단)에 변화를 가져오는 동시에 (미중관계의 변화를 매개로) 한반도를 포함한 동아시아 질서 전체에 영향을 미치게 될 것이다. 이것이 그 단적인 증거가 아니겠는가. 또한, 양안관계는 우리에게 경제협력 우선의 실용주의의 지혜와 동시에 그것이 양안 기층에 심각한 정서적 반목을 키워 왔다는 경각심을 일깨워 주는 '양면거울'로 작동하는 것도 또 다른 증거일 것이다. **60**

마지막으로 나는 중견형 선진국가로서 한국의 역할에 초점을 두고 남북연합형 복합국가의 효과를 점검해 봄으로써 동아시아 차원의 이러한 연동성 문제를 함께 사고해 보고자 한다. 양극체제로 구조화하는 방향보다 유동성과 불확실성이 높아질 것으로 예상되는 세계질서, 이른바 G0질서가 조성하는 지역적·지구적 질서/무질서를 뛰어넘는 일에 있어 중견국인 한국이 수행할 일정한 역할은 심대하다. 그 역할을 제대로 감당하기 위해서는 물질적 역량과 소프트파워라는 조건을 갖춰야 한다. **61** 여기서 소프트파워는 단순한 문화역량에 그치지 않고, '생산적 힘productive power', 즉 국제기구에서의 (전통적인 권력-정치적 기준이 아니라) 롤모델 기능과 자본주의 대안모델 제시능력 등을 아우른다. **62** 나는 남북연합형 복합국가라는 구상의

60 백지운(2016). "양안 패러다임의 전환은 가능한가". 박명규·백지운 편. 《양안에서 통일과 평화를 생각하다》, 76쪽. 진인진.

61 이남주(2021). "미중 전략경쟁, 어디로 가는가". 〈창작과비평〉, 2021년 봄호: 50~51.

발신과 그 실현 과정이 담론적 효과를 통한 '생산적 힘'을 키워 준다고 확신한다. 이때 '이중적 주변의 시각'을 견지해 "어떻게든 한반도의 복합국가 구상에 동아시아적 계기를 포함하려는 사상적 고투"를 감당하지 않으면 안 된다.**63** 그럴 때 비로소 제국형 복합국가의 국가중심적 경향과 내파형 복합국가의 반국가 지향을 동시에 넘어서는 가능성을 보여 줄 수 있다. 즉, 개인과 국가의 이분법에 사로잡혀 국가 비판이라는 담론을 고수하는 것도 아니고, 그렇다고 국가의 개입에 대한 탈정치적 협력도 아닌, 국가 개입 자체에 정치적으로 개입하는 민주주의적 집단 주체성의 메커니즘이 작동하는 국가로의 개조(변혁)에 중점을 둔다. 이 길로 나설 때, 비국가적 주체들에 의한 국가를 '횡단·초월·변형하는' 역할과 방식은 중요하다. 그러나 세계자본주의체제 내의 위계질서의 생성과 역사적인 폭력, 특히 '피해자성을 내포한 가해자성'**64**까지 직시하지 않으면 경계를 넘는 공감과 연대가 튼실하게 이뤄지기 쉽지 않다.

---

62 Zurn, M. (2010). "Fall of the Berlin Wall: Globalisation and the Future of Europe". *New Zealand International Review*, Vol. 35 no. 3: 7. 이 글에서 중견국가는 주로 유럽국가들을 가리키듯이, 영어권에서 중견국가에 주목하는 논의는 주로 유럽 아니면 캐나다와 일본까지를 염두에 둔다. 예를 들면, Jones, B. (2020. 6. 18.). "Can Middle Powers Lead the World Out of the Pandemic: Because United States and China Have Show They Can't". *Foreign Affairs*에서도 한국 사례는 지나가면서 언급될 뿐이다.

63 류준필(2015). 앞의 글, 293쪽.

64 신지영(2020). "'피해자성을 내포한 가해자성'과 아시아 인민연대: 오키나와의 한국전쟁, 한국의 베트남 전쟁, 그리고 전시성폭력". 〈상허학보〉, 제58호.

그렇다고 한반도의 복합국가론이 동아시아에서 발생하는 자치권 분쟁의 즉각적인 처방이 된다거나, 각 유형의 복합국가 실현을 당장 초래한다는 뜻은 물론 아니다.[65] 이를 통해 한반도의 남북연합과 동아시아 지역의 (세 유형이 국민국가 형성 과정의 경로에 따라 다른 양상을 보이는) 경험 사이에서 상호학습하는 효과를 거둘 수 있으리라 기대할 따름이다. "역내 통합과 연대를 실천적으로 담아낼 이론적 틀을 제시한 것"이라는 평가도 있는 만큼,[66] 남북연합형 복합국가를 축으로 복합국가론을 다른 국가나 사회의 지식인들과 소통하며 담론적 의제를 적극 실천한다면, 동아시아 국가와 사회 간의 갈등과 혐오를 완화하고 삶의 질을 높이는 기초인 가치와 마음의 공동체 형성이 촉진될 것이다.[67]

한반도 남쪽에서의 정세 변화에 따라 그 동력의 강약이 달라질 수

---

65 王前(2018). "何謂從周邊看中國:以宮崎市定和白永瑞爲例". 許紀霖·劉擎 主編. 〈知識分子論叢〉, 第15輯: 317~318. 上海: 江蘇人民出版社. 백낙청도 우리가 장기적 안목에서 중국이 근대 세계체제에 어울리는 새로운 복합국가를 만들어라 말할 수 있지만, "당분간 그것이 현실적인 이야기는 아니"라고 지적한다. 백낙청 외(2018). 《문명의 대전환을 공부하다: 이중과제론과 문명전환론》, 279~280쪽. 창비.

66 이종석(2011). "동아시아와 분단국가, 현장경험과 몇 가지 단상". 〈창작과비평〉, 2011년 여름호: 357. 그는 복합국가론이 "보편적 지역통합 이론"으로서 "인식의 지평을 넓히는 데 기여"했다고 본다.

67 가치는 인식, 마음은 정동과 관련된다. 여기서 마음의 공동체는 환대의 윤리에 기반한 대안적 공동체를 의미한다. 한반도 통합에 필요한 것은 민족공동체가 아니라 '환대의 공동체', 곧 "타자를 자기 안에 불러들임으로써 자기를 해방하는 과정"이라는 백지운의 시각에서 시사받았다. 백지운(2021). 앞의 글, 특히 129쪽.

도 있다. 그러나 우여곡절을 겪으면서 '점증적·누적적 성과'를 보인 '백년의 변혁'의 역사에 부응하는, 현재 우리에게 '이미 다가와 있는 미래'의 모습이다.**68** 그러니 그것을 선취하고 확산하는 일의 절실성은 새삼 더 말할 필요도 없을 터이다.

나의 동아시아론이 "신자유주의 질서 속의 국가와 자본이 추구하는 기존 국가와 자본의 단순한 연대론이 아니라 국가 개혁에서 지역질서 개혁을 거쳐 세계체제 개혁까지 시야에 담는 거대한 변혁론이며 변혁적 연대론"**69**이라는 평가는 과분하다. 무엇보다 국민국가 비판과 자본축적체계 비판이라는 두 과제의 결합을 추구했으나 제대로 성과를 내지 못한 한계를 인정한다. 그러나 이 평가에 부응하기 위해 대안체제론을 혁신하며 나아가야 할 길 — 이 표지판인 '글로컬-동아시아론'에 대해서는 에필로그에서 설명된다 — 이 아직 멀더라도 게을리 하지 않을 터이다. 이제까지 제2부에서 핵심현장과 복합국가를 축으로 나 자신의 논의를 점검하고 새로운 과제를 구상해 본 작업은 그 길에서 신발 끈을 잠시 다시 매본 것이라 하겠다.

---

68 "복합국가 지향"은 "'미래사적 방법론'을 활용한 미래의 탈국가적 동아시아구상"이라고 본 견해도 참고할 만하다. 고성빈(2018). "동아시아담론에 대한 비평적 회고와 전망: '의지의 낙관주의'와 '미래사적 방법론'의 활용". 〈아세아연구〉, 제61권 4호: 39.

69 유용태(2014). "사회인문학적 동아시아론의 진전: 백영서, 《핵심현장에서 동아시아를 다시 묻다》". 〈중국근현대사연구〉, 제61호: 188.

에필로그

이제까지 살펴본 내용은 어떤 의의가 있을까. 나는 일차적으로 동아시아 대안체제론의 역사적·사상적 기반을 확인한 사실을 중시한다. 이를 통해 그 실효성을 확보할 수 있었다고 보고 싶다.

동아시아 대안체제론은 정세론과 문명론의 두 축으로 구성된 것인데, 이 책에서 그 사상적 기반을 점검하는 기준으로 삼은 세 요소는 중국이란 매개항, 삼층적 공간인식 구조 및 기존 체제의 변혁운동이다. 이 담론을 변혁의 100년 동안 생산하고 보급한 주체로 대표적인 종합지에 주목했다. 지배체제가 허용한 공론장의 밖에서, 또는 그 안팎을 넘나들면서 동시대 독자에게 상당한 현실적 파급력을 발휘한 매체였기 때문이다. 지배체제의 변천 — 일본 제국주의 지배, 냉전/탈냉전하의 분단체제 — 을 반영할 정도의 시차를 두고 간행된 〈개벽〉, 〈사상계〉(와 〈청맥〉) 및 〈창작과비평〉을 주된 대상으로 삼아 이 세 요소에 비춰 살펴보았다.

그런데 매체가 아님에도 안중근이란 개인의 사례를 먼저 다룬 것은 동아시아 대안체제론의 선구로서의 의의를 중시한 까닭이다. 그는 민족주의와 지역주의의 관계를 정합적으로 설정하면서 일본 제국주의에 대항하는 대안체제를 구상하고 실천하는 데 온몸을 던졌다. 그가 제시한 사상적 과제는 한국 근현대사상사에서 끊어질 듯하면서도 이어져 왔다.

안중근의 동양평화론과 해방 후 비판적 동아시아론을 잇는, 달리 말해 한국 동아시아론의 허리를 받치는 자원이 〈개벽〉지의 동아시아론이다. 이번에 그에 대해 분석한 것은 이 책의 뜻깊은 성과라 하겠다.

일제강점기 3·1운동으로 열어젖힌 문화공간에서 창간된 이 종합지의 동인은 1920년대 중국에서 진행 중인 국민혁명을 매개로 삼은 동시에 동학이란 자원에 터하여 국경을 횡단하는 활동과 사유를 보임으로써 한반도라는 장소에 튼실히 뿌리내린 정세론과 문명론을 제시했다. 그 결과 일본제국의 헤게모니로부터 벗어날 수 있는 가능성을 내다볼 수 있었다. 게다가 개인수양과 사회개혁을 겸하는 변혁운동으로서 특이한 길을 열어 주었다. 종합지로서 천도교라는 종교조직을 활용해 그 파급력을 확보한 것도 주목할 만하다. 이는 동시대 사상지형에서 민족주의와 지역주의를 결합해 제국주의에 대항한 값진 사례로서, 그리고 동아시아 대안체제론의 계보상 연결고리로서 확고한 지위를 갖는다.

냉전기에 간행된 〈사상계〉는 그 시대에 영향력이 큰 매체였던 것은 분명하다. 그러나 동아시아 대안체제론의 계보에서 중요한 위치를 갖기에는 미흡하다. 그 지면에 나타난 세계인식을 정세론 차원에서 보면 냉전질서로 작동되는 세계에서 구미중심의 냉전진영 논리에 순응하고, 문명론 차원에서도 구미 모델의 근대화론에 기운 쪽이었다. 물론 4·19혁명의 기운을 타고 점차 그로부터 벗어나는 양상을 부분적으로 보인 것은 사실이지만, 기본적인 틀은 그대로였고, 아쉽게도 그 시대의 변혁과제를 수행할 운동을 독자적으로 추진한 것도 아니었다.

그에 비해, 〈청맥〉은 단명한 잡지일 뿐만 아니라 현실에서 파급력이 제한되었지만, 그럼에도 논조로 볼 때 충분치는 못하나 필요한 자격을 제법 갖추었다. 정세론에서 제3세계 민족주의, 특히 아시아 민족주의와 연대하면서 냉전질서와 분단체제를 변혁하려는 지향이 매우 강하고, 문명론에서 문화제국주의를 거부하고 민중 중심의 민족문화를 제안한 점은 각별한 의미를 갖는다. 그러나 분단체제를 재생산하는 적대적 상호의존 관계의 한쪽 당사자인 북한지배층을 비판하기 힘든 태생적 한계를 고려할 때 분단체제 변혁의 주체로서 그 자격에 결격이 있음을 지적하지 않을 수 없다. 또한 문명론에서 근대성에 성취함 직한 특성이 있다는 사실에 눈감음으로써 세계를 온전히 인식하지 못하고, 반외세적 기치 아래 근대(의 부정적 특성의) 극복에 매몰된 편향도 지적하지 않을 수 없다. 〈청맥〉은 변혁의지가 강했기에 민족문화운동을 추진하고자 하는 지향을 가졌을 개연성은 있지만, 그것을 구현할 현실적 여건은 갖추지 못했다.

〈창작과비평〉은 동아시아 대안체제론에 합당한 요건을 두루 갖추었다. 따라서 〈개벽〉을 직접 잇는 계보상의 연속성을 인정할 수 있다. 〈창비〉가 갖는 계보상의 특이함은 그 담론이 〈개벽〉을 위시한 다른 매체에 비해 "시야의 확대"를 과제로 삼아 "꾸준히 추구해 온" 데에 힘입어 지속적으로 폭넓은 영향력을 가질 수 있었다는 사실이다. 이는 백년의 변혁 기간에 누적된 성과를 딛고 유연하게 정세 변화에 대응한 덕이다.

물론 〈개벽〉과 〈청맥〉 및 〈창작과비평〉이라는 세 잡지가 담론을 구현한 맥락이 서로 다르기에 그 당면 과제도 차이가 나지만, 모두 제각기 주어진 현실기반에 근거해 변혁대상을 극복하려는 지향을 가졌다. 그리고 그 일부는 변혁운동을 직접 수행했다. 따라서 동아시아 대안체제론이 점증적으로 변혁의 기운을 누적해 역사 발전에 기여하는 동력을 제공해 왔다고 할 수 있다.

이로써 동아시아담론(특히 그 한 갈래인 대안체제론)이 그저 잠시 유행했다가 지나가는 사조가 아니라, 한국 사상사에 뿌리내린 연속성을 가진 자산임을 확인한 셈이다. 그에 힘입어 앞으로의 발전도 기대할 수 있게 되었다.[1] 그런데 그 가능성이 현실화되려면 아직도 우리의 현실적 삶의 문제를 돌파하는 데 적실한 담론인가 하는 물음

---

1 이 작업의 중요성에 대해 윤여일은 이렇게 말한다. "현재의 담론을 사상사의 유산으로 정착시키려는 노력 속에서 그 담론은 앞으로의 성장을 기약할 수 있다고 믿고 있다." 윤여일. 《동아시아담론: 1990~2000년대 한국사상계의 한 단면》, 418쪽.

에 긍정적으로 답할 수 있어야 한다.

돌이켜 보면, 동아시아담론이 번성하던 시기는 20세기를 마무리하고 새로운 한 세기를 맞이하던 세기의 교차기로서 탈냉전의 세계사적 변화 속에서 국민국가 간 경계의 유연성이 드러나고, 일국 단위를 넘어 지역적으로 사고하면서 새로운 문명의 형성을 전망하던 활기찬 기간이었다. 그때의 시대적 분위기와 달리 지금은 미중갈등으로 '신냉전'이 거론되면서 국민국가 간의 갈등이 다시 위세를 보이는 엄중한 국면에 직면해 있다. 게다가 '신냉전'적 분위기가 코로나 팬데믹 재난과 상승작용해 '코비드 민족주의'란 말이 나올 정도로 국민국가의 경계는 경직되었고, 동아시아인 상호 간의 혐오감정도 더욱더 심각해지는 추세이다. 누구나 알고 있듯이, '신냉전'적 정세와 팬데믹 재난은 어느 한 나라도 벗어날 수 없는 초국가적인 현상이다. 그럴수록 그에 대한 대응을 위해 국경횡단적 사유와 실천이 더 한층 긴요해질 것은 두말할 필요도 없다. 그렇다 하더라도 초국가적 과제가 동아시아라는 지역을 단위로 삼는 동아시아담론을 여전히 요구하는지를 따져 보지 않을 수 없다.

프롤로그에서 언급했듯이, 동아시아 대안체제론은 자본주의체제와 국민국가 질서를 넘어서려는, 정세론과 문명론을 갖춘 사유이자 그에 입각한 실천이므로 아직도 우리 시대의 과제를 수행하는 데 유용하다고 나는 판단한다. 그 이유는, 자본주의에 더 잘 적응하면서도 그것을 극복할 수 있는 능력이 있는 지역이 동아시아이기 때문이다. 특히 중국이 그 중심에 있는 세계분업체계('팬더 중심의 원형 모델')를2 이끌며 발전하고 있는 지금 자본주의를 더 잘 발전시킬 수 있는 동시에 그 위기 또한 더 잘 드러내고 있기 때문이다. 한마디로 동아시아란 지역은 이제 전 지구적 차원에서 문제적이다.

그렇다면 이러한 변화된 상황에 대응해 종래의 동아시아담론을 혁신(버전 업)할 필요는 없는가. 이에 답하기 위해 이 책에서 일관되게 중시한 세 요소를 기준으로 새로운 방향을 가늠해 보려고 한다.

먼저 중국이란 매개항이다. 20세기 초 이래 동아시아담론의 중요한 구성 요소인 중국의 비중은 지금 더없이 커졌다. 중국과 (재)접속한 정세 변화에 부응해 동아시아담론이 대두한 1990년대와 달리 이제 세계사적 문제로 부상한 중국을 어떻게 인식해야 할지 고투하지 않을 수 없다. 내가 1990년대 말 중국에 수평적 사고를 요청했고 중국으로부터 얼마간의 호응도 얻은 바 있던 초기 단계의 이 문제의식을 견지하되, 중국이 직접 세계와 마주할 정도로 자신감 넘치게 된 현 상황의 변화에 대응하여 정세론과 문명론의 관점에서 동아시아담론을 좀 더 현실감 있게 다듬지 않으면 안 될 때라고 판단한다.

그 구체적인 방향을 또렷이 잡기 위해 정세론부터 점검해 보자. 우리는 지리적으로 가까운 이웃 대국 중국을 매개로 세계를 인식하지 않을 수 없다. 세계 속의 동아시아, 동아시아 속의 세계라는 관점이 더욱더 요청되는 상황을 날로 심각해 보이는 미중경쟁이 조성

---

2   홍호평, 하남석 역(2021).《차이나 붐》, 130~132쪽. 글항아리.

한다. 그런데 우리는 미중경쟁이 바로 패권 이행기의 경쟁 ─ 곧잘 비유되는 이른바 '투키디데스의 함정' ─ 이라는 손쉬운 인식의 틀에 얽매어 양자택일의 선택 기로에 선 듯이 행동하고는 하는데, 이에서 벗어나 미-중 간의 대결 뒤에 양자 간의 공조가 겹쳐 있는 양면성, 곧 자본주의 세계체제의 구조적 모순을 꿰뚫어 봐야 한다. 더 나아가 이른바 '패권 경쟁'을 긴 시간대에 놓고, 지구가 직면한 기후위기나 세계체제의 구조적 변동이란 시각에서 보면 다른 전망도 가능하다.**3** 기후위기를 가중시키는 지구적 자본주의 축적 위기의 막다른 곳에서 벌어질 수 있는 세계사적으로 특이한 사태에 우리는 예민하게 주목해야 한다.

이러한 세계사적 변동에 중국이 어떻게 대응하느냐는 일차적으로 중국인의 과제이고, 그들에게 고난도의 정치적・사상적 능력이 요구된다. 현재 중국 정부와 지식인들도 이 점을 잘 인지하고 있기에 (국민국가가 아닌) '문명국가'나 대안적 문명표준 또는 새로운 보편적

---

3 예를 들면, 건국 100주년을 맞게 되는 2049년의 중국은 군사적 초강대국이 아니라 기후 재난지역이 될 것이라는 견해가 있다. 그때가 되면, 중국 군대가 적의 미사일이나 다른 무기로부터의 공격이 아니라 지구 온난화로 고조되는 위기를 방위하는 일에 더 많이 투입되어야 하므로 낡은 냉전적 형태의 군사정책은 더 이상 지속되기 힘들다는 메시지이다. 그렇게 전망할 수 있는 근거는 대국 중국이 지리적・지형적 조건 탓으로 다양한 기후 취약성을 가졌기 때문이다. Klare, M. (2021. 8. 21.). "2049: A Climate Disaster Zone, Not a Military Superpower". *Earth Island Journal* (https://tomdispatch. com/China-2049 2021년 11월 25일 검색). 그 밖에 미국과 중국에 대한 공동의 외부위협인 기후변화가 암묵적 협력을 이끌 가능성을 고려하는 국제문제 전문가의 견해도 있다.

가치를 내세우는 등 실험적 모색이 진행 중이다. 그런데 그 방향이 구미와 중국의 이원 대립의 틀에 의존해 구미의 근대가 만들어 낸 (자유)민주주의라는 보편가치의 문제점을 지적하는 한편, 중국 특색의 예외적 경험을 강조하는 쪽으로 기우는 경향이 강하다. 어쩌면 안이하게 보이는 이 방식보다는 근대의 부정해야 할 특성을 넘어서기 위해서라도, 근대의 성취함 직한 특성을 풍요롭게 살리는 과제를 동시 수행하는 방향에 걸맞은 제도적 틀과 가치 규범을 추구하며, 그 창조적 모색을 세계에 보여 주지 않으면 안 된다. 그것은 중국이 자기 내부에 존재하는 이질성과 차이, 그로 인한 갈등을 제대로 해결하는 과정에서 자연스럽게 형성될 것이 분명하다. 4

바로 이 지점에서 우리가 그들의 실험에 대해 방관자적인 태도로 지켜보기만 하는 역할을 넘어 능동적으로 개입할 여지가 생긴다. 한중관계사의 오랜 역사에서 '변하지 않는 것'의 하나인 '한국(한반도)의 위치/역할의 중요성'을 상기해 보자. 5 중국이 우리에게 무엇인가

---

4 백지운(2021). "탈냉전의 사상과제로서의 일국양제". 백원담 편. 《중국과 비(非) 중국 그리고 인터차이나: 타이완과 홍콩 다시 보기》, 157~159쪽. 진인진. 그는 특히 양안 문제와 홍콩 문제가 현대 중국이 직면한 중대한 사상적 과제라고 지적한다.

5 나는 한중관계사를 '변하는 것'과 '변하지 않은 것'의 상호작용에 의해 설명한 바 있다. '변하지 않는 것' 세 가지는 양자 관계의 비대칭성, 근접성 및 한국(한반도)의 위치/역할의 중요성이다. '변하는 것' 역시 세 가지인데, 한중관계를 형성하는 주체가 점차 다양해지고, 상호의존성이 점점 더 심화되어 온 것 이외에 한중관계에 끼어드는 제3자로서의 강대국 출현이 그것이다. 그중 한국(한반도)의 위치/역할의 중요성에 대해 좀 더 설명해 두겠다. 비록 양자가 비대칭적 관계를 갖지만 그렇

를 묻는 것이 아니라 중국에 우리가 무엇인지 묻는 적극적인 자세가 요구된다. 예를 들면, 홍콩에 적용된 '일국양제'가 그저 통일이라는 국민국가적 과제로 가는 편의적 중간단계가 아니라, 사람들의 다양한 일상적·정치적 지향을 담아낼 미지의 국가 형태에 대한 힘겨운 실험적 모색이라면,6 한반도에서 진행 중인 실험, 이미 앞에서(제 2부 7장) 확인한 '남북연합형 복합국가' 구상과 그 실천 정도에 비춰 중국의 '제국형 복합국가'를 비평하고 그들의 창발적 실험을 촉진할 수 있을 것이다.

이와 관련해 중국이 구상하고 집행 중인 일대일로一帶一路 정책이 성공하기 위해 앞으로 이중적 주변과 "접점을 가질 수 있"는지 주목해야 한다고 간파한 견해는 의미 깊은 시사를 준다.7 미국의 패권에 대응해 대륙과 해양을 향한 혼합hybrid 헤게모니를 추구하는 이 프로젝트가 과잉축적과 공간적 확장이라는 자본주의 논리에 휘둘리기 쉬운데, 그들이 표방하는 취지를 제대로 살리려면 지정학적 의미에서는 물론이고 문명론 차원에서도8 필수적으로 갖춰야 할 중요한 요

다고 해서 대국인 중국이 약소국인 한국을 자신의 의지대로 일방적으로 강제할 수는 없다는 사실이 한국의 중요성을 보여 주는 소극적인 이유라면, 더 적극적인 이유는, 동아시아 질서의 전환기마다 한국이 중국에 미친 영향에서 찾아볼 수 있다. 좀 더 상세한 설명은 백영서(2019). "총론: 오늘의 시각에서 다시 묻는 한·중관계사". 백영서·정상기 편. 《내일을 읽는 한·중관계사》. 알에이치코리아.

6 백지운(2021). 앞의 글, 160쪽.

7 이케가미 요시히코(2019). "동아시아 논단으로의 초대: 《공생의 길과 핵심 현장》이 이끄는 세계". 〈사이間SAI〉, 제 27호: 303.

8 원톄쥔(溫鐵軍)은 일대일로 프로젝트에 대해, "그 자체로는 영혼이 없다. 한층 깊

건이 이중적 주변의 시각일 터이다. 한국에서 발신한 동아시아론이 당초부터 강조한 중국의 상대화라는 기능을 이제 변화된 상황에 맞춰 지구지역적glocal 관점과9 이중적 주변의 시각을 매개로 재구성하는 방향의 적실성을 간결하게 말해 주지 않는가.

사실 이 방향은 〈개벽〉에서 일찍이 중국을 '세계사적 문제'로 인식하고 중국혁명을 '누증적인 변혁' 과정으로 파악한 논조와 바로 통하는 것이다. 이를 이어 가되 우리의 일상생활의 실감으로 느껴지는 변화(특히 반중정서)에 대응하는 일이 새로운 과제로 주어진다. 이제 예전처럼 '천한 중국' 인식이나 '개혁모델로서의 중국' 인식 또는 '세력균형의 축' 인식 유형 가운데 어느 하나로 우리와 비대칭적 관계의 중국을 상대화할 수 없다. 이제는 '상호 성찰하는 거울로서의 중국' 인식 유형이 절실히 요구된다. 이를 통해 대안체제를 구상하는 힘을 키워 새로운 세계로 가는 디딤돌로 삼는 일이 무엇보다 긴

고 두터운 사회정의의 사상과 문화적 내용으로 그것을 채워가야 한다"고 논평한 바 있다. 원톄쥔·황더싱(2015). "중국의 '일대일로'는 평화발전의 이념인가". 〈창작과비평〉, 2015년 가을호: 98.

9 나는 글로벌리즘과 로컬리즘의 합성어인 글로컬리즘을 변형하여 지구지역학(glocalogy)을 제안한 바 있다. 이는 지방적인 것과 지역적인 것과 지구적인 것을 하나의 차원에서 파악하는 시각이자 방법인 동시에 연구영역을 규정한다. 뿐만 아니라 특정 지역의 현상을 사후적으로 설명하거나 해석하는 도구이면서 동시에 변화하는 지역 질서에 개입하여 어떤 가치나 질서를 구현하기 위해 의도적으로 사용하는 일종의 전략이기도 하다. 이 관점을 통해 한국학이나 중국학을 재구성하는 길을 모색한다. 백영서(2014). 《사회인문학의 길》, 15~16, 76~88, 243~246쪽. 창비.

요하다.

이를 위해서는 백년의 변혁기 중국의 경험뿐만 아니라 고전중국의 문명자산도 아우르면서 그를 통해 오늘의 중국을 상대화하는 비판적 안목을 가다듬어야 한다. 그런데 이렇게 시간대를 길게 잡는 일은 공간 영역을 확장하는 일과 결합해야 온전히 제구실을 할 수 있다. 시간대에서의 단기-중기-장기와 짝을 이루는 공간대에서의 지방적local-지역적regional-지구적global 인식의 중첩을 말한다.

이는 바로 두 번째 요인인 삼층적 공간인식 구조와 부합한다. 민족주의와 지역주의를 결합해 기존 세계질서의 변혁을 추구한 이 요인에서 어떤 새로운 과제가 요구되는가를 점검할 차례이다.

한반도-동아시아-세계라는 공간의 세 층위를 한눈에 인식하되 적절히 분배해 그때그때의 실천과제를 또렷이 잡는 일은 여전히 중요하다. 이 세 층위를 하나로 보는 데 지구지역적 시각이 유용할 것이다.

이 시각을 단단히 견지하되, 먼저 세계적 차원에 대해 궁구하는 일에 앞으로 좀 더 무게를 둘 필요가 있다. 특히 미국이 지구적 규모로 지정학과 문명론 차원에서 쥐고 있는 헤게모니가 심각하게 균열을 보이는 지금이야말로 미국에 대한 근원적 인식이 그 어느 때보다 시급하다. 동아시아담론에서 지금껏 제대로 다루지 못한 것이 우리 안에 깊숙이 들어와 있는 미국의 역할이다.

동아시아인 안에 존재하는 미국, '폭력의 상징'이자 '자비와 풍요'의 이미지로 영향을 미치는 그 나라의 가치, 특히 (자유) 민주주의의 가치가 모순과 한계에 직면하여 지구적 차원에서 민주주의의 후퇴를 초래할 수 있는 상황을 목도하고 있는 지금,**10** 미국 민주주의 역사의 복원력에 막연히 기댈 것이 아니라 그 문제의 뿌리가 어디 있는지 철저히 파고들어, 발본적 사유에 대한 모색으로 이어갈 필요가 있다. 이를테면, 미국 건국기의 '정착식민주의'가 어떻게 미국 정신의 본질적 속성, 곧 장애를 낳았는지를 거슬러 올라가 탐구해야 한다는 주장에 귀를 기울여 보자. 이 시각에서 보면, 지금은 정착식민주의적 지배와 수탈 방식이 원주민 문제가 없는 사회까지 적용되는 전 지구적 현상이 되었고 이 과정에 '원조 정착식민주의국가'라 할 미국이 주도적 역할을 한 것이다.**11** 뿐만 아니라 미국의 고질병인 인종문제도 다름 아닌 정착식민주의에서 말미암은 '체제적 인종주의'라는 해석도 깊이 새겨볼 만하다.**12**

---

10 트럼프 이후에도 민주주의를 받쳐 주는 기둥의 하나인 선거제도가 개악될 조짐이 보이는 등 위기가 계속 존재한다. Diamond, L. (2021. 7. 2.). "A World Without American Democracy?: The Global Consequences of the United States' Democratic Backsliding". *Foreign Affairs*〔https://www.foreignaffairs.com/ articles/americas/2021-07-02/world-without-american-democracy, 2022년 1월 5일 검색〕.

11 백낙청 (2021). 《서양의 개벽사상가 D. H. 로런스》. 창비의 제 9장 "미국의 꿈과 미국문학의 짐" 참조. 정착식민주의는 현지인의 땅을 차지하는 데 주안점을 두고 그들의 노동을 착취하는 일에는 무관심하며, 궁극적인 목적은 원주민의 소멸과 더불어 정착식민주의 자체가 없어지는 상태를 말한다.

12 한기욱 (2020). "'숨을 쉴 수 없어': 체제적 인종주의와 미국문학의 현장". 〈창작과비평〉, 2020년 가을호.

우리 안의 미국의 존재를 지정학적 차원으로 좁혀 다시 보자. 미국이 제2차 세계대전 직후 샌프란시스코체제를 통해 (중화인민공화국과 남·북한 같은 주요 당사자들을 배제한 채) 동아시아 전후 질서를 공식화한 결과, 식민주의와 전쟁의 유산인 이 지역의 갈등 요인들을 적절하게 해결하지 않고 미봉함에 따라 분단, 역사문제, 그리고 영유권 갈등 등의 문제들이 아직까지 작동하고 있다. 이로 인한 대립과 적대가 샌프란시스코체제의 유지에 중요한 동력을 제공해 왔다. 특히 1970년대 미중화해로 이 체제가 해체의 위기를 겪으면서도 와해되지 않고 '완화'된 채 지금껏 지속되는 것은 1953년의 한반도 정전협정과 이로부터 고착된 분단체제, 그리고 (분단체제의 버팀목 중 하나인) '한일 1965년체제' 탓이다. 따라서 아직도 동아시아에 잔존하는 냉전의 해결은 곧 샌프란시스코체제를 넘어서는 것을 의미한다. 샌프란시스코체제의 퇴행적 재구축, 곧 "미-일-한 유사동맹관계의 실질화"의 길을 갈 것인가, 한반도 평화프로세스를 추진해 미완으로 끝난 샌프란시스코체제의 평화를 완성하는 동아시아 평화프로세스의 동력을 가속할 것인가를 묻는 일이 앞으로의 과제일 것이다. 이 미완의 과제는 동아시아담론을 요구하는 역사적·사회적 조건이 아직도 엄존함을 웅변한다.

또한 세계적 차원의 사유는 지정학 영역에 머물러서는 안 되고, 전 지구적 생태계 차원에까지 이르러야 할 때이다. 팬데믹 사태로 생태위기와 기후위기에 대한 감수성이 한껏 민감해진 지금이야말로 현존 자본주의 세계체제와 성장주의의 한계에 대해서 더 적극적으로 사유하고 개입하기 좋은 때이다. 여기서 "성장률을 기준으로 경제활동을 펴는 체제 자체와 소비주의에서 벗어나 사회적 연대 속에서 검소한 풍요를 누리는 것을 목표로 삼는" 탈성장담론과의 접속이 긴요하다. 기존 체제 내에서 성장의 둔화나 경제 축소를 의미하는 마이너스 성장, 곧 역성장을 추구할 수는 없지만, 성장지상주의에서 탈피해, 에너지와 물질의 사용을 자발적으로 줄이고 가치를 재조정하며 제도를 바꾸어 인간과 생태계에 대한 해를 줄이는 것을 목표하는 과제는 절박하다.[13] 바꿔 말하면, 각 사회의 실감에 맞는 '적당한 성장', 곧 특정한 상황에서 특정한 주체의 방어적, 수세적 성장은 탈성장으로의 전환을 목표로 하는 전략을 추진하는 것을 의미한다. 자본주의 세계체제의 정치적 구성물인 국가 간 체제에 편입되어 있는 국가와 정부가 주동하기는 힘들겠으나 '아래에서 올라온 담론'으로 출발해 점차 그 영향력을 넓혀 나가야 할 것이다.[14]

그다음으로 세계적 차원의 문제가 집중된 지역 문제, 곧 지구지역적glocal 차원의 문제가 응축된 핵심현장의 연동에 더 관심을 기울이는 과제가 남아 있다. '방법으로서의 지구지역적 시각'이라 고쳐 말할 수도 있겠다. 대만해협 양안 삼지(三地: 중국대륙·대만·홍

13 백영경(2020). "탈성장 전환의 요구와 돌봄이라는 화두". 〈창작과비평〉, 2020년 가을호: 41, 42. 탈성장담론은 하나의 단일한 담론 체계가 아니며, 성장주의로부터의 탈피라는 목표 아래 여러 이질적인 요소들이 혼재한 복잡한 흐름이다.

14 백낙청(2021). "기후위기와 근대의 이중과제". 〈창작과비평〉, 2021년 봄호: 288 ~289. 백낙청(2021). 《근대의 이중과제와 한반도식 나라만들기》. 창비에 수록.

콩), 오키나와와 일본 그리고 한반도 분단의 창조적 극복은 일국 차원을 넘어 동아시아 탈냉전의 완성이요 세계사적 과제이다. 이들의 연동작용에 좀 더 면밀하게 천착해야 할 것이다. 더 나아가 지구지역적 시각에서 동아시아담론을 다시 본다면, 북방세력 또는 유라시아 세력(대륙문명)과 남방세력(해양문명)이 접합하는 한반도의 지정학적 위치를 약점이 아닌 강점으로 삼고자 한 사상자원에 기반해, **15** 유라시아와 아시아-태평양의 연관을 재인식하는 동력을 얻어 미중갈등을 상대화하는 대전략을 독자적으로 설계하는 과제에도 기여할 수 있다(앞에서 본 중국의 혼합 헤게모니 추구 프로젝트인 일대일로와의 차별이 중요하다). 대륙-해양의 변동이라는 역사 인식 구도가 19세기 이래 동아시아에서 발생한 '중심-주변' 관계의 지속적 변화와 역사적 추동력을 효과적으로 설명할 수 있다. 그러나 '해양아시아'나 '환태평양'이라는 발상이 일본 또는 미국의 자국중심주의로 환류還流될 위험이 있는 만큼, 아시아-태평양의 재인식은 지구적 자본주의 논리의 대안을 찾는 비판적 지역주의를 견결히 지향해야 할 것이다.

이어서 세 층위 공간의 마지막 하나인 한반도 차원의 과제에 대해 말해 보자. 미중갈등을 한반도에 내재화하여 그에 휘둘리지 말고, (그간 동아시아론이 간과한 것으로 지적된) 북한의 역할을 더욱 적극적

---

15 하나의 예를 들면, 동아시아 주변민족의 거대한 방파제로서 갈등해소의 역할을 해 온 한반도에서는 지정학적 성격 때문에도 좌우합작이 필요하다고 일찍이 주창한 중도론자 안재홍의 글이 있다. 안재홍(1949). "신민족주의의 과학성과 통일 독립의 과제". 최원식·백영서 편(2010). 《동아시아인의 '동양' 인식》(개정판). 창비.

으로 고려하며 분단체제를 점증적·평화적·창의적으로 극복하면서 그 평화프로세스에 상응하는 남북 각각의 개혁을 추진할 수 있는 조건을 조성해야 한다. 무엇보다 중견국인 한국의 창조적 역할에 지혜를 모으는 일이 관건이다. 한국이 추격할 발전모델은 더 이상 안 보인다. 3·1운동(좀 더 올라가면 동학운동)으로 시작된 '백년의 변혁'의 점증된 동력에 힘입어 스스로 롤모델의 기능과 자본주의의 대안모델을 제시할 능력 등을 갖춘다면, 미중 간 경쟁이 가치와 제도 차원의 경쟁으로 나타나는 정세에서 수행할 한반도의 일정한 역할은 결코 적지 않을 터이다.

끝으로 기존 체제의 변혁운동에 어떤 식으로 간여하는가의 문제와 관련된 앞으로의 과제를 다룰 차례이다.

현 상황은 이전처럼 동아시아 공동체의 실현 가능성에 힘입어 동아시아담론이 내실을 갖추던 조건을 누릴 수 없다. 오히려 '신냉전' 개념이 힘을 얻으며, 미중경쟁에서 미국(과 '가치'를 공유하는 진영)을 선택지로 삼으라고 진영논리를 강박하는 형편이다. 이러한 현실을 타개하기 위해 동아시아담론이 걸어온 길을 돌아보며 변혁운동의 동력을 찾아보자.

동아시아 대안체제론의 계보를 돌아볼 때 대개의 운동 방식은 문화운동을 그 중심에 두었다. 단지 제도와 운동을 넘나드는 방식에서 서로 차이가 있었다. 〈개벽〉은 민간영역의 저널리즘에 한정된 문화운동이었지만 천도교라는 종교 조직 기반을 통해 사회 저변으로 확산되었다. 〈사상계〉나 〈청맥〉은 아카데미즘과 저널리즘을 넘나들었지만 문화운동을 제대로 추진하지는 못했다. 〈창비〉는 아카데미즘과 저널리즘의 상호긴장을 유지할 뿐만 아니라, 제도와 운동을 넘나드는 유연성을 발휘했다. 앞으로 이러한 특징을 올차게 유지하면서 문화운동을 주로 하되, (〈개벽〉처럼 종교적 조직에 힘입어 저변 확대를 꾀할 수 없는 만큼) 일상생활 속의 다양한 영역의 국내외 변혁운동과 연결하는 허브 역할을 얼마나 강화할 수 있을지가 앞으로의 숙제이다. 이 과제는 1970년대 이래 그랬듯이 문화주의와 확연히 구별되면서 높은 차원의 '정치적인 것'을 염두에 둔 것이다. 그래서 한반도라는 핵심현장에서 분단체제 변혁운동에 부응하는 남쪽의 국가개조 작업과 결합함으로써 동력을 확보하려고 애써 왔다.

이러한 운동 방식은 변혁적 중도주의와 긴밀히 연결될 때 현실적 파급력이 커진다. 이 점은 〈개벽〉과 〈창비〉의 그간의 경험이 공히 보여 주는 바이다. 〈개벽〉은 식민 지배체제를 극복하기 위해, 〈창비〉는 분단체제(와 자본주의적 세계체제)를 극복하기 위해 양극단 세력을 제외한 중도적 통합을 추진했다. 동아시아 대안체제론은 '시민참여형 동아시아론'인 만큼 이 지향을 한층 더 견결하게 밀고 나가면서 변화하는 상황(특히 담론 쇠퇴를 초래한 조건)에 유연하게 대응하여 개혁과 혁명을 넘어서는 변혁 주체의 확산을 위한 일머리를 다잡아야 한다.

여러 과제가 앞에 놓여 있으나, 이것은 개인수양(곧 마음공부)과 사회개혁을 아우르는 변혁운동의 길을 계속 이어 가는 데서 앞으로 제대로 효과를 거둘 수 있다. 이미 앞에서 확인했듯이 안중근에서

〈개벽〉을 거쳐 〈창비〉로 점증적으로 누적된 변혁운동의 이 흐름은 문명 대전환의 국면을 맞아 더욱더 소중해진다. 어느 나라의 시민운동에서든 파편화한 개인들, 특히 젊은 세대가 공식적 조직의 구성원으로 집합적 행위에 참여하기보다 개인화된 이슈들에 선택적으로 참여하고 행동하는 방식을 선호하는 경향이 짙다. **16** 이 추세의 장단점을 두루 감안해 새로운 운동 방향을 잡으려 할 때 마땅히 활용해봄 직한 자원이 아닐 수 없다. 이로부터 당면한 정세 변화에 직핍한 문명 전환의 요구, 무엇보다 자본주의문명이 부추기는 욕망을 욕망의 공적 가치 — 달리 말하면 공공심 — 로 전환해 대안적 삶의 방식을 일상적으로 공유하고 실천하도록 이끄는 길이 엿보인다.

물론 이것은 누구에게나 벅찬 일감이다. 그러나 개인이든 집단이든 각각이 처한 삶의 터전에서 구상하고 실천하는 작은 개혁으로 시작하는 변혁운동의 현장이 핵심현장으로 전환하는 과정에서 이룬 성취가 효율 높은 연료가 된다. '이소성대以小成大'란 말이 있듯이, 큰일을 이루기 위해서 작은 일부터 해나가되 큰 뜻을 품고 착수할 때 훨씬 더 강한 실행력을 갖는 법이다. **17** 단기·중기·장기를 한눈에 담는 시간의식과 지방적인 것, 지역적인 것 및 지구적인 것을 하나

---

16 임미리(2019). "2016~2017년 촛불집회의 두 가지 전선에 대한 연구". 〈기억과 전망〉, 2019년 겨울호: 23~24. 신자유주의 확산에 따른 개인주의의 심화, 개인 미디어와 온라인 네트워크의 확대의 영향으로 집합행동의 개인화가 목도된다.

17 '이소성대'는 원불교의 가르침이다. 이에 대한 뜻풀이는 백낙청(2016). 박윤철 엮음. 《문명의 대전환과 후천개벽》, 311쪽. 모시는 사람들 참조.

로 파악하는 공간인식의 결합, 곧 지구지역적 시각이 중요한 이유를 여기에서도 알 수 있다.

동아시아담론은 ― 한때 민족문학론이나 제3세계론이 그러했듯이 ― 그에 내실을 부여하는 역사적 상황이 존재하는 한에서 의의 있는 것이고, 상황이 변한다면 부정되거나 한층 차원 높은 개념 속에 흡수되는 것이 자연스럽다. 이 역시 '탈실체화된' 사유방식의 소산이기 때문이다. 그런데 본문을 통해, 동아시아담론의 혁신을 요구하고 허용하는 역사적·사회적 조건이 일정 정도 확인되었다. 그리고 그 혁신의 구체적인 과제도 점검해 보았다. 이렇게 재구성된 동아시아론을 '실천적이고 한시적인' 개념으로 삼아 정세론과 문명론 차원에서 변혁이론으로서의 활력을 북돋는 일에 내 나름으로 힘을 쏟은 셈이다. 이제까지 그래왔듯이, 한국(한반도)이라는 장소의 기운이 그 바탕에 있다. 이 책에서 안중근 이래의 동아시아 대안체제론의 계보가 그려진 것은 그 뚜렷한 증거이다. 지금 그에 힘입어 앞으로 더 나아갈 방향의 지표를 '글로컬-동아시아론'으로 잡아 본다.18 이 표지판을 따라가다가 어디에 도달할지, 무엇을 만날지는 자명하지 않다. 그러나 지금 실감하고 있는 문명대전환의 시기에 즈음해, 한국-동아시아-세계라는 중층적 공간인식의 긴 궤적에 위치

---

18 각주 9에서 설명한 지구지역적(glocal) 시각과 동아시아론의 연결, 그리고 그 사이의 긴장을 동시에 내포하려는 뜻에서 잠정적으로 하이픈(-)으로 표현한 '글로컬-동아시아론'이라는 용어를 제안한다.

한 한 층위인 동아시아 인식, 곧 그 문명자산과 역사경험의 활용은 여전히 소중하다. 동아시아담론의 유행은 지났을지 몰라도 아직 소멸될 때는 아니다. 밑으로부터 실질적으로 추진하는 일이 우리를 기다린다. 그러니 분명히 말할 수 있다. "아직도 동아시아다."

찾아보기(용어)

ㄱ

가톨릭 43, 45
가톨릭신앙 36
갑신정변 66
개벽(노선) 51, 236, 254
〈개벽〉 16, 47, 49~88, 94, 96, 99,
　　132, 139, 189, 197, 271, 272,
　　274, 286, 287
개인수양 86, 87, 197, 236, 272,
　　287
개조 50
개혁모델 45
개혁모델로서의 중국(인식) 44, 75,
　　85, 134, 185, 186, 280
개화 51
개화사상 21
결손국가 89

경성제국대학 51
경제공동체담론 184
고려연방제 244
고전 세계로서의 중화 54
고전중국 60, 85, 104, 106, 132,
　　134, 281
공공심 288
공동시민권 251, 259
공론장 271
공산주의 79, 86, 97, 101
공산혁명 122
공화사회 228
과정으로서의 통일 193, 247
국가 간 체제 17, 21, 188, 238, 249
　　254, 261, 286
국가개조 268, 287
국가연합 32, 177, 239, 240, 241,
　　243~247, 249, 259

국가주의　172, 173, 250, 252, 258
국공내전　100
국공합작　65, 79
국민국가 질서　14, 15, 18
국민국가의 적응과 극복의 이중과제
　　174, 191, 193, 249, 250, 252,
　　258, 259
국민국가의 해방과 억압의
　　이중 역할　238
국민당 개조　64
국민당 정권　100
극동　12
근대론　178
근대와 탈근대　179
근대의 다원성　87
근대적응과 근대극복의 이중과제
(근대의 이중과제)　69, 70, 73, 87,
　　139, 161, 164, 171, 174,
　　177~179, 238, 239, 278
근대주의　92, 160, 178
근대초극　82, 92, 93
근대화(론)　94, 97, 103, 105, 107,
　　109~112, 124, 127, 134, 155,
　　161, 169, 273
글로컬-동아시아론　270, 289
금문도　223
급진개화파　44
기독교　95, 254
기후위기　188, 197, 283
김대중 정부　184

ㄴ

남방세력　285
남북(국가)연합(론)　173, 193, 240,
　　247, 248, 251, 258, 266
〈남북기본합의서〉　240, 241
남북통일　108
남북한 통합　42, 43
남북화해　216, 247
내재적 발전(론)　112, 113, 122, 155,
　　156, 160, 169
냉전 해체　121
냉전(기)　15, 16, 17, 99, 109, 146,
　　153, 154, 271, 272
냉전적 아시아　99
냉전적 아시아 인식　90, 91, 97
냉전진영　90, 135, 149, 162, 273
냉전질서　91, 120, 126, 135, 137,
　　138, 151, 273
냉전체제　17, 169, 175, 202
노무현 정부　184
능동적 중립주의　108

ㄷ

다시개벽　51
다원적 근대성　191
단군사상　71
단일형 국민국가　239, 241, 243,
　　249, 261~264

대국주의 173, 176, 253
대동아공영권 151, 190
대륙문명 285
대만 99~101, 187, 193, 214, 216, 218, 222, 223, 232, 233, 260, 261, 266, 284
대만 독립론 239
대안모델 192, 267
대안문명 18, 146, 174, 180, 191, 196, 236
대안적 문명론 255
대안적 발전론 125, 130, 136
대안적 발전모델 254
대안적 발전전략 188
대안체제 17, 88, 193, 194, 272, 280
대안체제담론 184
도 236
동남아시아 96, 104, 105, 108, 121, 203, 233
동도서기 21
동방 13, 19
동방문화 그룹 67, 69
동방사상 71
동북아시대 184
동서문명 83
동서문명 융합 67, 82, 113
동서문명론 73
동서문화논쟁 68, 69, 71
동서문화비교론 66
동서문화절충론 69

동-서양 이분법 98, 191
동아시아 공동역사교과서 183
동아시아 공동체 33, 173, 184, 237, 286
동아시아 대안체제론 12, 14, 15, 17, 18, 21, 22, 27, 44, 46, 51, 53, 74, 75, 80, 84, 85, 87, 131, 138, 166, 174, 183, 185, 191, 197, 261, 271~275, 286, 287
동아시아 모델 18
동아시아 문명 146
동아시아 문화정체성론 15
동아시아 민간연대 186
동아시아 발전모델론 15
동아시아 분단구조 52, 53, 76, 266
동아시아 비판적 잡지회의 181, 182, 217
동아시아 비판지성 시리즈 181
동아시아 생활세계 196, 197
동아시아 아이덴티티 담론 184
동아시아 연대 180, 182
동아시아 인식 89
동아시아 지역주의론 15
동아시아(담)론 11, 17~20, 22, 33, 44, 51, 77, 85, 87, 92, 96, 99, 116, 117, 119, 120, 131, 142, 145, 146, 164, 166~168, 171, 173, 174, 179, 180, 184, 186, 187, 189, 192, 195, 196, 198, 204, 205, 210, 219, 237, 238, 250, 270, 272, 274~276, 280,

281, 285~287, 289
동아시아, 개념 12, 205~206
동아시아담론, 개념 14
동아시아적 감각 195
동아시아적 시각 11, 167, 174, 175,
    186, 193, 203, 204, 259
〈동아신질서〉 81, 82
동아협동체론 80~84
동양 36, 73, 90, 92~94, 98, 102,
    106, 111, 112
동양, 개념 13
동양담론 97~99
동양문화 85, 93, 106, 110
동양문화론 82
동양정체론 104
동양주의 34
동양평화 27, 29, 31, 32, 35, 37, 39,
    44~46
동양평화론 16, 27~33, 35, 37,
    39~41, 204, 272
동인의식 19
동학 21, 51, 71, 73, 74, 86, 87,
    114, 177, 254, 272
동학농민혁명(동학운동) 66, 286
동학당 65

ㄹ~ㅁ

러일전쟁 28, 34
류큐왕국 230

만성적 혁명 62, 86
맑스주의 86, 263
맑스주의자 66
매개항으로서의 동아시아 174, 191
문명(관)의 대전환 52, 91, 197, 288
문명개화 16, 45
문명국가 265, 277
문명주의 92
문화개조론 55
문화대혁명 122, 133
문화보수주의 66
문화식민론 119, 126~128
문화식민주의 135
문화식민지 129
문화운동 287
문화제국주의 139, 273
문화주의 287
미디어 아카데미아 75
미중갈등 18, 285
미중경쟁 276, 286
미중화해 40, 152, 201, 283
민간학술사회 52, 74, 96
민족경제(론) 125, 136, 157
민족문학(론) 157~159, 164, 177,
    206, 289
민족문학운동 137
민족문화(론) 106, 110, 111, 113,
    114, 126~128, 130, 132, 134,
    135, 152, 160, 273
민족문화운동(론) 136, 153,
    159~161, 273

민족민주운동 142, 175, 180

민족민중문화운동(론) 87, 139, 152, 155, 158, 159, 162, 193

민족사관 114, 156

민족사학 110, 153

민족우파 73

민족종교 51

민족주의(내셔널리즘) 16, 18, 21, 34, 35, 41, 45, 46, 71, 73, 79, 84, 86, 87, 91, 94, 97, 100, 103, 105, 109, 125, 127, 130, 134, 135, 154, 156, 157, 160, 161, 163, 164, 168, 176, 189, 191, 192, 239, 272, 273, 281

민족해방 154

민족해방운동 97, 103

민주주의 92, 94, 100, 107, 113, 114, 135, 138, 152, 195, 244, 254, 282

민중개념 130

민중문학 158

민중문화(론) 159

민중신학론 157

민중의식 130

ㅂ

반공주의 146

반국적 시각 201~203

반국적 한계 166

반둥정신 120

반둥회의 108

반민족행위특별조사위원회 151

반외세 민족주의 119

반중정서 256, 280

발전론 125

발전주의 254

방법으로서의 아시아 206, 221, 222

백년의 변혁 16, 19, 20, 88, 270, 274, 281, 286

베트남 32, 122, 146, 162

베트남 파병 150

베트남전쟁 122, 147, 148

변혁모델로서의 중국 78

변혁운동 17, 45, 271, 272, 274, 286~288

변혁적 중도론 86, 194

변혁적 중도주의 180, 181, 287

보편 평화 30, 43, 45

보편성, 대안적 234

보편성, 소통적 236

보편성, 수평적 235

보편적 평화론 27

복합국가 193, 208, 261, 268, 270

복합국가, 남북연합형 181, 239, 254, 258, 259, 263, 266, 267, 279

복합국가, 내파형 260, 268

복합국가, 제국형 260, 262~264, 268, 279

복합국가론 176, 237~270

복합국가론의 계보 242~249
복합사회 245
북한 137, 237, 238
북한의 역할 285
북한혐오 256
분단구조 52
분단극복 157, 158, 170
분단모순 157
분단시대 152~154, 159, 160, 245
분단적 마음 43, 257
분단체제 17, 40, 89, 93, 135, 136,
    138, 139, 172, 175, 188, 193,
    198, 201, 202, 245, 247~249,
    251, 253, 255, 256, 271, 273,
    283, 286, 287
분단체제 변혁(극복운동) 86, 173,
    180, 194, 239, 259, 287
분단체제론 54, 164, 166, 170, 171,
    174, 179, 193
분단체제론과 동아시아론의 내재적
    관계 173
분단체제론과 동아시아의 결합 171,
    172
분단체제의 에토스 255
분단효과 255
불교 229
비공식적 제국 251
비동맹 105, 108, 121, 123, 133,
    135, 137
비동맹운동 104
비판적 동아시아론 272

비판적 중국연구 61
비판적 지식인 156, 181
비판적 지역주의 185, 191, 285

ㅅ

사대주의 113, 129
〈사상계〉 16, 94~116, 119, 126,
    127, 131, 132, 156, 271, 272
〈사상계〉와 〈청맥〉의 비교
    131~139
사회개조 71, 86
사회개혁 86, 87, 197, 236, 272,
    287
사회인문학 204
사회적 아시아 15
사회주의 55, 67, 70, 73, 77,
    79~83, 141, 146, 147, 149, 153,
    161, 162, 167, 169, 178, 188,
    190
사회진화론 36
삼층적 공간 인식 구조 16, 45, 134,
    135, 189, 271, 281
상호 성찰하는 거울로서의 중국
    280
〈상황〉 116
샌프란시스코체제 40, 150, 152,
    283
샌프란시스코회의 40
생태위기 197, 283

서화론자 66, 69
성장주의 197, 283, 284
세계 대개조 50
세계분업체계 275
세계자본주의체제(세계체제/자본주
　의 세계체제) 21, 164, 170, 180,
　187~190, 193, 221, 232, 249,
　255, 259, 270, 277, 283, 282
세계체제론 171, 190, 213
세계평화(론) 27, 40, 41
세교연구소 194
세력균형의 축 45, 280
세력균형의 축으로서의 중국 44,
　75, 133, 186
소국과민 177
소국주의 174, 176, 253
소국주의와 대국주의의 긴장 176
소중화 20
소한국주의 177
수탈론 169
시민참여형 동아시아론 196
식민사관 110, 156
식민성 126, 128
식민주의 283
식민지 근대관 87
식민체제 17, 287
신냉전 18, 275, 286
〈신동아〉 96
신동양 86
신동양문화 70, 71
신동학 71, 73

신문화운동 55~57, 67, 74, 76
신민주주의 101
신장 266
〈신천지〉 96
실천과제로서의 동아시아 14, 207
실학 111, 127, 134, 156
싱가포르 216

ㅇ

아세안 248
아세안+3(한중일) 184
아시아 93, 94, 98
아시아 민족주의(아시아 내셔널리즘)
　109, 120, 124, 132, 273
아시아 시대 120
아시아 인식 90, 97, 99
아시아 정체성(론) 98, 103~105,
　132
아시아, 개념 12
아시아담론 93
아시아주의 33~36, 46, 53,
　189~192
아제서원 182, 206
아카데미즘 95, 286
안중근 프로젝트 33
액체화된 지역연구 225
얄타체제 119, 120
양국체제론 258
양안관계 173

역사적 자본주의체제　190
역사화해　40, 42, 43
연동하는 동아시아　214, 216, 233,
　　237, 239
연방(연방국가)　177, 239, 241, 245,
　　249, 263
연방제　241, 243, 244, 246, 258,
　　263
연방주의　262, 263
연합제　241, 258
영구평화론　41
영성　43, 45
예외주의　265
옌지　233
오키나와　182, 193, 214, 216~218,
　　222, 227~233, 260, 261, 266,
　　267, 285
〈오키나와 공화사회헌법〉　229
오키나와 독립론　239
오키나와 주민운동　231
온건개화파　44
운동권　144
운동으로서의 학문　52
원불교　254, 288
월남전　121
위정척사사상　21
유교　20, 264
유교원리　36
유교자본주의론　184
유라시아　202, 285
유럽공동체　248

유불선　19, 22, 254
유신체제　138, 152, 154, 244
유신헌법　153
유학　67, 71, 134, 228
이스라엘　149
이중적 국제질서　250
이중적 주변　208~216, 226
이중적 주변의 시각(눈)　209, 211,
　　268, 280
인간해방　154, 158
인간해방운동　159~161
인내천　72, 74, 114
인민주권　251, 264
인종　39, 90, 92, 103
인종, 개념　38
인종주의　37
일국양제　261, 279
일대일로 정책　279, 285
일본 제국주의　271, 272
일본제국　272
일본화　76
일탈된 근대화　104, 132
임시 정부　53

ㅈ

자립적 경제발전　124
자본주의　14, 18, 58, 70, 73, 81, 83,
　　84, 146, 149, 167, 174, 179,
　　188, 190, 191, 196, 197, 213,

233, 238, 240, 253, 267, 275, 276, 285, 286

자본주의 세계경제 164

자본주의문명 190, 288

자본주의체제 15

자유민주주의 103

자유중국 100, 101

자유진영 149

저널리즘 95, 286

전반서화론 68, 69

전환시대 153, 201

《전환시대의 논리》 144, 147, 185

정동 234

정전협정 283

정착식민주의 282

정체성 97, 102, 112

정체성론 110~112, 155

정치경제적 지역통합론 184

제1차 국공합작 63

제3노선 121

제3세계 15, 109, 132, 135, 146, 147, 149, 162, 163, 190, 191, 206, 273

제3세계론 146, 159, 163, 167, 169, 173, 177, 289

제3세계론의 동아시아적 양식 169

제3세계주의 163

제3세력 107

제3의 길 73, 87

제(際)의 철학 227

제국담론 262

제국주의 16, 21, 28, 34, 35, 38, 45, 46, 58, 61, 84, 87, 97, 103, 134, 136, 189~192

제국형 국민국가 261

제도권 144

제도로서의 학문 52

제주도 233

조공체제 250

조선학 98

종속이론 125

좌우합작 254, 285

주권 240, 246, 250, 251, 258, 261

주체적 근대화 104

주체적 민족주의 124

중공 108, 121, 133

중국 19, 46, 55~57, 61, 62, 71, 73, 76

중국 공산당 63~65, 80, 81, 100, 104

중국 국민당 63, 65, 74, 78, 79, 81, 103

중국 국민혁명 64, 65, 77, 78, 87, 272

중국 멸시관 60

중국 없는 중국학 60

중국담론 77

중국문제 63, 85, 187

중국부상 40, 172

중국요인 186

중국이란 매개항 17, 44, 56, 85, 132, 185, 261, 271, 276

중국인식 99, 101

중국혁명 62, 73, 74, 122

중도론자 285

중도적 통합 287

중도좌파 73, 87

중립국 108, 137

중립주의 123

중립화통일론 124

중서문화논쟁 66

중소분쟁 109, 133

중심-소중심-주변의 삼층구조 213

중일전쟁 80~82, 84

중체서용 21

중형국가(론) 176, 253

중화민국 99, 232

중화세계 250

중화와 탈중화의 장력 20

중화인민공화국 99, 100, 102, 105,
　　283

중화주의 122

지구지역적(glocal) 시각(관점)
　　50, 280, 281, 284, 285, 289

지구화시대 164

지나사관 78

지나학 98

지역주의 16, 21, 41, 45, 46, 84, 86,
　　87, 106, 134, 186, 189, 192,
　　272, 281

지역패권주의담론 184

지역협력 36

지적 실험으로서의 동아시아
　　206, 210

진영논리 286

ㅊ ~ ㅎ

창비담론 15, 198, 238

창비신서 144

〈창작과비평〉 12, 16, 17, 94, 116,
　　125, 127, 131, 139, 141~198,
　　204~206, 271, 274, 287

척사 51

천도교 51, 53, 54, 65, 71~73, 86,
　　272, 286

천하 13, 17

천하관 45

천한 중국(인식) 44, 45, 75~77, 80,
　　85, 99, 104, 133, 185, 280

〈청맥〉 16, 116~132, 156, 271,
　　273, 274

청일전쟁 44, 81, 91

체제적 인종주의 282

체제전환운동 197

코로나19 18, 256

탈근대(론) 178, 238

탈근대적 문명론 184

탈냉전(기) 15, 16, 143, 146, 161,
　　164, 165, 169, 171, 174, 186,
　　187, 194, 271, 275, 285

탈냉전의 선취 143, 145

탈냉전적 사유 162

탈민족주의 168, 192
탈성장담론 284
탈식민 15
탈아시아 92
탈아입구 13
탈제국 15
탈중국화 76
태평양 59, 90, 91, 233, 285
태평양동맹 91
통일혁명당 118, 123, 137
티베트(문제) 173, 266
〈판문점선언〉 248
팔레스타인 149
패권 이행기 277
팬데믹 197, 275, 283
평화국가 173
평화프로세스 259, 286
포스트모더니즘(탈근대주의) 142,
　　178
피해자성을 내포한 가해자성 268
한국 중심주의 192, 214
한국적 민주주의 114
한국전쟁 43, 89, 99, 104, 153, 256
한반도 259
한반도 정전협정 40
한반도 중심주의 219, 222
한반도 평화프로세스 256, 267
한반도적 시각 238
한살림공동체 74
〈한양〉 116
한일 1965년체제 40, 150, 283

한일 국교 정상화 136, 150
한일협정 115, 135
한일회담 124, 150
한중관계 60
한중관계사 278
한중수교 186
해양문명 285
해양아시아 285
핵심현장 198, 208, 215~237, 270,
　　284, 287
현실중국 60, 85, 106, 134
혐오현상 256
홍콩 182, 187, 193, 216, 233, 261,
　　266, 279, 285
화혼양재 21
환태평양 285
후천개벽 51, 254

기타

10·4남북정상회담 248
10월유신 152
1987년 6월항쟁 141, 166, 194
1국2제 266
3·1운동 34, 42, 45, 51, 66, 202,
　　272, 286
3선개헌 152
4·19혁명 95, 106, 107, 109, 111,
　　112, 115, 124, 132, 133, 135,
　　137, 155, 158, 273

5·16군사정변   112, 125

5·30운동   64

5·4운동   56, 62

〈6·15(공동)선언〉   172, 176, 247

〈6·23선언〉   153

〈7·4남북공동성명〉   138, 152, 242

87년체제   166, 194, 202, 245

《8억인과의 대화》   147

K-문화   195

찾아보기(인물)

강만길 153, 160, 245
김기전 55
김준엽 99, 100, 104, 105, 133
데리다, 자크 251
량수밍 56, 68
량치차오 26
리다자오 263
리영희 147, 150, 185
맥코맥, 가번 218
모리스-스즈키, 테사 225
민두기 62, 104
박명규 240
박종홍 114
박지원 227
백낙청 145, 147, 154, 162, 166,
      170, 173, 241, 242, 245, 248,
      250, 266
비트포겔 103

신언준 79
신채호 34, 35, 46
쑨거 218
아라사키 모리테루 222
안중근 16, 25~46, 189, 191, 204,
      272, 287
여운형 80
오세종 223
월러스틴, 이매뉴얼 171, 190
이남주 188, 240
이동곡 54~77, 87
이미륵 202
이색 20
이정훈 194
이창림 74
임화 52
장준하 244
정융녠 263

정창렬 160
조동호 77
조윤제 114
조희연 15
천관우 112, 115, 153, 242,
244~246
천두슈 56, 63
첸광싱 222
최원식 166, 167, 174, 192, 253

최창규 80
최치원 19
카와마치 신이치 228, 229
칸트 41
하영선 240
함석헌 95
홍석률 245, 249
후스 56, 68, 69